Eine Arbeitsgemeinschaft der Verlage

Böhlau Verlag · Wien · Köln · Weimar
Verlag Barbara Budrich · Opladen · Farmington Hills
facultas.wuv · Wien
Wilhelm Fink · München
A. Francke Verlag · Tübingen und Basel
Haupt Verlag · Bern · Stuttgart · Wien
Julius Klinkhardt Verlagsbuchhandlung · Bad Heilbrunn
Mohr Siebeck · Tübingen
Nomos Verlagsgesellschaft · Baden-Baden
Orell Füssli Verlag · Zürich
Ernst Reinhardt Verlag · München · Basel
Ferdinand Schöningh · Paderborn · München · Wien · Zürich
Eugen Ulmer Verlag · Stuttgart
UVK Verlagsgesellschaft · Konstanz, mit UVK/Lucius · München
Vandenhoeck & Ruprecht · Göttingen
vdf Hochschulverlag AG an der ETH Zürich

Stefan Voigt

Institutionen-
ökonomik

2., durchgesehene Auflage

Wilhelm Fink

Der Autor:
Stefan Voigt ist seit 2006 Inhaber des Lehrstuhls für Ordnungsökonomik und
internationale Wirtschaftsbeziehungen an der Philipps Universität Marburg und
Direktor des *Marburg Center for Institutional Economics* (MACIE). *Fellow* des CESifo
in München. Herausgeber der *Conferences on New Political Economy*, Mitheraus-
geber der *Review of Law & Economics* und Mitglied verschiedener Herausgeberbei-
räte, u.a. bei *Public Choice* und *Constitutional Political Economy*.

Online-Angebote oder elektronische Ausgaben sind erhältlich unter
www.utb-shop.de

Bibliografische Information der Deutschen Nationalbibliothek

Die Deutsche Nationalbibliothek verzeichnet diese Publikation in der Deutschen
Nationalbibliografie; detaillierte bibliografische Daten sind im Internet über
http://dnb.d-nb.de abrufbar.

2., durchgesehene Auflage 2009

© 2002 Wilhelm Fink GmbH & Co. Verlags-KG
(Wilhelm Fink GmbH & Co Verlags-KG, Jühenplatz 1, D-33098 Paderborn)
Internet: www.fink.de

Printed in Germany.
Herstellung: Ferdinand Schöningh, Paderborn
Einbandgestaltung: Atelier Reichert, Stuttgart

UTB-Band-Nr: 2339
ISBN 978-3-8252-2339-7

Inhaltsverzeichnis

Teil III: Die Entwicklung von Institutionen ökonomisch erklären

Kapitel 6: Zur Erklärung des Wandels externer Institutionen

**Kapitel 9: Konsequenzen für die Theorie der
            Wirtschaftspolitik** 224

Kapitel 10: Ausblick 252

Vorwort zur 2. Auflage

Die Erfolgsgeschichte der Neuen Institutionenökonomik hat sich seit dem erstmaligen Erscheinen dieses Buches vor fast sieben Jahren weiter fortgesetzt. Das gilt nicht nur für die Forschung, wo immer mehr aktuelle Beiträge zumindest einen eindeutigen institutionenökonomischen Bezug haben, sondern auch für die Lehre. Einige Fakultäten haben das Fach Institutionenökonomik in ihr Bachelor-Programm aufgenommen. In Marburg wird die Einführung in die Institutionenökonomik sogar für die Erstsemester gelesen. Da ich versucht habe, diese Einführung einfach und leicht verständlich zu schreiben, eignet sie sich gut für das Bachelor-Studium. Ein Erfolg in der Lehre ist die Institutionenökonomik aber auch im Ausland. Ich freue mich sehr, dass diese Einführung inzwischen sowohl auf tschechisch als auch auf chinesisch vorliegt.

Neu ist an der vorliegenden Ausgabe vor allem das größere Format. Es bietet einige zusätzliche Gestaltungsmöglichkeiten, wie etwa Randbemerkungen, die den vermittelten Stoff – hoffentlich – noch übersichtlicher machen. Ich danke Herrn DIETHARD SAWICKI vom Fink-Verlag für die Anregung, auf ein größeres Format umzusteigen.

Immer häufiger werden Lehrbücher inzwischen ergänzt durch eine Homepage, auf der Übungsaufgaben, Folien, weiterführende Links usw. angeboten werden. Dieses Buch ist da keine Ausnahme. Weiterführende Materialien können von der Anschrift *http://www.mehr-wissen-utb.de* heruntergeladen werden.

Inhaltlich unterscheidet sich diese Auflage nur moderat von der ersten. Dennoch gibt es hunderte von kleinen Änderungen, die ich ausführlich mit meinen derzeitigen Mitarbeitern MATTHIAS DAUNER, NORA EL-BIALY, ALEKSANDRA GAUS, JERG GUTMANN, SANG-MIN PARK, JANINA SATZER und KATHARINA STEPPING diskutiert habe. Ihnen danke ich herzlich für viele intensive Diskussionen, aber auch konkrete Hilfe bei der Literatursuche, den Zeichnungen usw. Schließlich darf mein Kollege ANDRÉ SCHMIDT nicht unerwähnt bleiben, der ebenfalls einige Vorschläge zur Verbesserung des Buches gemacht hat.

Marburg, im Januar 2009

Einführung

Warum haben weltweit nur einige hundert Millionen Menschen ein sehr hohes Pro-Kopf-Einkommen, während Milliarden unterernährt sind oder sich in der Nähe des Subsistenzeinkommens bewegen? Warum führt der Import von – andernorts sehr erfolgreichen – Verfassungen häufig nicht zu den gewünschten Ergebnissen – z.B. Wohlstand und Stabilität? Woran liegt es, daß von Weltbank und Währungsfonds in bester Absicht implementierte Entwicklungsprogramme häufig nicht zur erhofften nachhaltigen Entwicklung beitragen, sondern die Situation der Ärmsten bisweilen noch zu verschlechtern scheinen? Gibt es einen Zusammenhang zwischen individuellen Freiheitsrechten und Pro-Kopf-Einkommen? Gibt es bei der Reform ehemals sozialistischer Gesellschaften tatsächlich nur einen Königsweg: möglichst umfassend und schnell privatisieren? Diese – und noch viele andere – Fragen interessieren nicht nur Institutionenökonomen. Institutionenökonomen beanspruchen auch nicht, diese Fragen vollständig beantworten zu können. Aber Institutionenökonomen beanspruchen, diese Fragen anders und umfassender anzugehen als traditionelle Ökonomen.

Die vielleicht zentrale Hypothese der Institutionenökonomik lautet: *Wachstum und Entwicklung hängen entscheidend von den jeweils gültigen Institutionen ab.* Die Bereitschaft sowie die Fähigkeit, sich zu spezialisieren und dadurch zu einer stärkeren Arbeitsteilung beizutragen als auch in langlebige Kapitalgüter zu investieren hängen zentral von der Sicherheit der Eigentumsrechte ab. Wie wir in den nächsten Kapiteln sehen werden, sind Eigentumsrechte ein zentraler Bestandteil der hier ökonomisch zu analysierenden Institutionen. Ihr Inhalt, aber auch die Kosten, die aufgewendet werden müssen, um sie durchzusetzen, also Recht zu bekommen, falls jemand anders meine Eigentumsrechte mißachtet hat, werden als zentrale Determinanten bei der Erklärung von Wachstum und Entwicklung betrachtet. DOUGLASS NORTH, der für seine bahnbrechenden Arbeiten auf dem Gebiet der Institutionenökonomik 1993 den Nobelpreis erhielt, schreibt (1990a, 54): „... die Unfähigkeit von Gesellschaften, effektive und mit geringen Kosten funktionierende Vertragsdurchsetzungsmechanismen zu entwickeln, ist die wichtigste Ursache sowohl für historische Stagnation als auch für die derzeitige Unterentwicklung in der Dritten Welt."

Ein anderer Vordenker der Institutionenökonomik, MANCUR OLSON, stellt die Frage, warum einige Nationen reich und andere arm sind (1996). Nachdem er die üblichen Verdächtigen (wie Unterschiede im Zugang zu Wissen, unterschiedlicher Zugang zu Kapitalmärkten, Unterschiede im Verhältnis von Bevölkerung zu Boden oder zu natürlichen Ressourcen, Unterschiede in der Ausstattung mit marktfähigem Humankapital usw.) durchgeprüft hat, kommt er zum Schluß, daß sie sämtlich wenig überzeugend sind und fährt dann fort (ibid., 19): „Die einzig verbleibende plausible Erklärung für die großen Unterschiede im Wohlstand der Nationen liegt in den Qualitätsunterschieden ihrer Institutionen und der jeweiligen Wirtschaftspolitik."

Vor allem Nichtökonomen dürfte die Relevanz von Institutionen so selbstevident erscheinen, daß es ihnen schwer fallen dürfte zu verstehen, warum eine Forschungsrichtung diese Selbstverständlichkeit zu ihrer zentralen Annahme macht und diese auch noch mit dem Präfix „neu" versieht. Der Grund: innerhalb der ökonomischen Theorie ist diese Annahme keineswegs selbstverständlich. So haben z.B. Vertreter der Wachstumstheorie lange Zeit versucht, wirtschaftliches Wachstum weitgehend ohne Rückgriff auf Institutionen zu erklären (indem sie auf die Ausstattung eines Landes mit den Faktoren Arbeit, Kapital und neuerdings auch Humankapital schauen).

Seit einigen Jahren beschäftigen sich immer mehr Wissenschaftler mit der Rolle von Institutionen für die wirtschaftliche Entwicklung. Großzügig abgegrenzt können dazu auch die Nobelpreisträger KENNETH ARROW, RONALD COASE, FRIEDRICH HAYEK, DOUGLASS NORTH und HERBERT SIMON gezählt werden. Das zeigt, daß die Institutionenökonomik mehr ist als ein Außenseeransatz. Wenn man sich anschaut, wie häufig Institutionenökonomen inzwischen zitiert werden, dann ist die Institutionenökonomik zweifellos eine Erfolgsgeschichte.

Diese knappe Einführung ist nicht nur für ökonomisch vorgebildete Leser geschrieben, sondern wendet sich an ein breiteres Publikum. Viele Nicht-Ökonomen vermuten hinter der Ökonomik eine gefühllose, kühle Wissenschaft, die am Wesen des Menschen, wie er empirisch ist, vorbeigeht. Andere Sozialwissenschaftler werfen Ökonomen häufig vor, den Kontext, in dem eine Entscheidung bzw. Handlung stattfindet, bei ihren Analysen nicht hinreichend zu beachten. Die Neue Institutionenökonomik kann auch als Versuch gewertet werden, diese Vorwürfe ernst zu nehmen, ohne den ökonomischen Ansatz, der ja auch zu erstaunlichen Erkenntnisgewinnen verholfen hat, aufzugeben. Sehr vereinfacht gesprochen: Ökonomen haben seit jeher Beschränkungen menschlichen Verhaltens analysiert, um individuelles Verhalten zu erklären. Traditionell gehörten dazu neben den Naturgesetzen vor allem die budgetären Beschränkungen. Vertreter der Institutionenökonomik berücksichtigen nun explizit, daß Gebote und Verbote ebenfalls verhaltenskanalisierend wirken können. Dazu gehören staatlich sanktionierte Verbote (z.B. Höchstgeschwindigkeiten) ebenso wie gesellschaftlich sanktionierte Ge- oder Verbote („zum Wiener Opernball trägt man Frack"). Normen, Sitten, Traditionen und Gebräuche können ebenso verhaltenskanalisierend wirken wie Gesetze. Während Gesetze vom Parlament über Nacht radikal verändert werden können, dürften gesellschaftlich sanktionierte Ge- und Verbote einer intentionalen Änderbarkeit sehr viel weniger zugänglich sein. Dies führt zu einer zweiten zentralen Hypothese der Neuen Institutionenökonomik: *die Möglichkeiten, wachstums- und entwicklungsfördernde Institutionen politisch durchsetzen zu können, sind durch die kulturelle Prägung der jeweiligen Gesellschaft beschränkt.* Auch hierzu noch einmal DOUGLASS NORTH (1990a, 6): „Obwohl formale Regeln als Folge politischer oder juristischer Entscheidungen über Nacht geändert werden können, sind informelle Beschränkungen, die in Gewohnheiten, Traditionen und Verhaltenskodizes verankert sind, einer planvollen Politik praktisch entzogen." Wenn es richtig ist, daß Wachstum und Entwicklung sowohl von formellen Regeln als auch von informellen Regeln beeinflußt wird, dann ist es erforderlich, deren Wirkung nicht nur isoliert zu analysieren, sondern das Verhältnis der verschiedenen Arten von Regeln explizit zu berücksichtigen. Eine allgemeine Hypothese lautet, daß die Durchsetzbarkeit formaler Regeln schlußendlich von ihrer Kompatibilität mit den jeweils gültigen informellen Regeln abhängt (WEINGAST 1995, VOIGT 1999, Kapitel fünf). Für Wirtschaftspolitiker und deren Berater kann dies eine frustrierende Erkenntnis sein: Programme, die innerhalb weniger hundert Tage zu Wachstum und Stabilität führen sollen, werden von Institutionenökonomen skeptisch betrachtet. Der ökonomische Machbarkeitsoptimismus ist hier einer skeptischen Hoffnung auf eine Sequenz inkrementeller Verbesserungen gewichen.

Dieser kleine Band kann nicht viel mehr leisten als Appetit zu machen auf eine intensivere Beschäftigung mit der Neuen Institutionenökonomik. Während sich konventionelle Lehrbücher auf die didaktisch ausgeklügelte Präsentation des (mehr oder minder) gesicherten Wissens beschränken, wird hier aus dem beschränkten Wissen, über das wir in Bezug auf die Wirkungsweise von Institutionen verfügen, gar kein Hehl gemacht. So enthalten die folgenden Kapitel alle einen Abschnitt mit „offenen Fragen." Sie werden nicht nur der intellektuellen Redlichkeit wegen angesprochen, sondern auch, um bei dem einen oder anderen Leser anzuregen, sich mit den offenen Fragen forschend zu beschäftigen. Wenn das Buch dazu beiträgt, Leser davon zu überzeugen, daß die Institutionenökonomik ein extrem spannendes Forschungsprogramm ist, hätte es seinen Zweck erfüllt.

Vielleicht noch ein Wort zur angegebenen Literatur und den Literaturhinweisen: im laufenden Text werden die einschlägigen Veröffentlichungen genannt, wie es in der Wissenschaft üblich ist. Um sich mit einem bestimmten Thema zunächst überblicksartig etwas genauer vertraut zu machen, können die im Text genannten Literaturangaben mitunter jedoch zu fachspezifisch sein. Die Literaturempfehlungen, die sich an den jeweiligen Kapitelenden befinden, sind deshalb nach zwei Kriterien ausgewählt: soweit als möglich werden hier Überblicksaufsätze bzw. −bücher zu den jeweiligen Themen genannt. Hier wird deutschsprachigen Veröffentlichungen der Vorzug vor englischsprachigen Publikationen gegeben. Ins Literaturverzeichnis am Ende des Buches wurden sowohl die üblichen Belege als auch die Literaturempfehlungen aufgenommen.

TEIL I:

FRAGEN, ANNAHMEN, METHODEN:
DIE GRUNDLAGEN

Die Grundlagen 1

Um sich mit den konkreten Forschungsfragen – und ersten Ergebnissen – eines neuen Forschungsprogramms beschäftigen zu können, werden mancherlei Grundlagen benötigt, die in diesem Kapitel gelegt werden. Es besteht aus fünf Abschnitten: im ersten Abschnitt wird das ökonomische Verhaltensmodell, so wie es von den meisten Ökonomen heute benutzt wird, kurz präsentiert. Hier werden auch die Erweiterungen skizziert, die von Vertretern der Neuen Institutionenökonomik vorgeschlagen werden. Der zweite Abschnitt beschäftigt sich mit der Frage, was Institutionen überhaupt sind. Verschiedene Definitionsmöglichkeiten werden knapp beschrieben. Hier entwickeln wir auch unsere eigene Taxonomie, die in allen folgenden Kapiteln genutzt wird. Abschnitt drei enthält eine systematische Präsentation der Forschungsfragen, mit denen sich Vertreter der Neuen Institutionenökonomik beschäftigen. Weil die Gliederung aller weiteren Kapitel dieses Buches sich aus der Systematisierung der Forschungsfragen ergibt, wird sie hier erläutert. Der vierte Abschnitt beschreibt Instrumente und Methoden, die von Institutionenökonomen genutzt werden, um Antworten auf die präsentierten Forschungsfragen zu finden. Der fünfte und letzte Abschnitt dieses Kapitels schließlich befasst sich mit der Abgrenzung der Neuen Institutionenökonomik (NIÖ) von anderen Forschungsprogrammen: so wird sie zunächst vom herrschenden *Mainstream* – der sogenannten Neo-Klassik – abgegrenzt. Schließlich werden Gemeinsamkeiten und Unterschiede zu verwandten Forschungsprogrammen wie der Ordnungsökonomik, der ökonomischen Theorie der Politik und der ökonomischen Theorie des Rechts herausgearbeitet.

Das ökonomische Verhaltensmodell – und einige Modifikationen der Neuen Institutionenökonomik 1.1

Wer menschliches Verhalten erklären und prognostizieren will, braucht ein Verhaltensmodell. Das Verhaltensmodell der Ökonomen – der *homo oeconomicus* – ist ins Gerede gekommen. Vielen gilt es als zu simpel. Mit einem Verhaltensmodell, das zu viele handlungsrelevante Details unberücksichtigt lässt, lassen sich nur unzutreffende Prognosen abgeben. Auch die auf dieser Basis erteilten Politikempfehlungen dürften dann häufig unzureichend sein. In diesem Ab-

Ökonomisches Verhaltensmodell: Der *homo oeconomicus*

schnitt soll das traditionelle Verhaltensmodell der Ökonomik – besagter *homo oeconomicus* – kurz vorgestellt werden und sodann einige Modifikationen, die daran von Vertretern der Neuen Institutionenökonomik vorgenommen wurden. Zunächst aber ein Absatz dazu, was hier überhaupt unter **Ökonomik** verstanden werden soll.

Traditionell wird die Wirtschaftswissenschaft über ihren **Erkenntnisgegenstand** – die Wirtschaft – abgegrenzt. Seit einigen Jahrzehnten wird diese Auffassung jedoch verdrängt durch eine Abgrenzung nach dem von Ökonomen genutzten **Ansatz** (siehe hierzu insbesondere BECKER, 1976). Wird nach der Nutzung eines bestimmten Ansatzes abgegrenzt, so kann jede Entscheidung, die unter Knappheit erfolgt, analysiert werden. So sind in den vergangenen Jahrzehnten eine Ökonomik der Ehe und des Kinderkriegens, eine Ökonomik der Rassentrennung und der Kriminalität, ja sogar eine Ökonomik des Zähneputzens entstanden. Der ökonomische Ansatz kann auch genutzt werden, um Wahlhandlungen bzw. Entscheidungen im Bereich der Politik (heute meistens „ökonomische Theorie der Politik" bzw. *Public Choice* genannt) oder auch des Rechts („ökonomische Analyse des Rechts" bzw. *Law & Economics*) zu analysieren.

> Moderne Ökonomik wird über ihren Ansatz – und nicht ihren Erkenntnisgegenstand – abgegrenzt

Was nun sind die **Spezifika des ökonomischen Ansatzes**, der auf alle Handlungen unter Knappheit angewandt werden kann? Es wird angenommen, dass alle Akteure ihren **Nutzen maximieren** (oder zumindest ein akzeptables Nutzenniveau erreichen) wollen.

Definition

Unter **Nutzen** verstehen Ökonomen die Fähigkeit eines Gutes, zur Befriedigung von Bedürfnissen beizutragen.

Die Mittel dazu sind allerdings begrenzt. Das Konzept des Nutzens ist dabei keinesfalls auf monetäre Aspekte beschränkt, sondern schließt auch nicht-monetäre Aspekte ein. So kann es durchaus nutzensteigernd sein, von seinen Nachbarn geschätzt zu werden. Es wird weiter angenommen, dass die **Präferenzen** der Akteure **konstant** sind, während sich die Beschränkungen bzw. **Restriktionen**, denen man in seinen Handlungen unterliegt, ändern können.

Definition

Präferenzen sind Ausdruck einer Bewertung konkurrierender Güter bzw. Güterbündel – etwa: A wird B vorgezogen

Zu den relevanten Restriktionen gehören nicht nur die Naturgesetze und das verfügbare Budget der Akteure, sondern auch staatlich sanktionierte Gesetze (sie „verteuern" die illegalen Handlungen). Zu den Restriktionen gehören weiter gesellschaftlich sanktionierte Institutionen wie Normen, Sitten und Bräuche (auch sie verteuern bestimmte, nicht regel-konforme Handlungen) sowie zeitliche Beschränkungen (es ist schlechterdings unmöglich, mehr als 24 Stunden am Tag zu arbeiten) und Informations- bzw. Wissensrestriktionen (wer von einem Produkt nichts weiß, kann es auch nicht nachfragen).

In ihren Modellen gehen Ökonomen davon aus, dass die Akteure **rational** sind bei dem Versuch, ihren Nutzen unter den jeweils gegebenen Restriktionen zu mehren. In der Summe werden diese Annahmen auch *homo oeconomicus*-Modell genannt. Es ist ein Modell und beansprucht also nicht, die Realität vollständig und korrekt zu beschreiben.

Homo Oeconomicus: rationaler Nutzenmaximierer mit gegebenen Präferenzen

Definition

Modelle sind bewusste Vereinfachungen der Realität, die dabei helfen können, als zentral erachtete Eigenschaften der Realität besser zu verstehen

Aber es erlaubt Ökonomen, menschliches Verhalten zu erklären und Prognosen darüber abzugeben, mit welchen Verhaltensänderungen zu rechnen ist, falls sich die Restriktionen ändern. Änderungen des Verhaltens werden dabei nie auf Präferenzänderungen zurückgeführt, weil dies keine Erklärung, sondern lediglich eine Umformulierung des Problems wäre.

Die Ökonomik beruht weiter auf der Annahme des **methodologischen Individualismus**. Sie besagt, dass ausschließlich Individuen handeln, während Kollektive, seien es Firmen oder Staaten, nicht handeln.

Definition

Methodologischer Individualismus: Ausschließlich Individuen handeln

Wenn wir Ergebnisse auf der Kollektivebene beobachten, die sich als Resultat aus Interaktionen individuellen Handelns ergeben, ohne dass sie von einem einzigen Akteur in dieser Form intendiert worden wären, dann ist es Aufgabe von Sozialwissenschaftlern – und damit auch von Ökonomen – zu erklären, wie sie durch das Zusammenspiel individueller Handlungen unbeabsichtigt herbeigeführt wurden. Die Aufgabe des Ökonomen erschöpft sich also nicht darin, individuelles Handeln unter gegebenen Restriktionen zu erklären, sondern auch Ergebnisse, die sich auf einer kollektiven Ebene als Konsequenz individueller Entscheidungen ergeben.

Das präsentierte Verhaltensmodell sowie die Annahme des methodologischen Individualismus werden von den allermeisten Ökonomen geteilt. Was also sind die **Beiträge der NIÖ**, die Institutionenökonomen nicht mit ihren traditionelleren Fachkollegen teilen? Die Unterschiede lassen sich in zwei Dimensionen lokalisieren:
(1) dem Erkenntnisobjekt und
(2) den genutzten Annahmen.

In Bezug auf das Erkenntnisobjekt wurden die Regeln, mit deren Hilfe Interaktionen strukturiert werden sollen, lange Zeit in den so genannten **Datenkranz** verwiesen. Sie wurden, mit anderen Worten, als gegeben angenommen. Mit Hilfe des ökonomischen Ansatzes ist aber auch die **Wahl von Regeln** und deren Änderung über die Zeit analysierbar geworden. In Bezug auf die genutzten Annahmen plädieren Institutionenökonomen für zwei Modifikationen gegenüber dem traditionellen Ansatz: statt von vollständiger oder perfekter Rationalität auszugehen, halten sie es für zweckmäßiger, von **beschränkter Rationalität** auszugehen. Weiter halten sie die Annahme, dass Tauschhandlungen selbst kostenlos abgewickelt werden können, für irreführend. Institutionenökonomen betonen, dass bei Transaktionen Informations-, Such-, Verhandlungs- und Durchsetzungskosten entstehen, deren Höhe entscheidend von der Art der jeweils gültigen Institutionen abhängt. Die gerade genannten Kosten werden in der Ökonomik **Transaktionskosten** genannt und in der Neoklassik hat man lange angenommen, dass sie null betragen. Beschränkte Rationalität und Transaktionskosten sind eng miteinander verbunden.

Die Besonderheiten der Institutionenökonomik: Beschränkte Rationalität und Transaktionskosten

Von vollständiger zu beschränkter Rationalität

Bisher wurde üblicherweise unterstellt, dass Individuen versuchen, ihren Nutzen in einer vollständig rationalen Weise zu maximieren. Das impliziert, dass sie jeden möglichen Zustand dieser Welt vorhersehen können und diejenige unter den ihnen zur Verfügung stehenden Handlungsmöglichkeiten auswählen können und werden, die den höchsten Nutzen zu stiften verspricht. Die Konsequenzen aller möglichen Handlungsoptionen können sie ohne zeitliche Verzögerung und kostenlos bewerten. In den Worten von KREPS (1990, 745): „Ein vollständig rationales Individuum hat die Fähigkeit, alle denkbaren Ereignisse vorherzusehen und optimal zwischen den verfügbaren Handlungsoptionen wählen zu können, alles innerhalb eines einzigen Augenblicks und ohne jegliche Kosten."

Unsicherheit als ein Zustand, in dem Akteure keinen Erwartungsnutzen kalkulieren können, weil sie nicht in der Lage sind, alle möglichen Zustände der Welt vorherzusehen, wurde von FRANK KNIGHT (1922) in die Ökonomik eingeführt. Er unterscheidet zwischen Unsicherheit und **Risiko**. Bei letzterem sind die Akteure zumindest in der Lage, einer endlichen Zahl von möglichen Zuständen verschiedene Wahrscheinlichkeiten zuzuordnen. Unter Risiko sind die Akteure somit in der Lage, Erwartungsnutzen zu errechnen. Das bedeutet, dass die etablierte Entscheidungstheorie anwendbar ist. Genau das jedoch ist nicht mehr möglich, sobald man nicht mehr von Risiko, sondern von Unsicherheit ausgeht.

HERBERT SIMON (1955) erkannte, dass die Annahme vollständiger Rationalität in der von Unsicherheit geprägten Umwelt wenig zweckmäßig ist und führte deshalb das Konzept der **beschränkten Rationalität** in die Ökonomik ein. Die Annahme der individuellen Nutzenmaximierung wurde von ihm durch das so genannte **Satisfizieren** ersetzt. Hier bilden die Individuen realistisch erscheinende Anspruchsniveaus. Nur, wenn sie unterschritten werden, beginnen die Individuen unter Umständen mit einer Suche nach alternativen Handlungsmöglichkeiten, die von den routinemäßig gewählten Handlungen abweichen. Es kann gezeigt werden, dass es unter Unsicherheit rational sein kann, Regeln als Entscheidungshilfen darüber zu nutzen, wie man sich in solchen Situationen verhalten sollte (HEINER 1983). Diese Art der Rationalität wird häufig als „Regelrationalität" bezeichnet. In einer Welt ohne Unsicherheit gibt es keine Existenzberechtigung für Regeln und Institutionen, genau deshalb weil die Akteure jeden möglichen Zustand der Welt ohne Aufwand von Ressourcen kennen und bewerten können. (Entscheidungs-) Regeln werden hier also als eine Möglichkeit gesehen, die von Akteuren genutzt werden kann, um rational mit Unsicherheit umzugehen.

Beschränkt rationale Individuen versuchen, Anspruchsniveaus zu erreichen

Transaktionskosten

Transaktionskosten wurden von RONALD COASE (1937) in die Ökonomik eingeführt. Er definierte sie als **Kosten der Nutzung des**

Definition
Transaktions-
kosten

Marktes. Bleiben Transaktionskosten unberücksichtigt (oder werden sie explizit gleich null gesetzt), so ist dies gleichbedeutend mit der Annahme eines effizient und kostenlos funktionierenden Marktes. Wenn Märkte aber kostenlos (und effizient) funktionieren, dann gibt es überhaupt keinen Grund für die Existenz von Firmen. Denn innerhalb von Firmen werden Interaktionen ja nicht über freiwillige Tauschbeziehungen (wie auf Märkten) koordiniert, sondern über Anweisungen. COASE begründet die Existenz von Firmen mit der Beobachtung, dass die Kosten der Nutzung des Marktes (die Transaktionskosten) für einige Aktivitäten höher sind als die Kosten der Nutzung von Hierarchien. Transaktionskosten wurden von DAHLMAN (1979) später beschrieben als „Such- und Informationskosten, Verhandlungs- und Entscheidungskosten, Überwachungs- und Durchsetzungskosten." Die Annahme positiver Transaktionskosten ist eng verbunden mit der Annahme beschränkter Rationalität, weil die Annahme vollständiger Rationalität die Abwesenheit von Transaktionskosten impli-

Enger Zusammen-
hang zwischen
beschränkter
Rationalität
und Transaktions-
kosten:
Je höher die
Transaktionskos-
ten, desto geringer
die Zahl der
Transaktionen

ziert. Dies muss so sein, weil ein Individuum, das bereits alles weiß, keine Kosten zur Anbahnung, Aushandlung und Durchsetzung von Verträgen mehr aufbringen muss.

In der Zwischenzeit ist die Bedeutung der Transaktionskosten nicht nur für die Existenz von Firmen, sondern für wirtschaftliche Entwicklung generell deutlich geworden. Allgemein gilt: je höher die Transaktionskosten, desto geringer die Zahl der Transaktionen. Das Konzept der Transaktionskosten ist mittlerweile auch auf die Analyse von politischen Märkten ausgedehnt worden, man spricht dann von **politischen Transaktionskosten** (NORTH 1990b und 1993). Das Argument lautet: politische Märkte unterliegen einer Gefahr der Ineffizienz in viel stärkerem Maß als gewöhnliche Gütermärkte, weil es auf politischen Märkten viel schwieriger ist, die zu tauschenden Güter zu quantifizieren und bindende Versprechen über die zu erbringenden Leistungen der jeweiligen Tauschpartner einzugehen.

So kann man sich die Beziehung zwischen einem Politiker und seinen Wählern ja durchaus als Tauschgeschäft vorstellen: Wählerstimmen werden gegen Versprechen getauscht, bestimmte Politiken umzusetzen. Aber die Wähler haben nur wenig Möglichkeiten, die Politiker nach der Wahl zur Einhaltung ihrer Versprechen zu zwingen (Dies hat BISMARCK bereits im 19. Jahrhundert sehr klar beschrieben: „Es wird nie soviel gelogen wie vor der Wahl, während des Krieges und nach der Jagd"). Hier also sind die Überwachungs- und Durchsetzungskosten als ein Aspekt der Transaktionskosten hoch.

Institutionen: Funktionen, Typen und Verhältnisse 1.2

Zwei Autos bewegen sich auf einer Straße, die so eng ist, dass die Autos nicht mit unverminderter Geschwindigkeit aneinander vorbeifahren können, aufeinander zu. Die Fahrer beider Autos fragen sich, wie sich der jeweils andere Fahrer wohl verhalten wird. Zwei Fremde würden gern ein Gut austauschen, dessen Qualitätseigenschaften allerdings nicht sofort überprüfbar sind. Unter welchen Bedingungen werden sie bereit sein, sich auf den Tausch einzulassen? Schließlich beschließen zwei Studenten, eine Firma zu gründen. Wie kann jeder der beiden sicherstellen, dass er nicht vom anderen übers Ohr gehauen wird? Wir haben hier drei Beispiele für Interaktionssituationen genannt, in denen **strategische Unsicherheit** herrscht. Strategische Unsicherheit liegt immer dann vor, wenn das Ergebnis einer Handlung nicht nur von der eigenen Handlung, sondern auch von der Handlung mindestens eines weiteren Akteurs abhängt (sie wird unterschieden von **parametrischer Unsicherheit**, in der das Ergebnis von Naturereignissen abhängt, also etwa davon, ob es regnet oder schneit). Eine mögliche Konsequenz strategischer Unsicherheit ist, dass bestimmte Tauschhandlungen einfach nicht stattfinden. In Bezug auf die gerade beschriebenen Interaktionssituationen heißt das beispielsweise, dass ein bestimmtes Gut nicht getauscht oder eine Firma nicht gegründet wird.

Zwei Arten von Unsicherheit

Sobald zwei Personen interagieren, herrscht strategische Unsicherheit. Sollten die interagierenden Personen nicht in der Lage sein, Erwartungen in Bezug auf die Handlungen des Anderen zu bilden, dann ist ein kurzer Zeithorizont die Folge, Tauschhandlungen werden überwiegend auf simultan abgewickelte Tauschgeschäfte begrenzt, die Spezialisierung der Arbeitskräfte und damit auch die Arbeitsteilung ist gering und ein geringer Lebensstandard ist die unvermeidliche Folge. All dies kann verändert werden, wenn es gelingt, das Ausmaß strategischer Unsicherheit mit Hilfe adäquater Verhaltensbeschränkungen zu verringern. **Institutionen** haben die **Funktion, Unsicherheit zu reduzieren**, den Zeithorizont der Akteure zu verlängern, Anreize zu geben, sich zu spezialisieren und damit einen höheren Grad der Arbeitsteilung zu bewirken – kurz: das Wohlstandsniveau zu heben.

Folgen strategischer Unsicherheit

Wir haben uns den Institutionen somit funktional genähert. Sind wir an einer Erklärung der Entstehung von Institutionen interessiert, dann dürfen wir jedoch keinen **funktionalistischen Trugschluss** begehen. Darunter versteht man den Versuch, die Existenz eines zu erklärenden Sachverhalts mit einem Hinweis auf seine positiven Wirkungen erklären zu wollen. Ein Gesetz kommt aber nicht zustande, weil es positive Wirkungen hat, sondern weil bestimmte Akteure erwarten, sich durch die Verabschiedung eines Gesetzes besser zu stellen. Im Rahmen des methodologischen Individualismus wird die Entstehung von Institutionen erklärt, in dem man die Anreize der an ihrer Entstehung beteiligten Akteure offen legt.

Institutionendefinitionen

Die NIÖ ist eine junge Forschungsrichtung. Es ist deshalb nicht verwunderlich, dass sich noch keine allgemein akzeptierte Definition von Institutionen entwickelt hat. Zwei Ansätze können jedoch unterschieden werden:

(1) Eine Institution kann als **Ergebnis eines Spiels** definiert werden.

(2) Eine Institution kann als **Regel eines Spiels** definiert werden.[1]

SCHOTTERS (1981) Abgrenzung kann dem ersten Ansatz zugerechnet werden. Er definiert (ebd., 11) Institutionen als „... eine Regelmäßigkeit in sozialem Verhalten, der von allen Mitgliedern einer Gesellschaft zugestimmt wird, die ein spezifisches Verhalten in wiederkehrenden Situationen spezifiziert und die entweder selbstdurchsetzend ist oder von einer externen Autorität durchgesetzt wird."

Die Definition von NORTH (1990a) ist dem zweiten Ansatz zuzurechnen. Er schreibt (ebd., 3), dass Institutionen die Regeln eines Spiels in einer Gesellschaft sind. Institutionen sind demnach „... die von Menschen erdachten Beschränkungen menschlicher Interaktion. Dementsprechend gestalten sie die Anreize im zwischenmenschlichen Tausch, sei dieser politischer, gesellschaftlicher oder wirtschaftlicher Art."

In diesem Buch schlagen wir eine Definition vor, die große Ähnlichkeit mit der von OSTROM (1986) genutzten Definition hat. Unserer Ansicht nach ist es wichtig, **zwei Komponenten** zu unterscheiden, aus denen Institutionen regelmäßig bestehen: Die *Institutionen als Regel und Sanktion* **Regelkomponente** auf der einen Seite und die Durchsetzungs- bzw. **Sanktionskomponente** auf der anderen. Institutionen kön-

---

[1]   In der Literatur (AOKI 1998) ist darüber hinaus vorgeschlagen worden, Institutionen als Spieler eines Spiels zu definieren. Dieser Definitionsvorschlag wird hier jedoch nicht weiter thematisiert.

nen dann definiert werden als *allgemein bekannte Regeln, mit deren Hilfe wiederkehrende Interaktionssituationen strukturiert werden und die mit einem Durchsetzungsmechanismus bewehrt sind, der eine Sanktionierung bzw. Sanktionsdrohung im Falle eines Regelverstoßes bewirkt.*

Eigenschaften von Regeln

Im Anschluss an OSTROM (1986, 5) werden *Regeln* hier definiert als *„gemeinhin bekannte Vorschriften, die von einer Gruppe von Teilnehmern genutzt werden, um wiederholt auftretende Interaktionen zu ordnen. Regeln sind Ergebnis eines impliziten oder expliziten Versuchs einer Gruppe von Individuen, Ordnung beziehungsweise stabile Erwartungen innerhalb wiederkehrender Situationen zu erzielen."* Auf zwei Merkmale dieser Definition sei besonders hingewiesen:

Definition: Regeln

(1.) Eine Regel ist **gemeinhin bekannt**. Das bedeutet allerdings nicht, dass jedes Individuum der betrachteten Gesellschaft alle Regeln tatsächlich kennt und eine lückenlose Aufzählung der Regelinhalte präsentieren könnte. Hier sind dem Akteur bereits dadurch Grenzen gesetzt, dass er sich nie alle Faktoren, die seine Interaktionen beeinflussen, bewusst machen kann. Durch das Adjektiv „gemeinhin" soll deutlich gemacht werden, dass rein private Normen, die nicht notwendig von anderen Gesellschaftsmitgliedern geteilt werden, keine Regeln sind.

(2.) Eine Regel ist zwar als **Ergebnis menschlichen Handelns** zu interpretieren, **nicht aber notwendig als Ergebnis menschlichen Entwurfs**, da ihre Entstehung sowohl auf explizite wie implizite Versuche von Individuen zurückgeführt werden kann, Interaktionsbeziehungen zu strukturieren.

> **Ergebnis menschlichen Handelns, aber nicht menschlichen Entwurfs**
>
> Eine Regel kann im Laufe der Zeit durch die Handlungen verschiedener Akteure entstehen, ohne dass sie auch nur von einem einzigen Akteur so angestrebt worden wäre. Ein Beispiel sind die Regeln der Sprache: sie sind durch menschliches Handeln entstanden, ohne dass irgendjemand sie zuvor entworfen hätte. Der erste deutschsprachige Nobelpreisträger für Wirtschaftswissenschaften, FRIEDRICH A. HAYEK hat den Ausdruck „Ergebnis menschlichen Handelns, aber nicht menschlichen Entwurfs" häufig genutzt, um auf die evolutorische Komponente der Re-

gelentwicklung hinzuweisen. Er hat als Quelle immer ADAM FER-
GUSON genannt, einen der schottischen Moralphilosophen des
18. Jahrhunderts. In seinem Werk „Versuch über die Geschichte
der bürgerlichen Gesellschaft" (1767/1986, 258) weist FERGUSON
jedoch selbst darauf hin, dass dieser Ausdruck vom französischen Kardinal DE RETZ stamme.

Regeln können zwei grundsätzlich verschiedene Formen annehmen: (1) **Gebote**, durch die ein spezifisches Handeln oder ein
Korridor erlaubter Handlungen vorgeschrieben wird, und (2) **Verbote**, die eine oder mehrere spezifische Handlungsweisen untersagen.

Formen der Überwachung

Bisher haben wir uns ausschließlich mit Regeln beschäftigt, ohne
die Frage aufzuwerfen, wie die Einhaltung der Regeln überwacht
wird. Unterschiedliche Idealformen der Überwachung können
hierbei unterschieden werden. Erstens ist daran zu denken, dass
sich eine Regel ohne zusätzliche Sanktionsandrohung gewisser-
maßen **selbst überwacht**, weil ein Regelbruch dazu führen würde,
dass sich der Regelbrecher schlechter stellte als bei einer Regeleinhaltung. Er hat somit einen Anreiz, die Regel zu beachten.
Spieltheoretisch handelt es sich bei dieser Interaktionsstruktur
um ein **reines Koordinationsspiel**, bei dem die Einhaltung der
Regel die dominante Strategie für alle Beteiligten ist. Um das am
häufigsten genannte Beispiel auch hier zu erwähnen: in einem
Land, in dem praktisch alle anderen Autofahrer auf der rechten
Seite der Straße fahren, kann sich ein einzelner Fahrer nicht besser stellen, indem er auf der linken Straßenseite fährt (es sei denn,
er hat Selbstmordabsichten).

Zweitens kann die Einhaltung einer Regel durch eine „**impera-
tive Selbstbindung**" der Akteure erreicht werden. Diese Form der
Überwachung unterscheidet sich insofern von der eben genann-
ten, als die Akteure hier nicht notwendig einem zweckrationalen
Kalkül folgen. Vielmehr internalisieren sie bestimmte **ethische
Regeln** dergestalt, dass eine intrinsische Motivation besteht, die-
ser Regel zu folgen, selbst dann, wenn es gegen das eng definierte
Eigeninteresse verstößt.

Marginalien:
Fünf Arten der Regelüberwachung

(1) Selbstüber-wachung

(2) Selbstbindung

„**Internalisieren**" := „Gruppennormen als für die eigene Person gültig übernehmen" (Fremdwörterduden)

Mit anderen Worten: Internalisierte Zwänge sind – zumindest zu einem gewissen Grad – einem Kosten-Nutzen-Kalkül entzogen. Soweit sie kulturell tradierte Verhaltensvorschriften sind, erfüllen sie das Kriterium, gemeinhin bekannt zu sein. Sie führen in Form geteilter Überzeugungen und Ansichten einer Gruppe zu beobachtbaren Regelmäßigkeiten und wirken daher über den rein privaten Bereich hinaus. Als Beispiel sei der Strandbesucher genannt, der sich sicher ist, von niemandem beobachtet zu werden und der auch nicht vorhat, jemals an diesen Strand zurückzukehren, der seine leeren Cola-Dosen jedoch trotzdem nicht am Strand liegen lässt, sondern sie in den nächsten Mülleimer schmeißt.[2]

Nicht jede Interaktionsstruktur führt jedoch zu einer sich selbst überwachenden Regel oder zu einer imperativen Selbstbindung der Akteure. So sind die weiteren Formen der Überwachung dadurch gekennzeichnet, dass sie ein explizites Sanktionshandeln anderer Akteure benötigen und insofern ein **Problem kollektiven Handelns** aufwerfen.

Problem kollektiven Handelns: wenn alle Akteure von bestimmten Politiken profitieren, dann gibt es häufig niemand, der sich für diese Politiken einsetzt, weil alle auf die jeweils anderen hoffen. Das Problem wird ausführlich in Kapitel vier behandelt

Demnach ist der Anreiz für einen Akteur, einen anderen zu sanktionieren, nachdem dieser ihm durch regelabweichendes Verhalten einen Schaden zugefügt hat, um so geringer, je weniger er daran glaubt, dem Regelbrecher bald wieder zu begegnen. Hält der Geschädigte eine weitere Begegnung für unwahrscheinlich, so bürdet ihm das Verhängen einer Sanktion nur

---

[2] Handlungen bzw. Handlungsbeschränkungen können auch religiös motiviert sein; so kann unser Strandbesucher glauben, dass Gott es sähe, wenn er die Cola-Dosen am Strand liegenließe. Das Verhalten wird hier also nicht durch imperative Selbstbindung kanalisiert, sondern durch die Überzeugung, den Vorstellungen einer überirdischen Instanz gemäß handeln zu sollen.

zusätzliche Kosten auf, während er die Erträge der Sanktion nicht oder nur in geringem Ausmaß internalisieren kann. Das Kollektivgutproblem der Sanktionierung stellt sich zunächst im Falle einer **spontanen gesellschaftlichen Überwachung**. Eine unbekannte Vielzahl von Personen überwacht dabei die Einhaltung gesellschaftlicher Regeln im Zuge einer informellen Kontrolle – im Grenzfall handelt es sich dabei um eine gegenseitige Überwachung zweier Akteure. Eine mögliche Form der Sanktionierung regelabweichenden Verhaltens kann hier beispielsweise darin bestehen, andere über den Regelbruch zu informieren, um damit die gesellschaftliche **Reputation** des Regelbrechers zu schädigen.

(3) Spontane gesellschaftliche Überwachung

Von der informellen Kontrolle unterscheiden sich zwei weitere Formen der Überwachung durch andere Akteure insofern, als sie organisiert stattfinden. Dabei handelt es sich um die organisierte private Kontrolle auf der einen und die organisierte staatliche Kontrolle auf der anderen Seite. Im Unterschied zur privaten enthält die staatliche Kontrolle ein hierarchisches Element der Über- und Unterordnung, bei der sich die privaten Akteure der staatlichen Kontrolle unterordnen. Die **organisierte private Überwachung** wird beispielsweise angewendet, wenn private Schiedsgerichte formelle Regeln überwachen. Die **organisierte staatliche Überwachung** von Rechtsregeln ist dagegen Aufgabe staatlicher Gerichte.

(4) Organisierte private Überwachung
(5) Organisierte staatliche Überwachung

Folgende zwei Punkte sollen den Begriff der Institution noch deutlicher machen:

(1) Der erste Bestandteil einer Institution besteht nach unserer Definition aus einer Regel. Diese beschränkt menschliches Handeln immer. Umgekehrt ist nicht jede Beschränkung menschlichen Handelns eine Regel. Das können z.B. durch Naturgesetze verursachte Beschränkungen sein. Aber selbst wenn eine Regel nur als Ergebnis menschlichen Handelns aufgefasst wird (denken Sie an den Institutionenbegriff von NORTH!), verbleibt eine zweite Art von Beschränkung, die zwar Produkt menschlichen Handelns ist, aber dennoch nicht als Institution bezeichnet werden soll. Dies sind Beschränkungen, die auf Willenserklärungen zurückzuführen sind, sich in einer spezifischen Art zu verhalten. Eine Willenserklärung dieser Art kann das Versprechen enthalten, eine oder auch mehrere Institutionen zu beachten, ist aber selbst keine solche, da sie nicht die an eine Regel gestellte Anforderung erfüllt, gemeinhin bekannt zu sein. Damit ist aber auch ein Vertrag, der auf gegenseitigen Willenserklärungen der Part-

ner beruht, keine Institution (siehe dagegen WILLIAMSON 1990, 17)[3].

(2) Institutionen haben informatorischen Gehalt und verringern deshalb strategische Unsicherheit. Zwar enthalten auch andere Phänomene – wie etwa Zeitungen, Nachrichtensendungen oder Preise – Informationen, doch reduzieren sie damit nicht notwendig strategische Unsicherheit[4]. Darüber hinaus ist hier weder eine Regel noch ein System der Überwachung vorhanden, so dass sie sich auch nicht als Institution qualifizieren.

Die bisherigen Überlegungen sind in Tabelle 1.1 zusammengefasst. Danach ist es sinnvoll, fünf Typen von Institutionen zu unterscheiden. Es wird vorgeschlagen, Institutionen, deren Durchsetzung nicht unter Rückgriff auf den Staat erfolgt, als **interne Institutionen** zu bezeichnen. Weiter wird vorgeschlagen, Institutionen, deren Durchsetzung unter Rückgriff auf den Staat erfolgt, als **externe Institutionen** zu bezeichnen. Diesem Vorschlag liegt die *konzeptionelle Trennung zwischen Staat und Gesellschaft* zugrunde. Regeln, deren Verstoß innerhalb der Gesellschaft sanktioniert wird, werden deshalb als interne Institutionen bezeichnet, Regeln, bei denen der Verstoß durch den Staat – und somit außerhalb der Gesellschaft – sanktioniert wird, entsprechend als externe Institutionen.

Gesellschaft vs. Staat ↔ interne vs. externe Institutionen

Tabelle 1.1: Typen interner und externer Institutionen

Regel	Art der Überwachung	Institutionentyp	Beispiel
1. Konvention	Selbstüberwachung	Intern vom Typ 1	Grammatikalische Regeln der Sprache
2. Ethische Regel	Imperative Selbstbindung	Intern vom Typ 2	Dekalog, kategorischer Imperativ
3. Sitte	Spontane Überwachung durch andere Akteure	Intern vom Typ 3	Gesellschaftliche Umgangsformen
4. Formelle private Regel	Geplante Überwachung durch andere Akteure	Intern vom Typ 4	Selbstgeschaffenes Recht der Wirtschaft
5. Regel positiven Rechts	Organisierte staatliche Überwachung	Extern	Privat- und Strafrecht

Quelle: Kiwit und Voigt, 1995.

---

[3] Diese Aussage ist einzuschränken, wenn Verträge betrachtet werden, die weit über den privaten Bereich hinauswirken, so etwa Verträge zwischen Tarifparteien oder Verträge zwischen Staaten.

[4] Informationen, die durch Nachrichten bereitgestellt werden, können im Gegenteil gerade neue Handlungsmöglichkeiten erkennen lassen und damit die Komplexität einer Entscheidungssituation vergrößern.

Werte und
Normen

Insbesondere die internen Institutionen vom Typ 2 und 3 dürften die von den meisten Mitgliedern einer Gesellschaft geteilten **Werte** und **Normen** widerspiegeln. Werte sind definiert worden als „.... Konzeptionen des Wünschbaren, die das Entscheidungsverhalten beeinflussen ... Werte sind nicht mit Verhaltensnormen gleichzusetzen. Werte sind Standards der Wünschbarkeit, die unabhängig von spezifischen Situationen sind. Ein Wert könnte als Referenz für eine Vielzahl spezifischer Normen gelten, eine spezifische Norm kann die gleichzeitige Anwendung verschiedener Werte repräsentieren" (*International Encyclopedia of the Social Sciences* 1968, Bd. 16, 283, eigene Übersetzung). So könnte etwa „Gerechtigkeit" ein geteilter Wert sein. Was es aber konkret bedeutet, sich in bestimmten Situationen „gerecht" zu verhalten, das wird durch die jeweils gültigen (Gerechtigkeits-)Normen festgehalten. Die Gerechtigkeitsnormen einer Gesellschaft können zu imperativer Selbstbindung der Akteure führen (Typ 2), aber auch dazu, dass Gesellschaftsmitglieder, die gegen bestimmte Gerechtigkeitsnormen verstoßen, von anderen Gesellschaftsmitgliedern deshalb sanktioniert werden.

Beziehungen zwischen internen und externen Institutionen

Wie wir gerade gesehen haben, gibt es ganz unterschiedliche Typen von Institutionen. Dies gilt nicht nur für die Art ihrer Durchsetzung, sondern auch für die Ge- bzw. Verbote als Teil der Regelkomponente. Da die Regelkomponenten unterschiedlicher Institutionen aus ganz unterschiedlichen Quellen stammen können, sind die möglichen Verhältnisse zwischen den verschiedenen Institutionentypen von Interesse: es erscheint u.a. denkbar, dass die Wirkung externer Institutionen von internen Institutionen verstärkt wird, aber auch, dass sie von ihnen konterkariert bzw. ganz aufgehoben wird. Dies dürfte für den Umfang, in dem Institutionen Unsicherheit tatsächlich reduzieren, sehr wichtig sein. Folgende Beziehungen zwischen externen und internen Institutionen sind logisch möglich:

Interne und
externe Institutio-
nen können sich
gegenseitig
stärken – aber
auch schwächen

1. Externe und interne Institutionen können durch eine **neutrale Beziehung** gekennzeichnet sein, wenn sie sich auf nicht miteinander verflochtene Bereiche menschlichen Handelns richten.

2. Externe und interne Institutionen können **komplementär** sein, wenn sie menschliches Verhalten in inhaltlich ähnlicher oder gleicher Weise beschränken und die Regeleinhaltung *sowohl durch den Staat als auch durch Private* überwacht wird.

3. Externe und interne Institutionen können in einer **substitutiven Beziehung** stehen, wenn sie menschliches Verhalten in inhaltlich ähnlicher oder gleicher Weise beschränken, die Regeleinhaltung aber *entweder privat oder staatlich* überwacht wird.

4. Externe und interne Institutionen können schließlich auch miteinander **konfligieren**, wenn die Beachtung einer internen Institution notwendig damit verbunden ist, gegen eine externe Institution zu verstoßen und umgekehrt.

Prognosen über menschliches Verhalten, die mit Hilfe des einfachen Modells des *homo oeconomicus* erstellt wurden, haben sich häufig als falsch erwiesen. Im ökonomischen Verhaltensmodell werden Verhaltensänderungen durch Änderungen der Restriktionen ausgelöst werden, die Präferenzen aber als konstant unterstellt. Will man an ihm festhalten, dann ist man gut beraten, sich die relevanten Restriktionen etwas genauer anzuschauen, als das bisher häufig der Fall gewesen ist. Institutionenökonomen gehen davon aus, dass die Qualität von Prognosen substanziell verbessert werden kann, wenn Restriktionen, die auf internen Institutionen beruhen – wie etwa Gewohnheiten, Traditionen, ethische Regeln usw. – vollständiger als bisher berücksichtigt werden.

Forschungsfragen   1.3

In den folgenden Kapiteln sollen zwei Ebenen systematisch unterschieden werden:

(1) Auf der **ersten Ebene** werden **Institutionen** als **exogen gegeben** unterstellt und wir sind daran interessiert zu erfahren, welche **Wirkungen** diese Institutionen auf Variablen haben, die für Ökonomen von Interesse sind. Verschiedene Institutionen können verglichen werden und es kann gefragt werden, ob sie systematisch zu unterschiedlichen Ergebnissen führen. Es wurde bereits darauf hingewiesen, dass Institutionenökonomen die große Varianz in den gültigen Institutionensets für eine zentrale Variable bei der Erklärung unterschiedlicher Wachstumsraten halten.

Exogene Variablen sind von außen gegeben, während endogene Variablen vom Modell erklärt werden sollen

Definition

Definition Varianz: Maß zur Beschreibung der Streuung einer Verteilung, hier z.B. von Wachstumsraten

Teil zwei dieses Buches ist dieser Ebene gewidmet.

(2) Auf der **zweiten Ebene** werden **Institutionen** nicht mehr als exogen gegeben unterstellt, sondern **endogenisiert**. Wir sind also daran interessiert, ihre **Entstehung** zu erklären. Um die große Varianz existierender Institutionen erklären zu können, ist es wichtig, die unterschiedlichen Anfangsbedingungen, welche zu diesen großen Unterschieden geführt haben zu verstehen. In Teil drei dieses Buches werden die bisher vorliegenden Ansätze zur Erklärung des Wandels sowohl externer als auch interner Institutionen kurz vorgestellt.

Wenn wir uns zudem die oben eingeführte Unterscheidung zwischen externen und internen Institutionen zunutze machen, erhalten wir eine einfache 2x2-Matrix:

Tabelle 1.2: Zur Identifikation der Forschungsfelder

	Wirkungen von Institutionen	Entstehung von Institutionen
Externe Institutionen	1	3
Interne Institutionen	2	4

Positiv vs. Normativ

Diese vier stilisierten Forschungsfelder gehören vollständig in ein positives Forschungsprogramm. Hier geht es also nicht darum, Aussagen darüber zu machen, welche Institutionen für eine bestimmte Volkswirtschaft optimal sind, sondern darum zu erklären, wie bestimmte Institutionen entstanden sind (die Zellen drei und vier) bzw. welche Wirkungen Institutionen auf andere Variable haben (Zellen eins und zwei). In den nächsten Absätzen wird diese einfache Vierfeldermatrix genutzt, um beispielhaft einige Fragen zu beschreiben, mit denen sich Institutionenökonomen beschäftigen.

Gliederung des Buches

Die Wirkungen exogen gegebener externer Institutionen (Zelle 1) sind im Hinblick auf eine Vielzahl von Interaktionssituationen von Interesse:

(a) Es wird gefragt, wie die Institutionen den freiwillig vereinbarten Austausch von Gütern zwischen privaten Akteuren beeinflussen, also etwa welche Güter gehandelt werden, welche Zahlungsmodalitäten zur Abwicklung des Tausches vereinbart werden und so weiter. Hiermit beschäftigen wir uns im **zweiten Kapitel**.

(b) Es wird gefragt, welchen Einfluss Institutionen darauf haben, wie private Akteure wiederholte Transaktionen strukturieren.

Die Beschäftigung mit diesen Fragen steht im Vordergrund des **dritten Kapitels.**

(c) Weiter wird gefragt, wie Institutionen die Anreize zu kollektivem Handeln beeinflussen. Hier steht das Handeln von Vertretern des Staates natürlich im Vordergrund. Gefragt wird aber auch nach den Möglichkeiten, Kollektivgüter wie eine saubere Umwelt ohne Rückgriff auf den Staat – also freiwillig – bereitzustellen. Hierzu findet sich mehr im **vierten Kapitel.**

(d) Es wird schließlich gefragt, wie Institutionen auf Wachstum und Entwicklung wirken. Bisher vorliegende Einsichten dazu werden im **fünften Kapitel** präsentiert.

Während sich die Forschungsfelder (a) – (c) mit Fragen auf der Ebene der Mikroökonomik befassen, beschreibt Forschungsfeld (d) eine mögliche Herausforderung für die etablierte Makrotheorie. In sie fließen Einsichten ein, die aufgrund der Beschäftigung mit den Forschungsfeldern (a) – (c) gewonnen wurden.
In Bezug auf die zweite Zelle der Tabelle 1.2 können die gerade skizzierten Fragen ebenfalls gestellt werden. Dies ist auch der Grund, warum die Wirkung externer und interner Institutionen im Folgenden jeweils innerhalb eines Kapitels analysiert wird. Die Beschäftigung mit den Zellen drei und vier bildet den dritten Teil dieses Buchs. Im sechsten Kapitel wird gefragt, wie man den Wandel externer Institutionen unter Rückgriff auf den ökonomischen Ansatz erklären kann. Im siebten Kapitel wird – Zelle 4 entsprechend – parallel gefragt, wie man den Wandel interner Institutionen unter Rückgriff auf ökonomisches Instrumentarium erklären kann.

Dieser Band wird von einem vierten Teil abgeschlossen. Es wurde bereits darauf hingewiesen, dass die Teile zwei und drei ein positives Forschungsinteresse widerspiegeln. Sobald mehr als eine Handlungsmöglichkeit offen steht, ist allerdings zu fragen, welche Handlungsmöglichkeit denn ergriffen werden *sollte*. Zur Beantwortung dieser Frage wird eine **normative Theorie** benötigt. Mit den bisher vorliegenden normativen Theorieelementen beschäftigen wir uns im achten Kapitel. Schließlich kann nach den Konsequenzen der Neuen Institutionenökonomik sowohl für die praktische Wirtschaftspolitik als auch für die Theorie der Wirtschaftspolitik gefragt werden. Dies soll im neunten Kapitel geschehen. Die Einführung wird von einem zehnten Kapitel abgeschlossen, in dem ein Ausblick auf die mögliche weitere Entwicklung der Neuen Institutionenökonomik gewagt wird.

1.4   Instrumente

Nachdem wir im letzten Abschnitt die Fragen, mit denen sich Institutionenökonomen beschäftigen, systematisiert haben, beschäftigen wir uns jetzt kurz mit den Instrumenten, die von ihnen genutzt werden, um Antworten auf diese Fragen zu erhalten. Die hier knapp präsentierten Instrumente sind die Spieltheorie (1.4.1), die komparative Institutionenanalyse (1.4.2), Laborexperimente (1.4.3) sowie ökonometrische Tests (1.4.4).

1.4.1   Spieltheorie: Instrument zur Analyse strategischer Interaktionssituationen

Im letzten Abschnitt wurde gezeigt, dass Institutionen die Funktion haben, Akteuren den Umgang mit strategischer Unsicherheit zu erleichtern. Nun hat nicht jede Situation, in der zwei oder mehr Akteure interagieren, eine identische Struktur: es kann sein, dass beide Akteure sich durch entsprechendes Verhalten besser stellen können (**Koordinationsspiele**), dass der Gewinn des einen der Verlust des anderen ist (**Nullsummenspiele**) oder auch, dass eine Kombination von Koordination und Konflikt vorliegt (*„Mixed Motive-Spiele"*). Die Spieltheorie hat eine Vielzahl von Interaktionssituationen auf ihre zentralen Komponenten reduziert und hilft somit dabei, Prognosen über das Verhalten rationaler Akteure zu generieren, die sich in bestimmten Situationen befinden. Einerseits können wir hier keine Kurzeinführung in die Spieltheorie leisten. Andererseits ist die Spieltheorie unverzichtbarer Bestandteil der gesamten Ökonomik geworden. Wir wollen deshalb zwei Spiele in der gebotenen Knappheit darstellen und zwar ein Koordinationsspiel und ein Mixed Motive-Spiel.

„Zutaten" eines Spiels   Ein Spiel umfasst regelmäßig sechs Komponenten:

(1) Die **Spieler**. Hier wird unterschieden zwischen Zwei- und Mehr-Personen-Spielen. Wir beschränken uns zunächst auf den Zwei-Personen-Fall.

(2) Die **Regeln**. Sie beschreiben, welcher Spieler wann über welche Handlungsoptionen verfügt. In manchen Spielen entscheiden die Spieler simultan, in anderen sequenziell. Es ist von der Struktur des Spiels abhängig, ob es ein Vor- oder ein Nachteil ist, als Erster zu entscheiden.[5]

---

[5]   Im *Mixed Motive*-Spiel „Kampf der Geschlechter" wollen sich Freund und Freundin gern treffen, sie haben aber unterschiedliche Präferenzen über den

(3) Die **Strategien**. Eine Strategie kann man sich vorstellen als vollständige Beschreibung der Handlungen, die ein Spieler in jeder denkmöglichen Spielsituation unternehmen kann.

(4) Die **Informationsmenge**. Geht man von **vollständiger Information** aus, so nimmt man an, dass die Spieler die Regeln des Spiels, die verfügbaren Strategien aller Akteure, aber auch die Auszahlungen, die sich aus allen denkbaren Strategiekombination ergeben, kennen. **Perfekte Information** liegt vor, wenn ein Akteur die Züge kennt, die der andere Spieler bisher gemacht hat.

(5) Die **Auszahlungsfunktion** (*„payoff-function"*). Sie gibt an, wie die Spieler die möglichen Ergebnisse eines Spiels bewerten.

(6) Das **Ergebnis**. Hier ist das Konzept des (*Nash-*)**Gleichgewichts** von besonderer Bedeutung. Mit ihm wird ein Zustand beschrieben, in dem kein Spieler in der Lage ist, sich durch einen Strategiewechsel besser zu stellen, gesetzt den Fall, die anderen Spieler behalten ihre Strategie bei.

Es gibt verschiedene Möglichkeiten, Spiele abzubilden. Wir beschränken uns hier auf die **reduzierte Form**, eine Darstellungsmöglichkeit, aus der vor allem die Auszahlungen hervorgehen, die sich als Konsequenz der Handlungskombinationen der Spieler ergeben. Die erste Zahl repräsentiert dabei die Auszahlung an den Zeilenwähler und die zweite Zahl die Auszahlung an den Spaltenwähler.

Ein Koordinationsspiel

Stellen Sie sich noch einmal die beiden Autofahrer vor, die auf einer engen Straße aufeinander zu fahren. Nennen wir sie Dick und Doof. Wenn sie sich treffen, können sie entweder nach rechts oder nach links ausweichen. Beide Spieler haben ein Interesse daran, ihr eigenes Verhalten mit dem des jeweils anderen Spielers zu koordinieren, denn falls ihnen das nicht gelingt, produzieren sie einen Unfall, den keiner der beiden Spieler will. Dieses Spiel hat zwei Gleichgewichte in reinen Strategien: beide können nach

---

bevorzugten Treffpunkt. Nehmen wir etwa an, dass er sich gern im Fußballstadion, sie aber lieber in der Disco treffen würde. Wer sich hier als erster verbindlich auf eine Option festlegen kann („habe die Karten schon gekauft, mein Schatz"), hat einen *first mover advantage*. Nehmen wir an, beim Kinderspiel Papier-Stein-Schere würden die Spieler nicht gleichzeitig, sondern nacheinander entscheiden. Dann wäre es offensichtlich ein Nachteil, als Erster am Zug zu sein.

links ausweichen oder beide nach rechts (es gibt ein weiteres Gleichgewicht in gemischten Strategien – beide weichen mit derselben Wahrscheinlichkeit entweder nach rechts oder nach links aus – , das wir hier jedoch nicht weiter berücksichtigen). Wenn man sich allein die Struktur der Auszahlungs-Matrix anschaut, enthält sie kaum Hinweise darauf, was die beiden Fahrer tun werden. Sind sie allerdings in der Lage, sich vorher zu treffen, dann könnten sie vereinbaren, nach links (bzw. rechts) auszuweichen. Ein solches Versprechen ist glaubhaft, weil keine der beiden Parteien sich durch ein abweichendes Verhalten besser stellen kann. Eine solche Lösung eines Koordinationsspiels wird auch **Konvention** genannt. Konventionen benötigen – zumindest prinzipiell – keine Durchsetzung durch Dritte, wie etwa den Staat. Konventionen als Lösungen eines Koordinationsspiels sind in die oben präsentierte Institutionentaxonomie als sich selbst-durchsetzende Institutionen bzw. als interne Institutionen vom Typ 1 eingegangen.

Konventionen sind selbst-durchsetzend

Matrix 1.1: Das Koordinationsspiel

		Doof	
		Links	Rechts
	Links	0, 0	-2, -2
Dick	Rechts	-2, -2	0, 0

Anmerkung: in den Zellen sind die Auszahlungen der Spieler abgetragen, zuerst die des Zeilenwählers (hier Dick), dann die des Spaltenwählers (hier Doof). Höhere Ziffern stehen hier für höhere Nutzenniveaus. Die Gleichgewichte sind jeweils schraffiert.

Ein Mixed-Motive-Spiel: Das Gefangenendilemma

Das Gefangenendilemma ist sicherlich das bekannteste von Spieltheoretikern analysierte Spiel. Die folgende Geschichte verdeutlicht, warum es Gefangenendilemma genannt wird: Zwei Verdächtige – Max und Moritz – werden festgenommen und in getrennten Zellen inhaftiert. Die Polizei ist sich sicher, dass sie verschiedene Straftaten begangen haben, aber verfügt nicht über die erforderlichen Beweise, um sie dafür zu bestrafen. Der Ermittlungsbeamte erklärt den beiden Verdächtigen, dass sie zwei Entscheidungsmöglichkeiten haben: Gestehen oder nicht gestehen. Wenn keiner der beiden gesteht, werden sie für irgendeinen kleinen Gesetzesverstoß mit einer relativ geringen Strafe belegt. Gestehen beide, dann werden beide streng bestraft, wobei der Ermittler ihnen zusichert, nicht die Höchststrafe zu beantragen. Gesteht einer, während der andere eine Tat leugnet, so kann derjenige, der gestanden hat, mit einer Strafminderung rechnen („Kronzeugenregel"), während dem anderen die Höchststrafe droht. Aus der Geschichte ergibt sich folgende Auszahlungsmatrix:

Matrix 1.2.1: Das Gefangenendilemma

		Moritz	
		Nicht Gestehen	Gestehen
Max	Nicht Gestehen	Ein Jahr, ein Jahr	10 Jahre, drei Monate
	Gestehen	Drei Monate, 10 Jahre	Acht Jahre, acht Jahre

Wenn man sich die Länge der Haftstrafen anschaut, dann zeigt sich, dass Max gestehen sollte, falls Moritz nicht gesteht, weil das zu einer Haftstrafe von lediglich drei Monaten für ihn führt. Dieses Ergebnis ist besser, als wenn beide nicht gestehen, weil Max dann für ein Jahr hinter Gittern müsste. Das zuvor eingeführte Koordinationsspiel zwischen Dick und Doof hatte zwei Gleichgewichte in reinen Strategien. Das Besondere am Gefangenendilemma ist, dass es lediglich ein Gleichgewicht hat: Unabhängig davon, was Moritz tut, ist es für Max besser zu gestehen. Gesteht Moritz nicht, führt das zu einer Haftstrafe von drei Monaten (besser als ein Jahr), gesteht er, führt es zu einer Haftstrafe von acht Jahren (besser als zehn Jahre). Zu gestehen ist deshalb eine *dominante* **Strategie**. Was dieses Spiel so interessant macht ist, dass individuell rationales Verhalten hier zu kollektiv nichtrationalen Ergebnissen führt: Würde nämlich weder Max noch Moritz gestehen, kämen sie mit einer jeweils einjährigen Strafe davon; so hingegen bekommen sie beide acht Jahre aufgebrummt.

Unten ist dasselbe Spiel noch einmal in einer anderen Form dargestellt: Wir haben die Gefängnisstrafen hier ersetzt durch Auszahlungen in ordinaler Form.

Merksatz

Bei ordinalen Skalen kommt es lediglich auf die Rangfolge an, während es bei kardinalen Skalen darüber hinaus noch auf die numerischen Abstände ankommt

Höhere Werte repräsentieren hier jeweils höhere Nutzen. In dieser – oder einer sehr ähnlichen Form – werden Sie das Gefangenendilemma immer wieder dargestellt finden. Jetzt lässt sich sehr leicht sehen, dass individuell rationales Handeln zu kollektiv irrationalen Ergebnissen führt: Max und Moritz werden beide nur einen Nutzen von zwei Nutzeneinheiten aus diesem Spiel ziehen. Wären sie in der Lage, sich besser zu koordinieren, so könnten sie beide ein Nutzenniveau von drei erreichen.

Matrix 1.2.2: Das Gefangenendilemma

		Moritz	
		Nicht Gestehen	Gestehen
Max	Nicht Gestehen	3, 3	1, 4
	Gestehen	4, 1	2, 2

Warum ist dieses Spiel in der Ökonomik so berühmt geworden, schließlich ist der Umgang mit Verdächtigen nicht das Hauptinteresse von Ökonomen? Weil Ökonomen davon ausgehen, dass vielen alltäglichen Interaktionssituationen die Struktur des Gefangenendilemmas zugrunde liegt. Erinnern Sie sich an die beiden Fremden, die ein Gut austauschen wollen, ohne die Gutseigenschaften genau prüfen zu können? Gehen wir davon aus, dass sich beide besser stellen könnten, wenn sie die Güter mit den versprochenen Eigenschaften tatsächlich austauschen würden. Nun könnte sich der Verkäufer allerdings noch besser stellen, wenn er statt einer teuren Kamera lediglich ein gut gemachtes Imitat verkaufte. Der Käufer könnte sich noch besser stellen, wenn er mit gefälschten Banknoten oder mit einem Scheck auf ein nicht gedecktes Konto bezahlte. Die Anreize beider Akteure können in der Sprache des Gefangenendilemmas auch so beschrieben werden: Für beide Akteure ist es dominant, nicht mit dem anderen zu kooperieren, sondern zu defektieren. Während wir aus gesellschaftlicher Perspektive bei den beiden Gefangenen ein Interesse daran haben, dass sie beide gestehen, haben wir bei vielen Tauschsituationen ein Interesse daran, dass es für beide Akteure nützlicher ist, sich an den Vertrag zu halten und den Gegenspieler nicht zu betrügen. Eine der wirtschaftspolitischen **Aufgaben der Institutionenökonomik** ist es, solche *Institutionen vorzuschlagen*, die aus einem Gefangenendilemma ein Spiel machen, bei dem es

für beide Akteure rational ist, sich an die gemachten Versprechungen zu halten.
Die Spieltheorie wird von Institutionenökonomen jedoch nicht unkritisch als Analyse-Instrument genutzt. Oben hatten wir gesehen, dass die Annahme der vollständigen Rationalität von vielen Institutionenökonomen kritisiert wird. Genau diese Annahme liegt jedoch auch vielen Spielen zugrunde. Institutionenökonomen weisen darüber hinaus darauf hin, dass den Akteuren die Handlungsmöglichkeiten häufig nicht exogen vorgegeben sind, sondern dass sie nicht nur von ihrem kulturellen Kontext, sondern auch von ihrem eigenen Vorstellungvermögen abhängen. Zudem sind auch die Auszahlungsfunktionen nicht gegeben. Trotz dieser Probleme ist die Spieltheorie für die ökonomische Analyse von Institutionen außerordentlich hilfreich, weil es hier ja um Handlungen in Situationen mit strategischer Unsicherheit geht und dies genau der Bereich ist, für dessen Analyse die Spieltheorie entwickelt wurde.

Komparative Institutionenanalyse   1.4.2

Komparative Institutionenanalyse (KIA) ist der Versuch, die Wirkungen alternativer institutioneller Arrangements auf verschiedene, für den Ökonomen interessante Variablen zu ermitteln und miteinander zu vergleichen. Der Ausdruck KIA wurde offenbar von COASE (1964) geprägt. Bei der KIA werden ausschließlich *realisierte mit anderen – ebenfalls realisierten – Institutionen verglichen.* Die KIA kann als bewusste Abkehr von einer anderen Art von Vergleich interpretiert werden, der in der traditionellen Theorie Verwendung findet: Dort wird ein empirisch ermitteltes Resultat häufig mit einem theoretisch abgeleiteten Optimum verglichen. Bei solchen Vergleichen schneidet die Realität dann oft sehr schlecht ab und auf Basis solcher Gegenüberstellungen werden häufig staatliche Interventionen gefordert.

Institutionenökonomen sind an implementierbaren Institutionen interessiert

Vertreter der NIÖ sind an den **Koordinationskosten** interessiert, die von verschiedenen institutionellen Arrangements verursacht werden, und an den Ergebnissen, die durch die institutionellen Arrangements hervorgerufen werden. Eine Möglichkeit, die Qualität von Institutionen zu messen, drängt sich also geradezu auf; nämlich die Kosten zu messen, die aufgewandt werden müssen, um die jeweils analysierten Institutionen zu nutzen. Dies sind die oben eingeführten Transaktionskosten. Verschiedene Institutionen verursachen unterschiedlich hohe Transaktionskosten und werden dementsprechend bewertet.

1.4.3 Laborexperimente

Das Verhaltensmodell des *homo oeconomicus* ist ein sehr einfaches Modell, das präzise Prognosen erlaubt. Es ist deshalb eigentlich nahe liegend, die Prognosen im Labor zu testen, wo die Versuchsbedingungen exakt kontrolliert werden können. Dies ist in den letzten Jahren tatsächlich immer häufiger versucht worden. Dabei hat sich herausgestellt, dass einige *Prognosen konsistent falsifiziert* wurden: Versuchspersonen haben sich mit großer Regelmäßigkeit anders verhalten als prognostiziert; dabei war sogar – zumindest im Durchschnitt und auf Dauer – eine gewisse Systematik zu erkennen. Das aber bedeutet, dass die Versuchsergebnisse genutzt werden können, um Verhalten in ähnlichen Entscheidungssituationen zu prognostizieren (PLOTT und SMITH 2008 bieten einen aktuellen Überblick über die Ergebnisse dieses schnell wachsenden Forschungszweigs). Für die NIÖ sind diese Experimente relevant, weil viele der im Labor beobachteten Verhaltensweisen erklärt werden können, wenn man interne Institutionen wie gesellschaftlich geteilte Normen explizit berücksichtigt. Laborexperimente können dann als eine Methode interpretiert werden, um die *Relevanz interner Institutionen* zu *ermitteln*. Soziale Normen dürften kulturabhängig sein. Aus Sicht der NIÖ erscheint es deshalb interessant, formal identische Spiele von Versuchspersonen spielen zu lassen, die einem unterschiedlichen kulturellen Hintergrund entstammen. Dadurch können die Unterschiede im beobachteten Verhalten auf Unterschiede in den gesellschaftlichen Normen, also verschiedenartige interne Institutionen, zurückgeführt werden.

Laborexperimente können genutzt werden, um die Effekte neuer institutioneller Regelungen, die theoretisch erdacht wurden, aber in der Praxis bisher noch nicht erprobt sind, in einem kleineren Kreis zu testen. Diese Art von Experiment kann deshalb komplementär zur KIA genutzt werden. Das Testen von theoretisch nützlichen institutionellen Innovationen in einer Laborumgebung sollte es ermöglichen, bessere Prognosen über die Wirkungen „in der Realität" zu machen, insbesondere über Nebeneffekte, an die man als Wissenschaftler überhaupt nicht gedacht hatte. Solche Laborversuche stehen somit in der Tradition von POPPERS (1959) **kritischem Rationalismus**. Weil die Konsequenzen einer neuen Lösung für ein Problem – in diesem Fall eine neue Regel und (oder) ein neuer Sanktionsmechanismus – nie vollständig antizipierbar sind, wäre die Identifikation möglicher negativer Nebenwirkungen ein positiver Effekt dieser Nutzung von Laborexperimenten. Das hier skizzierte Vorgehen erinnert an die von POPPER beschriebene **„Stückwerk-Technologie"** und das damit verbundene Verfahren von **Versuch und Irrtum.** Laborexperimente könnten als eine *Möglichkeit der Irrtumsidentifikation und –reduktion* interpretiert werden. Das Beerdigen einiger Hypothesen aufgrund von Laborversuchen ist wahrscheinlich ein kostengünstiges Verfahren gesellschaftlichen Experimentierens.[6]

Laborexperimente können helfen, teure Fehler zu vermeiden

Definition

Kritischer Rationalismus: Erkenntnistheorie, deren Vertreter von der prinzipiellen Fehlbarkeit menschlichen Erkennens ausgehen. Das Ziel, zu verifizierten, endgültig wahren Aussagen zu gelangen, wird aufgegeben. Um überhaupt als wissenschaftlich zu gelten, müssen Aussagen falsifizierbar, also empirisch widerlegbar, sein. Hypothesen, die einen Falsifikationstest „überlebt" haben, also nicht widerlegt wurden, gelten als vorläufig bestätigt.

Ökonometrische Tests 1.4.4

Ökonometriker versuchen, ökonomische Modelle mit Hilfe von wirtschafts- und sozialstatistischen Daten zu überprüfen. Falls man nicht nur in der Lage ist, Institutionen zu erkennen und sie qualitativ zu beschreiben, sondern sie auch zu quantifizieren und vergleichbar zu machen, öffnet sich die Tür zur Anwendung konventioneller ökonometrischer Verfahren. Es ist dann möglich, die Konsequenzen externer wie interner Institutionen zu testen. Man könnte z.B. das aggregierte Investitionsvolumen oder die Pro-Kopf-Einkommen auf die Sicherheit von Einkommen regressie-

---

[6] Bisweilen werden „Verwaltungsplanspiele" gespielt, mit denen einige nichtprognostizierte Nebenwirkungen neuer Gesetze aufgedeckt werden sollen. Im „Handbuch zur Vorbereitung von Rechts- und Verwaltungsvorschriften" werden vier Ziele dieser Spiele beschrieben: (1) Abschätzung der Konsequenzen eines Gesetzes in Bezug auf organisatorische als auch auf materielle Aspekte, (2) Schaffung von Transparenz in den Gesetzen, (3) Untersuchung der Praktikabilität des angestrebten Verfahrens und (4) Identifikation von Details, die in Durchführungsverordnungen o.ä. zu regeln sind (1992, 83).

ren. Wie das genau funktionieren kann, wird in Kapitel fünf am Beispiel der Wachstumseffekte von Institutionen beschrieben.

Nachdem wir uns in den letzten beiden Abschnitten mit Fragen und Methoden der NIÖ vertraut gemacht haben, geht es im nächsten Abschnitt darum, die NIÖ von ähnlichen Forschungsprogrammen abzugrenzen, um sie noch besser einordnen zu können.

1.5 Gemeinsamkeiten und Unterschiede zu ähnlichen Forschungsprogrammen

Vertreter der NIÖ sind sich (noch) nicht darüber einig, ob ihr Forschungsprogramm im wesentlichen innerhalb der derzeit herrschenden ökonomischen Lehre verbleibt und lediglich Fragen stellt, die von deren Vertretern bisher einfach nicht gestellt wurden, oder ob es ein neues Paradigma ist, das mit der herrschenden Lehre vollständig bricht. Die erste Sicht wird von denjenigen vertreten, die im wesentlichen an einer Verbreiterung der Forschungsfragen interessiert sind: statt Institutionen als gegeben zu unterstellen und die Wahlhandlungen bei gegebenen Institutionen zu untersuchen, sind sie daran interessiert, die Wahl von Institutionen selbst zum Gegenstand ökonomischer Analysen zu machen. Vertreter der zweiten Auffassung meinen dagegen, dass dies nicht hinreichend sei und man sich statt dessen vollständig von der derzeit herrschenden Auffassung von Ökonomik verabschieden müsse. Annahmen hier und da zu modifizieren würde lediglich zu einer „neoklassichen Reparaturwerkstatt"[7] führen und die *Gefahr inkonsistenter Modelle* sei beträchtlich (RICHTER und FURUBOTN 1996, Kapitel 10). Einer der Begründer der NIÖ, DOUGLASS NORTH, hat sich in den vergangenen Jahren von der ersten zur zweiten Auffassung bewegt. Seine Vermutungen über die Relevanz von Intentionalität als Ergebnis sozialen Lernens und als Fundament für institutionelle Entwicklung (NORTH 2005) erscheinen unvereinbar mit den Standardannahmen der herrschenden Auffassung von Ökonomik.

Ähnliche Forschungsprogramme

Das Adjektiv „neu" der NIÖ impliziert, dass es eine andere institutionenökonomische Forschungsrichtung gegeben haben muss,

---

7   GÜTH (1995, 342) benutzt diesen Ausdruck in Bezug auf Spieltheoretiker, die ein bestimmtes Phänomen beobachten und dann eine *ex post*-Rationalisierung durch eine schrittweise Modifikation ihrer Modelle versuchen.

von der sich die Vertreter der NIÖ distanzieren möchten. Die – heute so genannte – alte Institutionenökonomik hatte ihre Blütezeit in der ersten Hälfte des 20. Jahrhunderts und ihre bekanntesten Vertreter waren THORSTEIN VEBLEN, JOHN COMMONS und WESLEY MITCHELL. Von Vertretern der NIÖ wird diese Forschungsrichtung als *atheoretisch* und *lediglich deskriptiv* kritisiert. Während die Hauptströmungen der Ökonomik sich immer weiter in Richtung Deduktion entwickelten, zogen die alten Institutionalisten ein **induktives Vorgehen**

Definition

Induktiv: vom Einzelnen zum Allgemeinen führend, Gegensatz: deduktiv

vor und zeigten damit eine gewisse Verwandtschaft zu den Historischen Schulen in Deutschland. In den letzten Jahren feierten Vertreter des alten Institutionalismus eine gewisse Renaissance (HODGSON 1998 und RUTHERFORD 1994 vergleichen die alte mit der neuen Institutionenökonomik).

Sowohl die **Transaktionskostenökonomik** als auch die **Eigentumsrechtstheorie** können als Vorläufer der NIÖ bezeichnet werden. Vertreter der Transaktionskostenökonomik fragen nach den Konsequenzen von Transaktionskosten insbesondere für die Organisationsstrukturen von Firmen. Ihr bekanntester Vertreter ist OLIVER E. WILLIAMSON und im dritten Kapitel werden wir uns etwas genauer mit Fragen und Antwortversuchen dieser Forschungsrichtung beschäftigen. Auch die Theorie der Eigentumsrechte (auch Handlungs- oder Verfügungsrechte genannt) kann als Vorläufer der NIÖ betrachtet werden. Ihre Vertreter fragen, welche ökonomischen Konsequenzen unterschiedlich abgegrenzte Eigentumsrechte haben. Die Vorstellung, dass ein Tausch sich primär auf den physischen Austausch von Gütern beziehe, wird von ihnen ersetzt durch die Vorstellung, dass es bei Tauschbeziehungen in erster Linie um den Tausch von Eigentumsrechten gehe. Dazu etwas mehr im nächsten Kapitel.

Vorläufer der Neuen Institutionenökonomik

Die **Ordnungsökonomik** (auch Ordnungstheorie und –politik) ist eine deutsche Tradition; häufig wird sie mit der **Freiburger Schule** gleichgesetzt. Mit der NIÖ teilen ihre Vertreter eine zentrale Frage, nämlich die nach den unterschiedlichen ökonomisch relevanten Konsequenzen verschiedener Ordnungsformen. Ordnungsformen können dabei verstanden werden als eine Gruppe von möglichst konsistenten Institutionen.

Ordnungsökonomik mit ähnlichen Fragen

Traditionell haben sich Vertreter der **Konstitutionenökonomik** primär mit der Begründung des Staates und staatlichen Handelns beschäftigt. In der Fragestellung gibt es hier große Überschneidungen mit der Ordnungsökonomik (dazu VANBERG 1988; LEIPOLD 1990). In den letzten Jahren ist es jedoch zu einer Erweiterung der Konstitutionenökonomik gekommen: ihre Vertreter sind jetzt auch daran interessiert, unter Rückgriff auf ökonomisches Instrumentarium etwas zu sagen über (a) die jeweiligen Konsequenzen verschiedener Verfassungsregeln und (b) über die Gründe, warum verschiedene Gesellschaften in unterschiedlichen Situationen verschiedene Verfassungsregeln wählen (eine Übersicht aus institutionenökonomischer Perspektive bietet VOIGT 2008). Mit diesem Fokus kann die Konstitutionenökonomik auch als ein Teilbereich der NIÖ interpretiert werden, eben als der Teil, der sich mit der Analyse eines ganz bestimmten Sets von Institutionen beschäftigt, konstitutionellen Regeln nämlich.

Die **ökonomische Theorie der Politik** analysiert das Verhalten politisch relevanter Akteure unter Rückgriff auf ökonomisches Instrumentarium. Der Unterschied zur Konstitutionenökonomik besteht darin, dass die Vertreter der ökonomischen Theorie der Politik zumeist davon ausgehen, dass die jeweiligen Institutionen, unter denen Politiker agieren, bereits gegeben sind, also als exogen determiniert angenommen werden. Ähnliches kann von der **ökonomischen Analyse des Rechts** gesagt werden, wobei diese Richtung sich durch einen stärker normativen Fokus auszeichnet. Ihre Vertreter fragen häufig, ob und wie das normative Ideal der Pareto-Optimalität erreicht werden kann. Lange Zeit haben informelle Regeln, die in der NIÖ ja eine wichtige Rolle spielen, in der ökonomischen Analyse des Rechts allenfalls eine nachgeordnete Rolle gespielt. Derzeit erleben wir jedoch eine Verbreiterung dieses Ansatzes (siehe z.B. JOLLS, SUNSTEIN und THALER 1998 oder KOROBKIN und ULEN 2000).

Trotz der weit reichenden Ähnlichkeiten vieler dieser Ansätze kommunizieren die unterschiedlichen Vertreter häufig relativ wenig miteinander. Statt gemeinsame Forschungsinteressen zu betonen, werden häufig die Unterschiede in den Vordergrund gerückt. Wir werden uns im Folgenden auf die NIÖ konzentrieren, aber Einsichten angrenzender Forschungsprogramme dort zitieren, wo es zweckmäßig erscheint.

Tabelle 1.2: Angrenzende Forschungsprogramme

Forschungsprogramm	Zentrale Fragestellung	Verbindung zur NIÖ
Transaktionskostenökonomik	Relevanz von TAK > 0 (seit einiger Zeit auch in Bezug auf politischen Prozess)	Vorgänger bzw. Bestandteil
Eigentumsrechtsökonomik	Konsequenzen alternativer Eigentumsrechtsausprägungen	Vorgänger bzw. Bestandteil
Ordnungsökonomik	Suche nach der den Menschen adäquaten Ordnungsformen	Auch hier werden die unterschiedlichen Konsequenzen alternativer Regeln miteinander verglichen
Konstitutionenökonomik	Legitimation des Staates; Konsequenzen alternativer Verfassungsregeln	In ihrer normativen Variante eine Ergänzung der NIÖ; in positiver Variante ein Teilbereich der NIÖ
Public Choice	Ökonomische Analyse der Politik	Analyse der durch exogen gegebene Regeln gesetzten Handlungsanreize
Law and Economics	Ökonomische Analyse des Rechts	Analyse der durch exogen gegebene Regeln gesetzten Handlungsanreize (primär im Bereich des Privat- und Strafrechts)

Offene Fragen   1.6

Eine zentrale Annahme des ökonomischen Verhaltensmodells ist es, Präferenzen als gegeben und konstant zu unterstellen. Aber Menschen werden nicht mit einer Präferenz für möglichst große Kamelherden oder rote Ferrari geboren. Eine offene Frage – nicht nur der NIÖ – ist also, wie die Entstehung und Änderung von Präferenzen erklärt werden kann. Vertreter der NIÖ sind insbesondere an der Frage interessiert, inwiefern die Entstehung und Änderung von Präferenzen kontext- bzw. kulturabhängig ist.

Unter Hinweis auf beschränkte Rationalität (und positive Transaktionskosten) wurde behauptet, dass es rational sein könne, Nutzen nicht mehr über jede Einzelhandlung zu maximieren, sondern nur noch über eine Sequenz von Handlungen und zwar mit Hilfe von Regeln (im Sinne von Daumenregeln, s. HEINER 1983). Aber: wenn wir nur beschränkt rational sind, warum sollten wir dann ausreichend rational sein, nutzenmaximierende Regeln rational zu setzen, schließlich ist das damit verbundene Optimierungsproblem ja viel komplexer! Hier ist also zu thematisieren, welche Rolle Lernen spielt, welche Funktion Versuch- und Irrtums-Prozesse haben und inwiefern es sinnvoll ist, von adaptivem Verhalten statt von rationalen Wahlhandlungen zu sprechen (hierzu siehe VANBERG 1994, Kap. 2).

Fragen

1. Warum ist die Annahme positiver Transaktionskosten eng verbunden mit der Annahme beschränkter Rationalität?

2. Verdeutlichen Sie sich den Begriff der Transaktionskosten am Beispiel der Wohnungssuche und weiteren selbst gewählten Beispielen!

3. Machen Sie sich den Unterschied zwischen individuellen Entscheidungsregeln (wie z.B. Daumenregeln) und kollektiven Regeln als Bestandteil von Institutionen anhand einiger selbstgewählter Beispiele klar!

4. Verdeutlichen Sie sich die oben eingeführte Institutionentaxonomie, indem Sie für jeden Institutionentyp ein Beispiel nennen und für jedes Beispiel sowohl die Regel- als auch die Sanktionskomponente beschreiben!

5. Erläutern Sie, warum privatrechtliche Verträge keine Institutionen sind, das Privatrecht, auf denen sie beruhen, aber sehr wohl!

Literatur

Das erste umfassende Lehrbuch zur Neuen Institutionenökonomik auf Deutsch stammt von RICHTER und FURUBOTN (3. Auflage 2003). Mit etwa 550 Seiten ist auch der von ERLEI, LESCHKE und SAUERLAND (2. Auflage 2007) verfasste Text sehr umfassend.

Die wichtigste Monographie zur Institutionenökonomik des letzten Jahrzehnts stammt von DOUGLASS NORTH und ist 1992 unter dem deutschen Titel „Institutionen, institutioneller Wandel und Wirtschaftsleistung" bei Mohr (Siebeck) in Tübingen erschienen.

Das ökonomische Verhaltensmodell wird sehr ausführlich und gut verständlich vorgestellt von GEBHARD KIRCHGÄSSNER (2008) in *Homo Oeconomicus*.

EKKEHART SCHLICHT (1990) setzt sich kritisch mit dem Konzept der beschränkten Rationalität auseinander. Mit einem Teilaspekt, nämlich den Problemen, die zu lösen sind, wenn beschränkte Rationalität in formale ökonomische Modelle integriert werden soll, beschäftigt sich KREPS (1998).

Eine sehr knappe Einführung in die Spieltheorie ist das Kapitel „*Game Theory*" in dem ausgezeichneten Einführungsband in die Ökonomik „*Theory of Choice*" (HARGREAVES HEAP *et al.* 1994). Eine gut verständliche deutsche Einführung, die mittlerweile sogar als Taschenbuch vorliegt, stammt von den beiden US-Ökonomen DIXIT und NALEBUFF (1997) und ist unter dem Titel „*Spieltheorie für Einsteiger*" erschienen. Für diejenigen, die wirklich nur einen allerersten Eindruck wollen, bietet sich ein Blick in GABISCH (1999) an.

Ein interessanter Sammelband mit Beiträgen zu erkenntnistheoretischen Fragen, die im Zusammenhang mit der NIÖ eine wichtige Rolle spielen, ist der 1993 von MÄKI, GUSTAFSSON und KNUDSEN herausgegebene Band *Rationality, Institutions and Economic Methodology*.

TEIL II:

DIE WIRKUNGEN GEGEBENER INSTITUTIONEN

Einfache Transaktionen 2

Wer in einer Wirtschaft welche Güter mit wem in welcher Menge und Häufigkeit handelt, hängt davon ab, welche Tauschhandlungen für beide Seiten gewinnbringend zu sein versprechen. Ob eine theoretisch mögliche Tauschhandlung von potenziellen Tauschpartnern in Betracht gezogen wird und ob sie, falls sie durchgeführt wird, tatsächlich zu beiderseitigem Nutzengewinn führt, wird durch eine Vielzahl von Faktoren bestimmt. Einige davon werden wir in diesem Kapitel thematisieren. Ob der Erwerb eines Gutes für mich überhaupt attraktiv wirkt, hängt davon ab, was ich mit diesem Gut nach einem Kauf machen kann: kann ich ein Haus beliebig verändern oder gibt es gesetzliche Beschränkungen, die zu beachten sind (z.B. Denkmalschutzbestimmungen)? Kann ich andere von der Nutzung des Gutes ausschließen oder muss ich sie gewähren lassen (z.B. Touristen, die über meine Wiese wandern)? Kann ich andere zwar gesetzlich von der Nutzung ausschließen, ist es aber faktisch sehr teuer, sie tatsächlich von der Nutzung auszuschließen (z.B. Passanten, die sich von meinem Apfelbaum bedienen)?

Im Folgenden werden wir uns überwiegend mit einfachen Transaktionen beschäftigen. Darunter wollen wir *Tauschhandlungen* verstehen, die *nicht* darauf angelegt sind, häufig *wiederholt* zu werden. Damit unterscheiden wir einfache Transaktionen einerseits von langfristigen Verträgen (z.B. der Lieferung von Wasser oder Strom für die nächsten fünfzig Jahre) und andererseits von Transaktionen innerhalb von Hierarchien wie z.B. einer Firma (die im nächsten Kapitel thematisiert werden).

Zunächst wird das Konzept der Eigentumsrechte eingeführt. Im Verlauf des Kapitels wird es zusammen mit dem Konzept der Transaktionskosten, das Ihnen aus dem letzten Kapitel ja bereits bekannt ist, eine zentrale Rolle spielen. Wir wollen davon ausgehen, dass Gesetze (externe Institutionen) genau wie Normen und Sitten (interne Institutionen) gegeben sind und fragen, wie sie das Verhalten der betrachteten Akteure kanalisieren. Wir gehen dabei wie folgt vor: im ersten Abschnitt wird das Konzept der Eigentumsrechte präsentiert. Im zweiten Abschnitt wird gefragt, auf welche Art und Weise interne Institutionen wie Normen und Sitten Umfang und Intensität einfacher Transaktionen beeinflussen können. Der dritte Abschnitt ist der Frage gewidmet, wie unterschiedliche Beziehungen zwischen externen und internen Institutionen sich auf Umfang und Intensität einfacher Transak-

Welche Anreizwirkungen gehen von Eigentumsrechten aus?

tionen auswirken können. In einem vierten Abschnitt stellen wir eine empirische Studie vor, in der versucht wurde, die Entwicklung der Transaktionskosten auf volkswirtschaftlicher Ebene über einen Zeitraum von 100 Jahren zu schätzen.

2.1 Die Relevanz externer Institutionen für einfache Transaktionen

Das Konzept der Eigentumsrechte

Gesetze dürften den Tausch von Gütern in mindestens dreierlei Hinsicht beeinflussen:

(1) In Bezug auf den Umfang der Rechte und Pflichten, die man mit dem Kauf eines Gutes erwirbt (Ausgestaltung des **Privateigentums**);

(2) In Bezug auf die Möglichkeiten und Grenzen, Güter mit anderen zu tauschen (Ausgestaltung der **Vertragsfreiheit**); und

(3) In Bezug auf die Kosten, die dabei entstehen, die eigenen Rechte durchzusetzen, falls die andere Seite den vertraglichen Verpflichtungen nicht nachkommt (Ausgestaltung des **Prozessrechts**).

Tausch als Austausch von Handlungs- und Verfügungsrechten

Tauschhandlungen hat man sich traditionell als Tausch physischer Güter vorgestellt (bzw. als Tausch eines physischen Gutes gegen Geld, mit dem man dann andere physische Güter erwerben konnte). Seit den 1960er Jahren entwickelte sich eine Forschungsrichtung, die sich Tausch als Austausch von Handlungs- und Verfügungsrechten an einer Sache vorstellt: der *Property Rights*-Ansatz, auf deutsch häufig mit Eigentumsrechtsansatz übersetzt. Der Wert eines Gutes hängt danach ab von der konkreten Ausgestaltung der relevanten Eigentumsrechte. Traditionell werden hier vier Bestandteile genannt:

(1) Das Recht an der Nutzung eines Gutes (*usus*);

(2) Das Recht, ein Gut zu verändern (*abusus*);

(3) Das Recht an den Erträgen, die sich aus der Nutzung eines Gutes ergeben (*usus fructus*); und schließlich

(4) Das Recht, die Nutzungsrechte eines Gutes an andere zu transferieren (*venditio*).

Je exklusiver diese Rechte abgegrenzt sind, desto höher dürfte unter sonst gleichen Bedingungen der für ein Gut zu erzielende Preis sein.

Häufig beschränken Gesetze in Form von **Regulierungen** die Vertragsfreiheit. Der Staat untersagt den Handel mit bestimmten Gütern (z.B. Kokain) oder verbietet, dass Tauschhandlungen an Sonn- und

Feiertagen stattfinden (Ladenschlussgesetz). Wer sich nicht an diese Ver- oder Gebote hält, muss mit Sanktionen rechnen. Von der Wahrscheinlichkeit, dass ein Verstoß geahndet wird sowie der Höhe der in diesem Fall zu zahlenden Strafe hängt es ab, ob sich der Tausch bestimmter Güter dennoch lohnt.[1] Durch solche Einschränkungen verteuert der Staat den Tausch bestimmter Güter absichtlich. Mit anderen Worten: *Die Transaktionskosten werden absichtlich erhöht.* Ökonomen gehen davon aus, dass höhere Transaktionskosten die Tauschhäufigkeit der entsprechenden Güter reduzieren.

Die Vorteilhaftigkeit von Tauschbeziehungen dürfte schließlich drittens davon abhängen, wie aufwendig es ist, im Falle eines Vertragsbruches durch den Vertragspartner Recht zu bekommen: wenn ein Gerichtsverfahren teuer ist und lange dauert, mag der Abschluss eines Tauschvertrags von vornherein wenig attraktiv erscheinen. Ist ein Gerichtsentscheid nicht unverzüglich vollstreckbar, so nützt er mir wenig, was ähnliche Folgen haben dürfte. Hohe Transaktionskosten können den Umfang von Tauschgeschäften offenbar ernsthaft beschränken. Mit empirischen Schätzungen zur Höhe von Transaktionskosten auf volkswirtschaftlicher Ebene wollen wir uns im vierten Abschnitt dieses Kapitels beschäftigen.

Langsame und teure Gerichtsverfahren können den Handel behindern

Ein Aufsatz, in dem eine ursprüngliche Ausstattung mit Eigentumsrechten und das Konzept der Transaktionskosten gemeinsam genutzt werden, war zentral für die Entwicklung der ökonomischen Analyse des Rechts: der Aufsatz über das Problem der sozialen Kosten von RONALD COASE aus dem Jahr 1960. Wenn der Tausch von Gütern kostenlos ist (die Transaktionskosten also gleich null sind), dann ist die ursprüngliche Verteilung der Eigentumsrechte auf die beteiligten Akteure irrelevant für das, was Ökonomen PARETO-Optimalität nennen.

Definition

PARETO **Optimalität:** Vom italienischen Ökonomen und Soziologen VILFREDO PARETO (1848-1923) entwickeltes Kriterium. Liegt ein PARETO-Optimum vor, dann ist es nicht möglich, die Wohlfahrt eines Individuums zu erhöhen, ohne die eines anderen Individuums zu reduzieren

---

[1] Für viele Drogenhändler übersteigt der erwartete Nutzen aus dem Handel mit Drogen die Kosten einer möglichen Bestrafung ganz offensichtlich, ansonsten würden sie ja nicht mit Drogen handeln. Viele Ökonomen argumentieren, dass das Verbot, Drogen zu konsumieren ursächlich für die hohen Drogenpreise sei. Sie empfehlen eine Legalisierung des Drogenkonsums und hoffen, dass sich die Qualität der gehandelten Drogen dadurch verbessert und die Beschaffungskriminalität zurückgeht (siehe z.B. HARTWIG und PIES 1996).

Anders formuliert: die Existenz von Eigentumsrechten ist erforderlich, deren Verteilung auf die beteiligten Akteure für die optimale Allokation jedoch irrelevant, solange davon ausgegangen wird, dass die Transaktionskosten gleich null sind. Diese Einsicht wird im Anschluss an diesen wahrscheinlich meistzitierten Aufsatz der ökonomischen Literatur COASE-**Theorem** genannt. Das Theorem soll im Folgenden an einem Beispiel verdeutlicht werden:

Das COASE-Theorem

Zum Testen ihrer Anlagen „produziert" eine Alarmanlagenfabrik Lärm, der von einem in der Nähe wohnenden Rentner als extrem störend empfunden wird und deshalb den Wohnwert seines Hauses reduziert. Immer wieder vorgetragene Bitten, den Lärm doch zu reduzieren, haben bei dem Fabrikanten keine Verhaltensänderung ausgelöst, weil eine Lärmreduktion mit zusätzlichen Kosten – z.B. in Form eines Lärmschutzfilters – verbunden wäre. Situationen, in denen das Nutzenniveau eines Akteurs A durch die Handlungen eines anderen Akteurs R erhöht (bzw. gesenkt) wird, ohne dass diese Änderung mit Zahlungen des R an A (bzw. des A an R) einhergehen, werden von Ökonomen **externe Effekte** bzw. **Externalitäten** genannt. Dabei wird zwischen positiven und negativen Externalitäten unterschieden. Eine positive Externalität konsumiere ich, wenn ich in der Nähe eines Open-Air Konzerts bin und die Musik kostenlos hören kann. Vom selben Konzert kann ich negativ betroffen sein, wenn mir die Musik nicht gefällt und ich wegen ihr nicht schlafen kann.

Die Alarmanlagenfabrik reduziert das Nutzenniveau des Rentners und sie produziert somit negative Externalitäten. In der Wohlfahrtsökonomik wurde lange gefordert, solche Externalitäten über die so genannte „**Pigou-Steuer**" (nach dem britischen Ökonom ARTHUR CECIL PIGOU 1877 – 1959) zu regulieren. Die Produzenten negativer Externalitäten sollten eine Steuer in Höhe der Differenz zwischen privaten und sozialen Kosten ihrer Aktivitäten entrichten müssen, während die Produzenten positiver Externalitäten in Höhe der Differenz subventioniert werden sollten. Dies sollte die Fehlallokation der rein marktlichen Lösung korrigieren. Obwohl es kaum je möglich sein dürfte, die jeweiligen sozialen Kosten bzw. sozialen Erträge konkreter Aktivitäten zuverlässig zu ermitteln, wurde von der Politik immer wieder versucht, das Konzept in die Praxis umzusetzen. Beispiele sind Erziehungszölle, die Förderung von Forschung und Entwicklung sowie die strategische Handelspolitik.

Dass die Existenz von Externalitäten staatliches Handeln in Form von Steuern bzw. Subventionen erforderlich macht, wird von RONALD COASE bezweifelt. Nehmen wir an, der Alarmanlagenproduzent erwarte, dass alle Gewinne, die sich mit der Produktion von Alarmanlagen erwirtschaften lassen, zum gegenwärtigen Zeitpunkt 15.000 Euro betragen (von Ökonomen wird dies auch Barwert genannt). Vor der Produktionsaufnahme war das Haus des Rentners 150.000 Euro wert, jetzt ist sein Wert auf 120.000 Euro gesunken. Gesamtwirtschaftlich wird durch die Produktion Wert zerstört: Ohne Produktion ist das Haus 150.000 Euro wert, werden Alarmanlagen getestet, so beträgt die Summe aus dem Gewinn des Alarmanlagenfabrikanten und dem Wert des Hauses 135.000 Euro. Volkswirtschaftlich wäre es vorteilhaft, wenn – zumindest an diesem Standort – keine Alarmanlagen produziert würden. Nehmen wir weiter an, dass es keine Gesetze gebe, die dem Alarmanlagenfabrikanten (A) eine Produktion verbieten. Wir müssen dann damit rechnen, dass A produziert. Was kann der Rentner (R) tun? Er könnte versuchen, A eine Summe zu zahlen, die ihn ohne die Produktion mindestens genauso gut stellt wie mit der Produktion von Alarmanlagen, also z.B. 16.000 Euro. Dies würde beide besser stellen: A, weil die Kompensationszahlung höher ist als seine Gewinne; R, weil sein Haus weiter 150.000 Euro wert ist, von denen er allerdings noch 16.000 Euro abziehen muss. 134.000 Euro sind jedoch immer noch mehr als die 120.000 Euro, die sein Haus wert wäre, wenn Alarmanlagen produziert würden.

Gehen wir jetzt davon aus, dass A aufgrund einer Nachfrageänderung 50.000 Euro Gewinn machen könnte. Addiert man den (reduzierten) Wert des Hauses hinzu, so ist die Summe (170.000 Euro) höher als der Wert des Hauses ohne Produktion. Gesamtgesellschaftlich ist es also vorteilhaft, dass produziert wird. Allerdings gebe es jetzt strenge Lärmschutzgesetze, die es R erlauben würden, gegen A zu klagen und ihn zu einem Produktionsstop zu zwingen. Für A könnte es sich dann lohnen, R zu kompensieren, so dass er nicht klagt: Er wird bereit sein, ihm eine Summe zu zahlen, die größer sein muss als 30.000 Euro (die Differenz zwischen 120.000 und 150.000 Euro), die jedoch 50.000 nicht überschreiten wird (die Höhe seines Gewinns). Eine wichtige Einsicht des COASE-Theorems ist somit, dass die *Ressourcen immer in die wertvollere Verwendungsrichtung gelenkt werden, egal, wie die Eigentumsrechte definiert sind.*

Die Schaubilder 2.1 und 2.2 zeigen, dass das COASE-Theorem nicht nur zur Lösung diskreter Fälle (Produzieren vs. Nicht-Produzieren) gilt, sondern auch für kontinuierliche (etwas weniger oder etwas mehr produzieren). Schaubild 2.1 entspricht dem Fall, in dem A für den von ihm verursachten Schaden (die Nutzeneinbuße bei R) nicht haftet. Jetzt wird erstens davon ausgegangen, dass die Höhe der Nutzeneinbuße abhängig ist vom Umfang des von der Alarmanlagenfabrik ausgestoßenen Lärms und zweitens davon, dass die Kosten zur Verringerung des Lärmausstosses immer höher werden, je mehr der Lärmausstoß reduziert werden soll. Falls A nicht haftet, ist es plausibel, von einem positiven Lärmausstoß auszugehen (0A im Schaubild). Eine Verringerung des Lärmniveaus entspricht also einer Bewegung in Richtung Ursprung.

Wenn man die Schädigungsmenge um NA auf 0N reduzieren würde, dann bliebe R ein Schaden in Höhe von QNAB erspart. Diese Schadenshöhe könnte A zu Kosten von PNA vermeiden. Die Nutzen (des geringeren Lärmausstosses) übersteigen also die

Schaubild 2.1: Lösung bei Abwesenheit von Haftung des A in Ausgangssituation

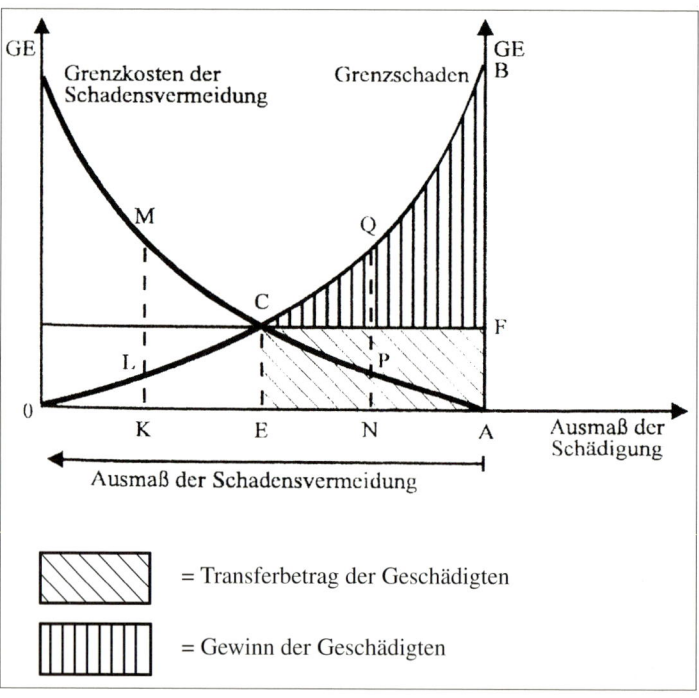

Quelle: Fritsch, Wein, Ewers (1996), S. 135

Kosten der Lärmreduktion. Hier besteht die Möglichkeit, dass sich sowohl R als auch A besser stellen können: R wird dem A eine Summe anbieten, die über den Vermeidungskosten des A liegt, aber kleiner ist als der Nutzengewinn, den er (R) selbst aus der Schadensreduktion des A zieht. Wer ein wenig Übung im Lesen ökonomischer Schaubilder hat, wird sofort sehen, dass die „optimale" Lärmmenge bei oE liegt; links von dieser Menge sind die (Grenz-)Kosten der Vermeidung höher als der (Grenz-)Schaden, den der Lärm anrichtet.

Unterstellt man, dass sich R und A tatsächlich auf die Lärmmenge oE einigen und dass der R dem A den Preis CE für jede vermiedene Schadenseinheit überweist, dann erzielt A im Vergleich zur Ausgangssituation mit oA einen Nutzenzuwachs im Umfang von ACF (er erhält von R die Summe CEAF, von der er die Kosten für die Lärmvermeidung CEA abziehen muss; der Rest

Schaubild 2.2: Lösung bei Haftung des A in Ausgangssituation

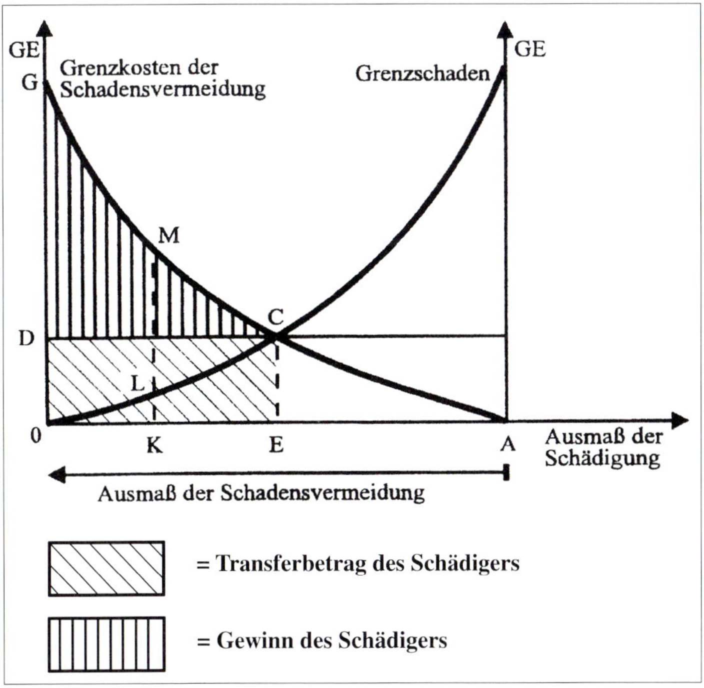

Quelle: Fritsch, Wein, Ewers (1996), S. 136

ist also ACF). Auch R hat sich besser gestellt und zwar um CFB (CEAB minus CEAF Entschädigungszahlung).

Der zweite Fall kann vollkommen analog gelöst werden. Wir beschränken uns deshalb darauf, das entsprechende Schaubild zu zeigen.

Bei Abwesenheit von Transaktionskosten ist die Ausgestaltung der Eigentumsrechte irrelevant für die Allokation! Aber: Transaktionskosten sind fast immer positiv

Wenn das COASE-Theorem gültig ist, dann *würde sich die optimale Ressourcenallokation auch ohne staatliches Handeln einstellen.* Es ist jedoch zu fragen, wie realistisch es ist, davon auszugehen, dass die Transaktions- bzw. Verhandlungskosten gleich null sind.

Dies erscheint sehr unwahrscheinlich. Bereits in unserem Beispiel, in dem nur zwei Akteure miteinander verhandeln müssten, wäre ja bereits eine gewisse Verhandlungszeit erforderlich. Zudem müssten die Akteure Aufwendungen tätigen, um zu überprüfen, ob die andere Partei sich auch an die Vereinbarungen hält. Stellen wir uns aber vor, dass die Alarmanlagenfabrik mitten in einem Wohngebiet liegt und 200 Familien von dem Lärm gestört würden. Dann müssten sich diese 200 Familien zunächst organisieren, was ebenfalls mit Kosten verbunden wäre. Stellen wir uns vor, die französischen Kohlekraftwerke emittierten Kraftwerksstaub, der nach Osten getragen würde und alle in Deutschland lebenden Menschen wären davon negativ betroffen. Hier nimmt das Problem kollektiven Handelns solche Dimensionen an, dass es unwahrscheinlich erscheint, dass es einzelnen Individuen für Einzelfragen gelingen könnte, private Verhandlungslösungen zu erreichen.

Daraus folgt: die Abgrenzung von Eigentumsrechten ist extrem wichtig

Die Hauptaussage des COASE-Theorems ist also, dass *bei Transaktionskosten von null sowie hinreichend spezifizierten und handelbaren Eigentumsrechten unabhängig von der Ausgangsverteilung mit einer effizienten Ressourcenallokation gerechnet werden kann.* Unter diesen Annahmen ist die konkrete Ausgestaltung von Eigentumsrechten schlicht irrelevant. Der Grund, warum sich als Teil der NIÖ dennoch eine eigene Theorie entwickelt hat, die sich mit den Allokationsfolgen unterschiedlicher Abgrenzungen von Rechten entwickelt hat, liegt allerdings auf der Hand: in der Regel sind Transaktionskosten eben gerade nicht gleich null. *Weil Rechte nicht kostenlos handelbar sind, ist ihre Spezifikation so wichtig.*

Das COASE-Theorem wird bis heute kontrovers diskutiert. Nur zwei **Kritikpunkte** seien hier genannt:

(1) COASE hat vernachlässigt, dass Akteure **strategisch handeln**. So könnte unsere Alarmanlagenfabrik vor ihrer Ansiedlung ankündigen, extrem viel Lärm zu produzieren, um eine möglichst hohe Zahlung für eine „Reduktion" des Lärmpegels zu erreichen. Es könnte sogar lohnen sein, sich darauf zu spezi-

alisieren, den Bau neuer Fabriken anzukündigen und sich den Nichtbau dann mit gutem Geld kompensieren zu lassen.

(2) COASE hat betont, dass die Ausgestaltung der Eigentumsrechte unabhängig für die sich ergebende Allokation ist. Allerdings hängt die resultierende **Verteilung** natürlich davon ab, ob jemand ursprünglich das Recht hat, Lärm zu emittieren oder nicht. Das aber bedeutet, dass das COASE-Theorem nur gilt, wenn die Verteilungsfolgen keine Rückwirkungen auf die zu erwartende Allokation haben.

Die Relevanz interner Institutionen für einfache Transaktionen   2.2

Dass die im letzten Abschnitt diskutierten externen Institutionen – insbesondere staatlich durchgesetzte Eigentumsrechte – großen Einfluss auf Art und Umfang der tatsächlich getätigten Geschäfte haben, dürfte unmittelbar einleuchten. Aber auch die Relevanz interner Institutionen dürfte auf der Hand liegen: Gilt in einer Gruppe die Regel, dass Verträge zu halten sind und werden Vertragsbrüchige sanktioniert, indem alle anderen Gruppenmitglieder über ihren Vertragsbruch informiert werden, dann dürften Vertragsbrecher Schwierigkeiten haben, überhaupt wieder Vertragspartner zu finden.

Wie beeinflussen interne Institutionen den Umfang einfacher Transaktionen?

Normen können aber nicht nur eine Rolle spielen dafür, ob Verträge überhaupt zustande kommen, sondern auch dafür, welchen Inhalt sie haben werden. Es ist denkbar, dass bestimmte Vertragsinhalte und –modalitäten unter Rückgriff auf externe Institutionen durchaus vorstellbar sind, die internen Institutionen einer Gesellschaft bestimmte Vertragsinhalte und –modalitäten jedoch ächten. Stellen Sie sich etwa ein Geschäft mit Alkohol oder Schweinefleisch in einer muslimisch geprägten Gesellschaft vor, deren externe Institutionen von irgendeiner Kolonialmacht gesetzt wurden. Im Folgenden werden wir nicht versuchen, die Möglichkeiten, in denen interne Institutionen Vertragsinhalte und –modalitäten beeinflussen können, möglichst vollständig oder systematisch zu erfassen, sondern nur zwei Beispiele nennen.

Beispiel 1: Kooperationsnormen: Das Ultimatumspiel

Das Ultimatumspiel wurde von GÜTH, SCHMITTBERGER und SCHWARZE (1982) eingeführt und hat zu *heftigen Diskussionen über die grundlegenden Verhaltensannahmen der Ökonomik* geführt. Im Spiel geht es um die Verteilung eines Kuchens; Kuchen ist hier metaphorisch zu verstehen, in der Regel geht es um eine Geldsumme, die von den Akteuren geteilt werden kann. Der erste Spieler hat das Recht, dem anderen Spieler eine Verteilung vorzuschlagen, der zweite Spieler kann diesen Vorschlag entweder akzeptieren oder ablehnen. Akzeptiert er ihn, so wird der Kuchen dem Vorschlag entsprechend geteilt, lehnt er ihn ab, so bekommt keiner der beiden Spieler ein Stück des Kuchens. Da der zweite Spieler sich gegenüber einer Situation ohne Kuchen selbst mit einem klitzekleinen Stück besser stellt, kommt man mit Hilfe ökonomischer Rationalität zum Ratschlag an den ersten Spieler, dem zweiten Spieler nur einen sehr geringen Anteil am Kuchen anzubieten.

Homo Oecono-
micus Prognose
im Ultimatumspiel
nicht bestätigt

Es ist hier ausgeschlossen, die gesamte Literatur zu diesem Spiel zusammenzufassen. Es sollen lediglich ein oder zwei Aspekte hervorgehoben werden, die für die NIÖ von besonderer Relevanz sind: In Experimenten wurde beobachtet, dass häufig Teilungen des Kuchens von 50:50 vorgeschlagen werden und weiter, dass Vorschläge, nach denen der zweite Spieler lediglich ein Drittel oder weniger des Kuchens bekommt, häufig abgelehnt werden. Dies ist sogar dann beobachtet worden, wenn es sich um substanzielle Beträge handelt, z.B. von CAMERON (1999), die das Spiel mit indonesischen Studenten um eine Kuchengröße gespielt hat, die in etwa dem Wert von drei durchschnittlichen monatlichen Unterhaltszahlungen entsprach.

Diese Beobachtungen werden häufig mit den **Gerechtigkeits-** bzw. **Fairnessvorstellungen** der Akteure erklärt, obwohl diese Interpretation keineswegs allgemein akzeptiert ist. Aber nehmen wir an, man könnte dieses Verhalten mit Hilfe von internen Institutionen erklären bzw. mit den ihnen zugrunde liegenden Werten und Normen. Es wäre dann sehr interessant, formal identische Spiele in unterschiedlichen kulturellen Umgebungen zu spielen. HENRICH (2000) und ENSMINGER (1998) sind erste Schritte in diese Richtung. HENRICH hat Ultimatumspiele mit Subsistenzbauern am Amazonas gespielt und herausgefunden, dass deren Vorschläge zur Teilung des Kuchens substanziell geringer waren als in entwickelteren Ländern und zudem fast nie abgelehnt wurden. ENSMINGER (1998) *vermutet deshalb, dass Gerechtigkeits- bzw. Fairnessvorstellungen eine Wirkung institutioneller Entwicklung (und nicht deren Ursache) seien.*

Beispiel 2: Fairnesskonzepte und Preisbildung

Die gerade genannte Erkenntnis ist zwar sehr spannend, hat aber gleichwohl einen Makel: es handelt sich um experimentelle Evidenz. Wir können nicht sicher sein, dass die quasi-empirische Laborevidenz auch außerhalb des Labors ihre Gültigkeit behält. Als zweites Beispiel für die mögliche Relevanz interner Institutionen wollen wir deshalb nur einige Beobachtungen zur Bildung von Preisen schildern, die in der realen Welt beobachtet werden können. Traditionell gehen wir davon aus, dass die Zahlungsbereitschaft eines Konsumenten gerade dem Grenznutzen entspricht, den er vom erworbenen Gut erwartet. *Peak-Load-Pricing* ist eine Strategie für Anbieter, stark schwankende Nachfragemengen zu kanalisieren: in Zeiten extrem hoher Nachfrage gibt es hohe Preise, in Zeiten geringer Nachfrage entsprechend geringe Preise. Diese ökonomisch vollkommen rationale Strategie wird von vielen Nachfragern jedoch verurteilt: Höhere Preise für Skilifte in der Karnevals- oder Osterwoche, höhere Preise für Blumen um Feiertage usw. werden von vielen Kunden nicht akzeptiert. Bisweilen sind Nachfrager sogar bereit, ihren Unmut mit kostenträchtigen Aktionen zum Ausdruck zu bringen: wenn die großen Markentankstellen ihre Preise zur Hauptferienzeit erhöhen, kann man bisweilen lange Schlangen vor so genannten „freien" Tankstellen beobachten. Die Konsumenten sind offenbar bereit, hohe (Opportunitäts-) Kosten in Form von Zeitverlusten einzugehen, nur um zwei oder drei Pfennig pro Liter Benzin zu sparen (Frank 1988, Kahnemann, Knetsch und Thaler 1986 mit weiteren Beispielen).

Beide Beispiele zeigen, dass *Tauschpreise und andere Vertragsinhalte auch von Fairness- bzw. Gerechtigkeitsvorstellungen beeinflusst werden* können. Diese können das Handeln der Akteure beeinflussen. Werden diese Faktoren bei einer Analyse z.B. von Preisbildungsprozessen nicht berücksichtigt, dann dürfte dies zu falschen Prognosen führen. Durch die Berücksichtigung interner Institutionen kann die Prognosequalität erhöht werden.

> Die Berücksichtigung von Gerechtigkeitsvorstellungen kann die Prognosegenauigkeit erhöhen

Zur Relevanz des Verhältnisses von externen und internen Institutionen für einfache Transaktionen 2.3

Im Einleitungskapitel wurden vier mögliche Beziehungen zwischen externen und internen Institutionen genannt:
(1) neutral,
(2) komplementär,
(3) substitutiv und
(4) konfligierend.

In diesem Abschnitt soll gefragt werden, wie einfache Transaktionen dadurch beeinflusst werden können, dass es sowohl externe als auch interne Institutionen gibt, mit denen die Abwicklung einfacher Transaktionen strukturiert werden kann. Auf die Erörterung der Konsequenzen eines neutralen Verhältnisses zwischen externen und internen Institutionen wollen wir hier verzichten.

2.3.1 Konfligierende Beziehung zwischen internen und externen Institutionen

Interne und externe Institutionen stehen dann in einer konfligierenden Beziehung zueinander, wenn eine bestimmte Verhaltensweise in einer wiederkehrenden Interaktionssituation gemäß den externen (internen) Institutionen erlaubt oder sogar geboten ist, während sie gemäß den internen (externen) Institutionen untersagt ist. Egal, für die Einhaltung welchen Institutionentyps ein Akteur sich entscheidet, er muss immer mit einer Sanktion rechnen.

Konfligierende Institutionen können entwicklungshemmend wirken

Empirisch dürften konfligierende Institutionenverhältnisse häufig relevant gewesen sein, wenn eine Kolonialmacht versucht hat, ihr Set externer Institutionen ohne größere Änderungen in ihren Kolonien durchzusetzen. Die möglichen Konsequenzen konfligierender Institutionen in Bezug auf Wachstum und Entwicklung dürften auf der Hand liegen: es erscheint häufig vorteilhaft, geheim bzw. nicht-öffentlich zu agieren. Das aber kann verschiedene negative Konsequenzen für die Geschäftsentwicklung haben: Optimale Betriebsgrößen können nicht erreicht werden, Marketingmaßnahmen finden kaum statt, die externe Finanzierung bestimmter Projekte ist schwierig und deshalb teuer usw.

2.3.2 Komplementäre Beziehung zwischen internen und externen Institutionen

Als komplementär hatten wir die Beziehung zwischen einer internen und einer externen Institution bezeichnet, wenn sie menschliches Verhalten in inhaltlich ähnlicher oder gleicher Weise beschränkt und die *Regeleinhaltung sowohl staatlich als auch privat überwacht* wird. So wird beispielsweise ein Mörder häufig nicht nur mit staatlichen, sondern auch mit gesellschaftlichen Sanktionen zu rechnen haben. Empirisch relevant scheint primär der Fall zu sein, in dem externe Institutionen ohnehin bereits existierende interne Institutionen dadurch ergänzen, dass die

Sanktionierung zusätzlich staatlich vorgenommen wird. Wenn es stimmt, dass interne Institutionen einer Veränderung von außen weniger leicht zugänglich sind als externe Institutionen, beide aber gerade in einem komplementären Verhältnis die Funktion der Erwartungsstabilisierung in hohem Ausmaß erfüllen, dann setzt dies der Möglichkeit einer erfolgreichen Umgestaltung externer Institutionen enge Schranken. Die *Komplementarität interner und externer Institutionen* ist dabei aber nur als *notwendige, nicht jedoch hinreichende Bedingung für den ökonomischen Erfolg einer Volkswirtschaft* aufzufassen. Komplementarität sagt nämlich als formales Kriterium noch nichts über den Inhalt der Institutionen aus. Wenn daher interne und externe Institutionen in einem komplementären Verhältnis zueinander stehen, beide aber Verhaltensweisen begünstigen, die ökonomischem Wachstum abträglich sind, so dürften auch hier die Wachstumsaussichten gering sein.

Komplementäre Institutionen reduzieren den staatlichen Sanktionsaufwand

Substitutive Beziehung zwischen internen und externen Institutionen

2.3.3

Bei substitutiven Beziehungen beschränken Regeln menschliches Verhalten in inhaltlich ähnlicher oder gleicher Weise, wobei die *Regeleinhaltung entweder privat oder staatlich überwacht* wird. Wir wollen uns darauf beschränken, zwei Kombinationen interner mit externen Institutionen herauszugreifen, die gut geeignet erscheinen, die Beziehung zu illustrieren, nämlich zwischen Institutionen des Typs 3 und externen Institutionen sowie zwischen Institutionen des Typs 4 und externen Institutionen (zur Erinnerung: die Institutionentypen sind in Tabelle 1.1 dargestellt).

Stellen wir uns eine Situation vor, in der es infolge regelabweichenden Verhaltens zu Konflikten zwischen zwei Akteuren kommt und drei Möglichkeiten offen stehen:

Ein Beispiel

(1) Die Konfliktregelung innerhalb der Sphäre der beiden Parteien als Grenzfall der Nutzung einer Institution vom Typ 3;
(2) Die Anrufung eines Schiedsgerichtes, verbunden mit der Nutzung einer Institution vom Typ 4, sowie
(3) Die Einschaltung eines staatlichen Gerichts.

Für eine Konfliktregelung innerhalb der Sphäre der beiden Konfliktparteien könnte sprechen, dass der Einbezug eines Fremden den Charakter der Konfliktregelung fundamental ändert, weil die *subjektive Sphäre der Konfliktparteien* einer vollständigen intersub-

Konfliktregelung zwischen den Parteien

jektiven Überprüfbarkeit *durch Außenstehende nicht zugänglich* ist. So wird ein Außenstehender weniger in der Lage sein, das persönliche Element eines Falles zu berücksichtigen. Vor Gericht kann zudem häufig nur das zur Beurteilung eines Falles herangezogen werden, was in einem aufwendigen Verfahren der Beweisaufnahme als gesichert gelten kann. Schließlich *verändert* die Anrufung eines Außenstehenden den *emotionalen Charakter der Konfliktregelung.* Während die streitenden Parteien im Falle der zweiseitigen Überwachung nämlich direkte Kontrolle über die Verhandlungsschritte ausüben, kommt die Einschaltung einer dritten Partei dem Eingeständnis gleich, nicht in der Lage zu sein, die eigenen Angelegenheiten unter Kontrolle zu bringen. Zudem kann das Urteil eines über dem Konflikt stehenden Dritten einer späteren Versöhnung der streitenden Parteien im Wege stehen, da sie die Regelung nicht gemeinsam ausgearbeitet haben.

Anrufung eines Schiedsgerichts

Für eine substitutive Beziehung zwischen internen Institutionen vom Typ 4 und externen Institutionen gilt ein Großteil des gerade Beschriebenen in abgeschwächter Form. So wird durch die Anrufung eines Schiedsgerichts zwar die Sphäre der am Konflikt direkt Beteiligten verlassen, gleichzeitig verbleibt die Konfliktlösung aber im privaten Sektor, so dass sie nicht unmittelbar an die staatliche Zwangsgewalt gekoppelt ist. Eine weitere Differenzierung ergibt sich dadurch, dass die *Schiedspersonen aufgrund ihres spezifischen Fachwissens* zur Streitschlichtung herangezogen werden und damit empathisch entscheiden können. Die Schiedspersonen sind ferner stark an einer Schlichtung des jeweiligen Streits interessiert, weil ihre Reputation mit jedem Misserfolg bei der Schlichtung leidet. Da eine Streitschlichtung schließlich immer Kompromißcharakter hat, erlaubt sie den beteiligten Parteien eher als ein Prozess vor einem ordentlichen Gericht, ihr *Gesicht zu wahren.*

Staatliche Streitschlichtung

Diese Ausführungen könnten den Eindruck erwecken, die staatliche Überwachung sei der privaten stets unterlegen. Dieser Eindruck trügt, und das nicht nur, weil auch die Anrufung eines staatlichen Gerichts in bestimmten Fällen Vorzüge haben kann, sondern auch und gerade deshalb, weil der Einfluss externer Institutionen weit über den engen Rahmen von Gerichtsverhandlungen hinausgeht (GALANTER 1981). Richter entscheiden zwar nur konkrete Streitfälle, stellen dabei jedoch gleichsam als Nebenprodukt Informationen bereit, die in den Bereich privater Konfliktlösung hineinwirken (ebd., 13). Weil die Urteile von Schiedsgerichten in der Regel unveröffentlicht bleiben, stellen sie genau diese Information nicht bereit. Das Ergebnis von Verhandlungslösungen im privaten Bereich bleibt mit anderen Worten nicht unbeeinflußt davon, welches Urteil die Parteien von einem ordentlichen Gericht erwarten würden. Mehr noch: Die *Möglichkeit, den Fall vor Gericht zu bringen, mag die Parteien überhaupt erst dazu bewegen, sich an einen Tisch zu setzen, um eine interne Lösung auszuarbeiten,* da die Kosten eines Gerichtsverfahrens gescheut werden. Wenn daher auch nur eine relativ geringe Anzahl aller Konflikte von staatlichen Gerichten entschieden wird, so ist dies noch kein Hinweis auf deren geringe Bedeutung.

Die Beziehung zwischen staatlicher Rechtsprechung und privaten Konfliktlösungsmechanismen verläuft aber auch in die umgekehrte Richtung: *Private Konfliktlösung wirkt* ihrerseits *auf die staatliche Rechtsprechung* (GALANTER 1981, 24). Die Auslegung unbestimmter Rechtsbegriffe setzt in besonders hohem Maße ein kulturelles Vorverständnis voraus. Hier ergibt sich eine direkte Einflussmöglichkeit für eine Vielzahl privater Vorstellungen davon, was als gerechte Lösung eines Konflikts angesehen werden kann.

Substitutive Beziehungen zwischen internen Institutionen vom Typ 4 und externen Institutionen können Konkurrenzbeziehungen zwischen den sie administrierenden Organisationen auslösen, wenn diese ein Interesse daran haben, möglichst häufig von Konfliktparteien angerufen zu werden. Private Schiedsgerichte könnten ein Interesse daran haben, weil jeder zusätzliche Fall mit zusätzlichem Umsatz verbunden ist. Diese Konkurrenz kann einen **institutionellen Wandel** auslösen, wenn die administrierenden Organisationen versuchen, durch Modifikationen Wettbewerbsvorteile zu erzielen. Unsere idealtypische Beschreibung einer substitutiven Beziehung zwischen internen und externen Institutionen abstrahiert von Interdependenzen zwischen den internen und externen Institutionentypen. Unser Beispiel zeigt jedoch, dass die Beteiligten eines Konflikts sich zwar dafür entscheiden mögen, den Konflikt innerhalb ihrer Sphäre auszutragen, doch sind sie dabei nicht frei von indirekten Einwirkungen staatlicher Rechtsprechung in diese Sphäre. Dies gilt auch für die private Streitschlichtung, die in den Bereich staatlicher Rechtsprechung wirken kann.

Nachdem wir uns mit Hilfe von Plausibilitätsüberlegungen einige Gedanken über die möglichen Konsequenzen verschiedener Beziehungen zwischen externen und internen Institutionen gemacht haben, folgt jetzt die knappe Schilderung einiger empirischer Studien zu diesem Thema.

2.3.4 Empirische Ergebnisse zum Verhältnis zwischen externen und internen Institutionen

Nehmen wir an, dass die Akteure zur Lösung von Konflikten die Wahl haben, auf formales Recht (also externe Institutionen) oder auf Gewohnheiten (also interne Institutionen) zurück zu greifen. Wenn wir analysieren, auf welche institutionellen Arrangements Akteure in welchen Situationen tatsächlich zurückgreifen, können wir etwas über die tatsächliche Relevanz der Institutionen lernen. ELLICKSON (1986, 1991) ist eine empirische Studie, in der genau dies getan wird. ELLICKSON hat sich gefragt, ob das berühmte Beispiel von COASE (1960), in dem ein Viehzüchter und ein Getreidebauer einen Konflikt austragen, irgendwelche empirische Relevanz hat. COASE hatte behauptet, dass die Art und Weise der Konfliktbeilegung zwischen Viehzüchtern, deren Vieh auf die Fläche der Getreidebauern gelaufen und Teile der Ernte zerstört hatten, durch die konkrete Ausgestaltung des Rechtssystems determiniert würde. Übertragen auf unser Beispiel von oben: dass die Ausgestaltung der Eigentumsrechte Konsequenzen dafür hat, welche Lärmmenge der Alarmanlagenproduzent ausstößt. ELLICKSON (1994, 97) behauptet, dass diese Einschätzung in praktisch allen ländlichen Gegenden, in denen Nachbarn wiederholt interagieren, falsch sei.[2] Der Autor hat empirisch untersucht, wie Konflikte zwischen Züchtern und Bauern in *Shasta County*, Kalifornien, beigelegt werden. Dieser Bezirk wurde gewählt, weil die Züchter nur in einigen Gemeinden für den Schaden verantwortlich sind, den ihre Tiere außerhalb der eigenen Flächen verursachen. In anderen Bezirken des Landkreises sind die Getreidebauern für den Schutz ihrer Anbauflächen also selbst verantwortlich. ELLICKSON hat gezeigt, dass die Art und Weise der von den Nachbarn gewählten Streitbeilegung unabhängig vom Gesetz ist, das im jeweiligen Bezirk gültig ist, d.h., dass das Gesetz keine Konsequenzen für die gewählte Streitbeilegungsart hat. Diese Studie belegt also, dass interne Institutionen unter bestimmten Bedingungen (hier: wiederholte Interaktionen) externe Institutionen noch immer verdrängen können, selbst in wirtschaftlich so hoch entwickelten Gebieten wie Kalifornien.

Die von Nachbarn gewählte Art der Streitbeilegung unabhängig vom konkret gültigen Gesetz

---

[2]   Aufmerksame Leser werden an dieser Stelle einwenden, dass dieses Beispiel gar nicht in dieses Kapitel gehöre, schließlich ist es überschrieben mit „einfache Transaktionen", hier aber geht es um wiederholte Transaktionen. Das ist einerseits richtig. Andererseits gehen die Bauern weder langfristige Verträge ein noch schaffen sie neue und auf Dauer angelegte Hierarchien, so dass das Beispiel auch an dieser Stelle seine Berechtigung hat.

Auch in der Studie von STONE, LEVY und PAREDES (1996) geht es um die Relevanz von externen und internen Institutionen für Geschäftstreibende in zwei verschiedenen Ländern, nämlich in Brasilien und in Chile. Brasilien wird beschrieben als sehr interventionistisch mit einer außergewöhnlichen Regulierungsneigung bis ins letzte Detail, wohingegen Chile systematisch Reformen zur Zurückdrängung des Staates aus Märkten sowie zur stärkeren Regelorientierung von Wettbewerbsgesetzen unternommen habe (ebd., 100). STONE et al. (1996) haben zwei Situationen analysiert, in denen private Geschäftsleute mit Vertretern der Regierung interagieren (Neugründung von Firmen und Regulierung von Firmen) und zwei Situationen, in denen Geschäftsleute mit Kunden interagieren (Bestellungen und Verkäufe auf Kredit). Interviews mit Vertretern von 42 Textilfirmen wurden im Gebiet von São Paulo (Brasilien) als auch in der Gegend von Santiago (Chile) geführt. Die Ergebnisse dieser Studie sind überraschend: Obwohl es in Brasilien viel schwieriger ist, eine neue Firma eingetragen zu bekommen, haben sich die interviewten Vertreter der brasilianischen Textilindustrie kaum beschwert. Von den Autoren der Studie wird das mit dem Beruf des *despachante* erklärt, der als Folge der komplizierten Gesetzesstruktur und der ausufernden Bürokratie entstanden ist.[3] Die Firmengründer versuchen gar nicht erst, die verschiedenen zur Gründung erforderlichen Urkunden selbst zusammenzubekommen, sondern delegieren diese Aufgabe an die *despachantes*. Die Gesamtkosten einer Firmengründung in Brasilien betragen $640, verglichen mit $739 in Chile. Die insgesamt erforderliche Zeit, um registriert zu werden betrug in Brasilien 1,6 Monate verglichen mit 2,0 Monaten in Chile.

Regulierung provoziert häufig unvorhergesehene Ausweichreaktionen

In Bezug auf **Kreditverkäufe** vertreten STONE et al. (1996) die Auffassung, dass diese Art von Verkäufen essenziell für das Funktionieren der gesamten Branche sei. Aber die einzelnen Transaktionen haben häufig nur ein geringes Volumen und eine Nutzung von Konfliktlösungsmechanismen, an denen externe Institutionen beteiligt sind, wäre teuer und zeitaufwendig. Dennoch finden Transaktionen auf Kredit statt. Firmen, die neuen Kunden Kredit gewähren, überprüfen deren Kreditwürdigkeit auf zweierlei Weise: durch **Referenzen** und durch **Kreditagenturen**. Die Notwendigkeit, auf Konfliktlösungsmechanismen zurückzugreifen wird

---

[3]   *Despachar*, spanisch für abfertigen, erledigen. *Despachantes* haben sich darauf spezialisiert, Behördengänge zu erledigen, bei denen sie Genehmigungen besorgen usw.

also abgewendet durch eine breite Vorabinformation. Obwohl sich auch in Brasilien ein solches Verfahren entwickelt hat, scheinen die damit verbundenen Kosten in Chile geringer zu sein (ebd., 122). Diese Studie zeigt uns, wie *wichtig* es ist, *de facto Institutionen zu analysieren und nicht de jure Institutionen*. Hätten wir uns auf die Analyse formal gültiger Gesetze beschränkt, so wäre das Ergebnis gewesen, dass Chiles Institutionen denjenigen Brasiliens eindeutig überlegen seien. Tatsächlich – also aufgrund der Analyse von *de facto*-Institutionen – sind die Unterschiede aber gar nicht so groß.

Zur Relevanz des Verhältnisses von externen zu internen Institutionen kommen diese Studien also zu überraschenden Ergebnissen: ELLICKSON zeigt, dass es Situationen geben kann, in denen interne Institutionen wichtiger sind als externe, während STONE und seine Koautoren zeigen, dass unzureichende externe Institutionen zumindest teilweise durch funktionierende interne Institutionen kompensiert werden können.

Ein etwas anderer Ansatz, die relative Relevanz von internen zu externen Institutionen zu ermitteln, könnte von folgendem Gedanken ausgehen: Angenommen, die externen (internen) Institutionen, mit deren Hilfe verschiedene Gruppen von Akteuren ihre Interaktionen strukturieren, seien identisch, dennoch beobachte man signifikante Unterschiede in Ergebnisvariablen wie Pro-Kopf-Einkommen, Wachstum usw. In solch einem Fall könnte es sinnvoll sein zu fragen, ob die Varianz mit Unterschieden in den internen (externen) Institutionen korreliert ist und ob diese die Varianz möglicherweise sogar verursacht haben. Ein offensichtlicher Kandidat, um einen solchen Ansatz einmal auszuprobieren ist Italien. Während die externen Institutionen – zumindest formell – im gesamten Land identisch sind, ist die Art und Weise, wie Interaktionen strukturiert werden stark abhängig von der Region, in der die Interaktionen jeweils stattfinden. Hier ist insbesondere ein großer Unterschied zwischen dem Norden und dem Süden beobachtet worden, d.h. die internen Institutionen variieren in hohem Maße. Bis zu einem gewissen Grad kann das auch für Nord- *vs.* Süddeutschland behauptet werden.

ROBERT PUTNAM (1993) hat nicht beabsichtigt, einen Beitrag zur NIÖ zu leisten. Viele der von ihm behandelten Fragen, aber auch die von ihm gewählten Methoden, erinnern jedoch stark an die NIÖ. PUTNAM zeigt, dass die Anzahl der Vereinigungen, denen Italiener Ende des 19. Jahrhunderts freiwillig beitraten und die nicht-hierarchisch organisiert waren (also etwa Gesangs- oder Sportvereine, nicht aber die katholische Kirche) ein hervorra-

Marginalia (left):

Unterschiede innerhalb von Ländern können von unterschiedlichen internen Institutionen verursacht werden

Italien ist ein Paradebeispiel dafür

gender Indikator für die Qualität lokaler Regierungen in den verschiedenen Teilen des Landes heute sind! PUTNAM argumentiert,
dass **freiwillige Vereinigungen** nicht etwa ein Zeichen idealisti-
schen Altruismus' seien, sondern **praktischer Reziprozität** dienten
und genutzt wurden, um Risiken in einer sich schnell wandeln-
den Gesellschaft pragmatisch zu reduzieren. Dabei legt er großen
Wert auf die organisatorischen Strukturen sozialen Zusammen-
halts und er behauptet mitnichten, dass der Süden des Landes
apolitisch oder asozial sei. Aber der Süden erreicht wesentlich
niedrigere Grade beim Funktionieren der Zivilgesellschaft (*„civic-
ness"*), da er viel vertikaler als der Norden strukturiert ist. Eine
vertikale Organisation ist aber ein Zeichen für Abhängigkeit und
Ausbeutung. PUTNAM behauptet, dass horizontale Beziehungen,
so wie er sie im Norden gefunden hat, der Herausbildung von
Solidarität förderlich seien.

Von PUTNAM wird die unterschiedliche Entwicklung der beiden
Landesteile unter Rekurs auf das Konzept der **Pfadabhängigkeit**
nachgezeichnet (ebd., 177-80): im Norden habe sich ein soziales
Gleichgewicht mit hohen Kooperationsniveaus, Vertrauen, Reziprozität usw. herausgebildet, das stabil sei. Im Süden dagegen hat
sich ein anderes – ebenfalls stabiles – Gleichgewicht herausgebildet, in dem Defektion, Misstrauen, Opportunismus usw. die dominante Verhaltensstrategie ist. Wir verzichten an dieser Stelle
auf eine umfassendere Beschäftigung mit dem Konzept der
Pfadabhängigkeit; es wird jedoch im sechsten Kapitel etwas eingehender präsentiert.

Zur Schätzung von Transaktionskosten   2.4

Die Kosten, die aufgewandt werden müssen, um eine bestimmte
Transaktion zu tätigen, drängen sich als Indikator zur Bewertung
der Qualität eines Sets von Institutionen geradezu auf. Die Qualität von Institutionen kann demnach ermittelt werden, in dem
man die Transaktionskosten identifiziert, die in verschiedenen
Ländern aufgewandt werden müssen, um eine bestimmte Interaktion abzuwickeln. Ein Vergleich der verschiedenen so ermittelten Niveaus kann dann zu einem Qualitätsvergleich unterschiedlicher Sets von Institutionen genutzt werden.

Lange Zeit haben die Vertreter der NIÖ gar nicht versucht, Transaktionskosten (empirisch) zu quantifizieren. Dem Begriff wurde
lediglich eine konzeptionelle oder heuristische Funktion zugewiesen und die mangelnde empirische Testbarkeit wurde gar nicht als

Unter einer Heuristik versteht man eine methodische Anleitung, neue Einsichten zu finden.

Problem aufgefasst. In der Zwischenzeit sind jedoch Schätzungen zur Höhe von Transaktionskosten veröffentlicht worden. Bevor ein paar dieser Ergebnisse hier vorgestellt werden, sollen zunächst einige der mit solchen Erhebungen verbundenen **Schwierigkeiten** erörtert werden. BENHAM und BENHAM (1998) nennen vier Gründe für die immer noch kleine Zahl empirischer Studien:

(1) Es gibt keine Einigkeit darüber, wie Transaktionskosten genau abzugrenzen seien;

(2) Die Schätzung von Transaktionskosten ist schwierig, weil sie häufig gemeinsam mit Transformationskosten anfallen und zunächst von diesen getrennt werden müssen;

(3) Wenn Transaktionskosten prohibitiv werden, finden überhaupt keine Transaktionen statt; Transaktionskosten fallen dann auch nicht an;

(4) Das „Gesetz des einheitlichen Preises" gilt in Bezug auf Transaktionskosten nicht, weil sie akteurspezifisch anfallen, es sich also um subjektive Kosten handelt, die schlecht objektivierbar sind.

Unter Transformationskosten werden in diesem Zusammenhang alle Kosten verstanden, die aufgewandt werden müssen, um Ressourcen bzw. Inputs in Produkte bzw. Outputs zu transformieren. Häufig wird diese Kostenkategorie auch als Produktionskosten bezeichnet.

Unter dem Gesetz des einheitlichen Preises wird die Tendenz verstanden, dass Preise für identische Güter sich – nach Berücksichtigung von Transportkosten – stets angleichen. Werden unterschiedliche Preise beobachtet, dann besteht Anreiz zu Arbitragegeschäften; sie führen dazu, dass Preise sich angleichen.

BENHAM und BENHAM (1998) vergleichen die Kosten, die aufgewandt werden müssen, um spezifische Transaktionen abzuwickeln. So haben sie in den frühen 1990er Jahren die Kosten verglichen, die in verschiedenen Ländern aufgewandt werden müssen, um ein Geschäftstelefon zu bekommen. Der Preis für die Installierung eines Apparates innerhalb von zwei Wochen betrug zwischen 130 US-Dollar in Malaysia und 6.000 US-Dollar in Argentinien. BENHAM und BENHAMS Vorstellung ist, dass Forschungsteams in verschiedenen Ländern die Kosten empirisch ermitteln, die anfallen, um wichtige Transaktionen abzuwickeln.

WALLIS und NORTH (1986) sind dagegen daran interessiert, die Veränderung der Transaktionskosten auf aggregiertem Niveau über die Zeit zu ermitteln. Aber auch sie wissen natürlich, dass Transaktionskosten sehr subjektive Komponenten haben. Deshalb messen sie nicht die Summe der in einer Volkswirtschaft aufgewandten Transaktionskosten, sondern die Größe dessen, was sie „**Transaktionssektor**" nennen. Zu diesem Sektor rechnen Wallis und North diejenigen Tätigkeiten, die sich mit der Anbahnung und Abwicklung des Tausches von Gütern und Dienstleistungen über Märkte hinweg beschäftigen wie etwa die Tätigkeiten von Rechtsanwälten oder Immobilienmaklern, die zur Abwicklung von Transaktionen hinzugezogen werden. Dieser Transaktionssektor wird von einem **Transformationssektor** unterschieden, der primär mit der Produktion von Gütern befasst ist und einem **Transportsektor**, der interpretiert wird als räumliche Dimension des Transformationssektors. Der Transaktionssektor besteht bei Wallis und North aus drei Komponenten:

(1) **Transaktionsindustrien**, deren Hauptzweck darin besteht, Transaktionen zu ermöglichen. Von den Autoren werden sie auch Intermediäre genannt und sie rechnen ihnen die gesamten in den Bereichen Finanzierung, Versicherung, Immobiliengeschäfte, Groß- und Einzelhandel aufgewandten Ressourcen zu.

(2) Aber auch innerhalb der **Transformationsindustrien** widmen sich viele Angestellte dem Einkauf von Inputs, der Distribution von Produkten, der Verarbeitung von Information und ähnlichen Tätigkeiten. Diese Beschäftigten werden ebenfalls dem Transaktionssektor zugerechnet. Zu ihnen gehören Firmeneigentümer, Manager, Besitzer, Aufseher, Vorarbeiter, Inspektoren, Rechtsanwälte, Buchhalter, Richter, Notare, Polizisten und Wachpersonal. Sie fließen in den Transaktionssektor durch die Schätzung der von ihnen verursachten Arbeitskosten ein.

(3) Viele der vom **öffentlichen Sektor** ausgeführten Aufgaben dienen dem Schutz privater Eigentumsrechte. Insofern ermöglichen sie erst eine weitgehende Arbeitsteilung. Wallis und North schließen hier die Verteidigungs-, Bildungs-, Transport- und städtischen Budgets ein.

Sie schätzen, dass der Transaktionssektor der U.S.-amerikanischen Wirtschaft 1870 bei etwa 26% des Bruttoinlandprodukts gelegen hat. Bis 1970 habe er sich auf 54,7% erhöht und sich innerhalb von hundert Jahren somit mehr als verdoppelt.

    Aus dieser Längsschnittanalyse sollte nicht der Schluss gezogen werden, dass die Qualität der relevanten Institutionen in den USA im Verlauf der letzten hundert Jahre stetig nachgelassen habe. Die Analyse zeigt vielmehr, dass ein höheres Maß an Arbeitsteilung einhergeht mit einem größeren Anteil an Beschäftigten, die sich um die Abwicklung der höheren Zahl von Tauschgeschäften küm-

Transaktionssektor und wirtschaftliche Entwicklung scheinen positiv miteinander korreliert zu sein

mern. Die Vervielfachung des Pro-Kopf-Einkommens in dieser Zeit zeigt, dass die Produktivitätsgewinne im Transformations- sowie im Transportsektor sehr hoch gewesen sein müssen.

Schätzungen zur Größe des informellen Sektors

Unter dem informellen Sektor einer Wirtschaft werden die Tätig- keiten zusammengefasst, die außerhalb der formell regulierten und von öffentlichen Statistiken erfassten Tätigkeiten stattfinden. Schwarzarbeit ist also Teil des informellen Sektors. Ein anderer üb- licher Begriff lautet Schattenwirtschaft. Wir wollen jetzt die Hypothe- se vertreten, dass die *Größe des informellen Sektors ein guter Indikator für die relative Qualität der externen Institutionen* ist: je kostenträchtiger es ist, Interaktionen mit Hilfe externer Institutionen zu strukturieren, desto größer dürfte der Anteil von Interaktionen sein, der unter Rück- griff auf interne Institutionen strukturiert wird. Dabei ist wichtig, in Erinnerung zu behalten, dass es sich hierbei um ein *Maß für die rela- tive Qualität* von Institutionen handelt. Es sagt nichts über die Quali- tät des Sets externer bzw. interner Institutionen *per se*, sondern über deren Verhältnis. Es ist weiter wichtig, nicht implizit von einer exogen gegebenen Anzahl von Transaktionen auszugehen. Wenn weder die externen noch die internen Institutionen geeignet sind, das Maß an Unsicherheit substanziell zu reduzieren, dann dürfte die Gesamtzahl von Transaktionen überhaupt gering sein.

   Die einflussreichste empirische Studie in diesem Zusammen- hang ist DE SOTOS (1990) Untersuchung von drei informellen Sek- toren der peruanischen Wirtschaft: **informeller Häuserbestand, informeller Handel** und **informeller Personenverkehr**. DE SOTO vermutet, dass der informelle Sektor umso größer ist, je weniger die externen mit den internen Institutionen kompatibel sind, bzw. mit seinen eigenen Worten (1990, 12; eigene Übersetzung): „Wir können sagen, dass informelle Aktivitäten sprießen, wenn das Rechtssystem Regeln auferlegt, die den sozial akzeptierten Regel- rahmen überschreiten – wenn es die Erwartungen, Entschei- dungen und Präferenzen derjenigen, denen es den Zugang zum Regelrahmen verweigert, nicht würdigt – und wenn der Staat nicht über hinreichende Durchsetzungsautorität verfügt." Übersetzt in die von uns hier entwickelte Sprache sagt DE SOTO also, dass *immer dann mit einem blühenden informellen Sektor zu rechnen ist, wenn die vom Staat gesetzten externen Institutionen nicht kompatibel sind mit den internen Institutionen der Akteure.* Eine hieraus ableitbare wirt- schaftspolitische Folgerung lautet, dass die externen Institutionen im Großen und Ganzen kompatibel mit den internen Institutio-

DE SOTO: Schattenwirtschaft blüht, wenn externe und interne Institutio- nen inkompatibel sind

nen sein sollten, wenn man nicht die Gefahr eines umfassenden informellen Sektors heraufbeschwören möchte.

Obwohl wohlfahrtssteigernde Transaktionen getätigt werden und obwohl der informelle Sektor sehr wohl Strukturen hat und nicht anarchisch ist, vermeidet es DE SOTO dennoch, die Leistungen des informellen Sektors zu glorifizieren. In Bezug auf informelle Geschäfte bemerkt er, dass die allermeisten Unternehmungen auf die *Realisierung potenziell möglicher Skalenerträge verzichten müssten*, weil es oberhalb einer bestimmten Größe fast unmöglich werde, informell zu bleiben; dass viele Unternehmungen zudem unterkapitalisiert seien, weil ihr Kapital nicht als Sicherheit von Banken akzeptiert werde, dass sie bestimmte Märkte wie Börsen oder Messen überhaupt nicht nutzen könnten und dass ihre Transaktionen regelmäßig mit substanziellen Informationskosten einhergingen. Weiter könnten langfristige Investitionen generell unmöglich sein.

> **Hinweis**
>
> *Ceteris paribus*: Unter der Annahme, dass alle anderen Variablen unverändert bleiben. Häufig gewähltes Vorgehen in ökonomischen Modellen, von Ökonomen gern mit „c.p." abgekürzt

Das bedeutet, dass die Investitionsrate im informellen Sektor *ceteris paribus* niedriger als im formellen Sektor sein dürfte.

Offene Fragen   2.5

Viele der Ergebnisse, die zum Ultimatumspiel mit Hilfe von Laborexperimenten gewonnen wurden, können nicht in Übereinstimmung gebracht werden mit der Rationalitätsannahme, so wie sie von Ökonomen bis heute benutzt wird. Unklar ist, welche Konsequenzen daraus für das Modellieren menschlichen Verhaltens zu ziehen sind: sind es nur einige Spezialfälle, welche die Notwendigkeit zeigen, dass das von Ökonomen genutzte Verhaltensmodell allgemeiner gemacht werden muss oder führen sie zu so fundamentalen Inkonsistenzen, so dass ein neues Verhaltensmodell erforderlich ist (die zweite Position wird in Deutschland vor allem von Evolutionsökonomen bezogen)?

Wenn Transaktionskosten tatsächlich von so überragender Bedeutung sind, wie Institutionenökonomen glauben, dann liegt es nahe, über eine Modifikation der Volkswirtschaftlichen Gesamtrechnung nachzudenken, eine Idee, die von DOUGLASS NORTH seit

15 Jahren tatsächlich immer wieder genannt wird. Bis heute gibt es allerdings keine umfassende Arbeit, die sich mit Bedingungen und Konsequenzen einer solchen Modifikation systematisch beschäftigt hätte.

Fragen

1. Ändert sich das Ergebnis des COASE-Theorems, wenn Sie berücksichtigen, dass Akteure strategisch handeln können?

2. Überlegen Sie sich weitere Beispiele für die vier verschiedenen Beziehungsmöglichkeiten zwischen internen und externen Institutionen! Inwiefern können sich diese Beziehungen auf Art und Umfang von Transaktionen auswirken? Inwiefern können sich konfligierende Beziehungen zwischen internen und externen Institutionen negativ auf die Entwicklung einer Gesellschaft auswirken?

3. Wir haben im ersten Abschnitt ausführlich über Eigentumsrechte gesprochen. Wie würden Sie Menschenrechte in diesem Zusammenhang einordnen? (Was haben sie mit dinglichen Eigentumsrechten gemeinsam, was unterscheidet sie von ihnen?)

4. Welche Gründe gibt es für die Annahme, dass die Produktion künstlerischer Werke nur marginal beeinflusst wird von der konkreten Ausgestaltung der damit verbundenen Eigentumsrechte (Urheber etc.)? Welche Gründe sprechen gegen eine solche Annahme?

5. Das COASE-Theorem gilt nur, wenn von der Verteilungswirkung keine Rückwirkung auf die Allokation erfolgt. Überlegen Sie sich, wie eine solche Rückwirkung entstehen könnte.

6. Bei der Darstellung des COASE-Theorems haben wir nur den Fall detailliert beschrieben, in dem der Schädiger nicht haftet. Schaubild 2.2 bezieht sich aber auf den Fall, in dem der Schädiger haftet. Lösen Sie ihn analog zum ersten Fall.

7. WALLIS und NORTH (1986) berichten, dass der Anteil der Transaktionskosten am Bruttosozialprodukt der USA sich in den letzten 100 Jahren mehr als verdoppelt hat. Wie kann es sein, dass das Pro-Kopf-Einkommen sich in der gleichen Periode dennoch vervielfacht hat?

8. Häufig heißt es, dass mit der schnellen Entwicklung moderner Kommunikationstechniken ein *Rückgang* von Transaktionskosten einherginge. Dies würde folglich eine Umkehr des von WALLIS und NORTH (1986) beschriebenen Trends bedeuten. Nennen Sie Pro- und Kontra-Argumente für diese Vermutung.

Ein früher Aufsatz zur Theorie der Eigentumsrechte stammt von EIRIK FURUBOTN und SVETOZAR PEJOVICH (1972). DE ALESSIS (1980) Überblicksaufsatz berücksichtigt vor allem auch empirische Studien. PEJOVICH (2001) hat für die *„International Library of Critical Writings"* zwei Sammelbände zusammengestellt, in denen die wichtigsten Originalbeiträge vereint sind. Von ALFRED SCHÜLLER (1983) wurde ein deutschsprachiger Sammelband mit Originalbeiträgen zum Thema herausgegeben.

Das COASE-Theorem wird gut verständlich beschrieben von FRITSCH, WEIN und EWERS (1996).

In einem berühmten Experiment hat ROBERT AXELROD (1984) Spieltheoretiker gebeten, eine Strategie vorzuschlagen, wie sie sich in einem wiederholt gespielten Gefangenendilemma verhalten würden. Die eingereichten Strategien hat er dann gegeneinander spielen lassen. Dabei erwies sich die so genannte *Tit-For-Tat*-Strategie allen anderen Strategien als überlegen. Sie besteht darin, im ersten Aufeinandertreffen zu kooperieren und in allen nachfolgenden Zügen genauso zu spielen wie der jeweilige Tauschpartner: so lange er kooperiert, kooperiert man auch. Unter bestimmten Bedingungen (hohe Wiederbegegnungswahrscheinlichkeit und nicht zu hohe Gegenwartspräferenzen) kann es sich bei *Tit-for-Tat* um ein stabiles Gleichgewicht handeln.

Einen Überblick über die Ergebnisse zum Ultimatum-Spiel geben CAMERER und THALER (1995). Ein aktuellerer Überblick stammt von OOSTERBEEK, SLOOF und VAN DE KUILEN (2004). HENRICH et al. (2005) enthält einen Überblick über Spielergebnisse in 15 kleinen und nicht industriell geprägten Gesellschaften. Dabei werden die oben beschriebenen Ergebnisse bestätigt: je höher die marktliche Integration der Gesellschaften, desto höher das Maß an prosozialen Verhaltensweisen.

SCHNEIDER und ENSTE (2007) beschäftigen sich in ihrem Buch mit den verschiedenen Möglichkeiten, den Umfang des informellen Sektors zu schätzen. Das Buch enthält darüber hinaus Schätzungen zum Umfang des informellen Sektors in 76 Ländern.

MASSELL (1968) hat am Beispiel einiger islamischer Länder, die in den 1920er Jahren Teil der Sowjetunion wurden, gezeigt, dass deren Bewohner interne Konflikte nicht mehr unter Rückgriff auf staatliches Recht geschlichtet haben, wenn dieses als nicht legitimiert perzipiert wurde.

Die wirtschafts- und arbeitskulturellen Unterschiede zwischen Süd- und Norddeutschland werden beschrieben von Miegel et al. (1991).

VOIGT (2009a) fragt, ob Geschäftsleute auf nicht-staatliche Streitschlichtungsmechanismen ausweichen, wenn staatliche Gerichte als schlecht empfunden werden. Interessanterweise ist der entscheidende Faktor für die Nutzung staatlicher Gerichte nicht deren Entscheidungsgeschwindigkeit oder die Kosten ihrer Nutzung, sondern die Konsistenz ihrer Entscheidungen.

3 Wiederholt und langfristig – zur Wahl von Governance-Strukturen unter gegebenen Institutionen

3.1 Vorbemerkungen

Im letzten Kapitel haben wir uns mit der Frage beschäftigt, welche Konsequenzen gegebene Institutionen für einfache Transaktionen haben. In diesem Kapitel geht es um die Frage, wie gegebene Institutionen auf Transaktionen wirken können, die wiederholt bzw. langfristig stattfinden.

1937 fragte RONALD COASE, warum es überhaupt Firmen gibt, wenn Märkte so effizient sind, wie Vertreter der herkömmlichen Theorie häufig behaupten. Seine Antwort kennen Sie bereits: weil auch Märkte nicht kostenlos funktionieren, sondern Transaktionskosten positiv sind, kann es sein, dass eine Koordination von Handlungen über Hierarchien kostengünstiger ist als über (horizontal funktionierende) Märkte. Aber auch die ist nicht kostenlos: die Kosten der Koordination innerhalb von Firmen werden auch **Organisationskosten** genannt. Daraus lässt sich bereits eine Aussage über die Größe von Firmen ableiten: die Firma wird solange expandieren, bis der Grenzertrag aus der Internalisierung einer zusätzlichen Tätigkeit gerade den damit verbundenen Grenzkosten entspricht. Transaktionskostentheoretisch ausgedrückt: Die *Expansion einer Firma wird dann beendet, wenn die damit verbundenen Transaktionskostenersparnisse geringer sind als die zusätzlich aufzuwendenden Organisationskosten.*

Die optimale Firmengröße hängt ab von Organisations- und Transaktionskosten

Wenn Sie Ihre Ressourcen mit einem guten Bekannten zusammenlegen, um gemeinsam etwas zu produzieren und um damit viel Geld zu verdienen, kann es sich um einen langfristig angelegten Vertrag handeln. Häufig ist es bei Firmen außerordentlich schwierig, den Wert der verschiedenen Einzelleistungen zu ermitteln, die in die Produktion des Gutes einfließen. Häufig ist es ebenfalls außerordentlich schwierig zu beobachten, ob sich der andere genauso anstrengt, wie man selbst oder ob der andere versucht, auf Kosten von einem selbst wohlhabend zu werden. Weiter sind Situationen denkbar, in denen ein großer Nachfrager auf Sie zukommt und Sie um die Lieferung einer für Sie sehr großen Stückzahl des von Ihnen produzierten Gutes bittet. Sie würden den Auftrag gern annehmen, haben aber ein Problem: damit Sie die hohen Stückzahlen überhaupt liefern können, müssten Sie zunächst mal Ihre Kapazität ausdehnen, sprich richtig ordentlich investieren. Was aber, wenn Ihr Nachfrager sich nach einem Jahr für einen noch günstigeren Produzenten entscheidet, Sie aber Ihre Investitionen weiter abzahlen müssen?

All dies sind Probleme, die in diesem Kapitel thematisiert werden. Firmen sind keine Institutionen, sondern Organisationen. Ihre Vertreter befinden sich in Interaktionen mit anderen Firmen und Organisationen wie dem Staat, aber auch mit Individuen. Die Verträge, mit denen verschiedene Gesellschafter eine Firma begründen, sind keine Institutionen, solange es sich nicht um allgemein bekannte Regeln handelt, denn das ist ja ein Kriterium, das wir an Institutionen gestellt hatten. Der Inhalt von Gesellschafterverträgen, aber auch der von Arbeitsverträgen zwischen Arbeitgebern und Arbeitnehmern ist jedoch meistens nicht allgemein bekannt, sie fallen somit nicht unter unsere Institutionendefinition. Andererseits sind Gesellschafts- und Arbeitsrecht sehr wohl Institutionen: sie legen fest, welche Struktur und welchen Inhalt Gesellschafter- bzw. Arbeitsverträge haben sollten (bzw. welche Passagen sie auf keinen Fall enthalten dürfen). Ob ein Unternehmen eine Gesellschaft mit beschränkter Haftung ist oder ihre Gesellschafter mit ihrem gesamten Kapital unbeschränkt haften, ist eine Information, die nicht nur für das Innenverhältnis der Gesellschafter zueinander relevant ist, sondern die einen Einfluss z.B. auf die Fremdkapitalkosten eines Unternehmens hat.

> Firmen: Nicht Institutionen, sondern Organisationen

Bereits im Einleitungskapitel haben wir Organisationen von Institutionen abgegrenzt, ohne Organisationen jedoch definiert zu haben. In Anlehnung an NORTH (1990, 4f.) wollen wir *Organisationen* deshalb jetzt definieren als *Gruppen von Individuen, die aufgrund eines gemeinsamen Ziels formell miteinander verbunden sind.* Während Institutionen als die Regeln eines Spiels bezeichnet werden können, sind Organisationen die (kollektiven) Akteure eines Spiels.[4] Die Gründung von Organisationen wird auch beeinflusst von den Beschränkungen – und spiegelbildlich den Möglichkeiten –, welche die Regeln eines Spiels den potentiellen Organisationsmitgliedern bieten, ihre (individuellen) Nutzen zu mehren. Institutionen fallen nicht vom Himmel, sondern sind

> Institutionen vs. Organisationen

---

[4] Den methodologischen Individualismus kennen Sie aus dem ersten Kapitel. Genau gesprochen sind demnach nicht Organisationen Akteure, sondern die Individuen, die sich zur Erreichung bestimmter Ziele zusammengeschlossen haben.

Ergebnis kollektiver Wahlhandlungen. Sind Vertreter von Organisationen mit dem jeweils gültigen Institutionenset unzufrieden, dann setzen sie sich möglicherweise für eine Änderung der Institutionen ein und führen institutionellen Wandel herbei. Dies ist jedoch erst Gegenstand von Kapitel sechs.

Wettbewerb kann man sich nicht nur vorstellen in Bezug auf Produkte (bzw. Firmen), sondern auch in Bezug auf Institutionen: wenn bestimmte Institutionen anderen Institutionen in allen Belangen überlegen sind, würden wir erwarten, dass die effizienteren Institutionen die weniger effizienten auf Dauer verdrängen. Diese Vorstellung wird zwar heute von vielen Ökonomen unter Stichworten wie **„Wettbewerb der Institutionen"**, „der Jurisdiktionen" oder „der Systeme" genutzt, sie ist aber *außerordentlich voraussetzungsvoll*: so wäre im Rahmen des methodologischen Individualismus' zumindest anzugeben, welche Akteure erwarten können, sich durch ein Engagement für geänderte Institutionen besser zu stellen. Weiter wäre ein Selektionsmechanismus zu nennen, der dafür sorgt, dass die weniger effizienten Institutionen von den effizienteren Institutionen verdrängt werden (zum Potential, aber auch zu den Grenzen der Vorstellung eines Wettbewerbs der Institutionen siehe KIWIT/VOIGT, 1998, aber auch Kapitel sechs in diesem Band).

Tatsächlich beobachten wir jedoch, dass heute (a) eine große Varianz unter den gegebenen Institutionen zu beobachten ist und wir beobachten ferner, dass (b) unter den gegebenen Institutionen ganz unterschiedliche Vertragsgestaltungsmöglichkeiten genutzt werden. Es liegt deshalb nahe zu fragen, ob es vielleicht nicht die eine, optimale, allen anderen Institutionen überlegene Institution gibt, sondern verschiedene Institutionen, die unterschiedlichen Problemen in unterschiedlicher Weise Rechnung tragen? Und weiter, ob es vielleicht nicht die eine optimale Vertragsnutzung gibt, sondern eine Vielzahl von Vertragsausprägungen, die wiederum unterschiedlichen Bedürfnissen in unterschiedlicher Art und Weise Rechnung tragen?

Die traditionelle Mikroökonomik unterscheidet zwischen der Theorie des Haushalts (der Produktionsfaktoren anbietet und Güter nachfragt und konsumiert) sowie der Theorie der Unternehmung bzw. der Firma (die Faktoren nachfragt, Güter produziert und sie dann anbietet). Die Firma wird hier traditionell in Form einer Produktionsfunktion abgebildet: also als Beschreibung eines Zusammenhangs zwischen Einsatz von Produktionsfaktoren und Produktionsergebnis. Die Prozesse, die innerhalb der Unternehmung ablaufen, die unterschiedlichen Anreize, die von verschie-

Die Firma als Produktions-funktion?

denen Entlohnungssystemen ausgehen, die Informationsprobleme, die mit einer zunehmenden Arbeitsteilung immer größer werden, all diese Fragen werden in der traditionellen Theorie der Firma nicht weiter behandelt. Von einer „Theorie" der Firma zu sprechen, ist deshalb auch etwas prätentiös. Kritiker sprechen heute gern auch von der Firma als einer **Black Box**: in ihr werden Faktoren irgendwie zu Gütern transformiert, aber wie genau das passiert, darüber sagt zumindest die mikroökonomische Theorie bisher herzlich wenig.

Sie ahnen bereits, dass ein Teilgebiet der Neuen Institutionenökonomik, die Transaktionskostenökonomik, sich genau mit dieser Problematik beschäftigt. Nun könnten Sie einwenden, dass dies so neu nicht sei, schließlich sei die Betriebswirtschaftslehre seit jeher genau an diesen Fragen interessiert. Damit hätten Sie natürlich recht. Aus Sicht vieler Vertreter der Neuen Institutionenökonomik hätten Sie damit darauf hingewiesen, dass auch die *herkömmliche Trennung der Ökonomik in Volks- und Betriebswirtschaftslehre überflüssig* ist. Schließlich beschäftigen sich Vertreter beider Teildisziplinen mit der Frage, wie Verhalten durch Anreize gesteuert bzw. zumindest beeinflusst werden kann.

Institutionenökonomen analysieren Anreizmechanismen – auch innerhalb von Firmen

Der Rest dieses Kapitels ist wie folgt gegliedert: In den nächsten drei Abschnitten beschäftigen wir uns mit verschiedenen Aspekten einer institutionenökonomisch fundierten Theorie der Firma. In Abschnitt 3.5 wird nach der Relevanz interner Institutionen für wiederholte und langfristig angelegte Transaktionen gefragt. Abschnitt 3.6 ist offenen Fragen gewidmet.

Von der Black Box zum Nexus von Verträgen: Die Firma als Team 3.2

ARMEN ALCHIAN und HAROLD DEMSETZ haben die Firma in einem grundlegenden Aufsatz 1972 als „Nexus von Verträgen" beschrieben und die Theorie der Firma damit weg von der Vorstellung der Produktionsfunktion und hin in Richtung einer Organisationsstruktur gelenkt. ALCHIAN und DEMSETZ stellen sich vor, dass eine Anzahl von Faktor- bzw. Ressourceneigentümern ihre Ressourcen zusammenlegt, weil der gemeinsam produzierte *Output* größer ist als die Summe der einzeln produzierbaren *Outputs*. Die Firma wird von ihnen deshalb auch als Team beschrieben. Solche Teams haben aber systematisch ein bestimmtes Problem: wird erst einmal gemeinsam produziert, dann ist es schwierig, den (Grenz-)Beitrag der einzelnen Teammitglieder zu ermitteln bzw. zu messen. Diese Messprobleme haben eine für alle Teammit-

glieder problematische Konsequenz: Jedes einzelne Teammitglied
hat einen Anreiz, seine individuelle Anstrengung zur Erreichung
des gemeinsamen Ziels zu reduzieren und darauf zu hoffen, dass
alle anderen Teammitglieder sich voll ins Zeug legen. Jedes einzelne Teammitglied hofft also darauf, eine **Trittbrettfahrerposition** einnehmen zu können. Diese Anreizstruktur gilt aber nicht
nur für ein einziges Teammitglied, sondern für alle Teammitglieder. Aufmerksame Leser haben natürlich längst erkannt, dass
die hier vorliegende Interaktionsstruktur ein Gefangenendilemma darstellt, so wie es im ersten Kapitel vorgestellt wurde.

In diesem Fall gehen wir davon aus, dass Sie das Spiel nicht mit
einem anderen Akteur spielen, sondern mit einer großen Zahl
von Mitspielern. Um die Notation möglichst einfach zu halten,
bedienen wir uns eines einfachen Kniffs. Wir gehen davon aus,
dass alle anderen Akteure über dieselben Handlungsoptionen
verfügen und stellen sie als lediglich einen Akteur dar. Der Zeilenwähler sind also Sie, alle anderen Akteure die Spaltenwähler.

Matrix 3.1

		Alle anderen Akteure	
		Sich anstrengen	Sich nicht anstrengen
Sie	Sich anstrengen	3, 3	1, 4
	Sich nicht anstrengen	4, 1	2, 2

Für Sie wäre es am vorteilhaftesten, wenn alle anderen sich anstrengen, während Sie es eher ruhig angehen lassen. Aber falls
die anderen sich nicht anstrengen, werden auch Sie nicht viel
reißen. Weil alle Teammitglieder denselben Anreizen unterliegen, wird sich folglich niemand anstrengen.

Das bedeutet, dass individuell rationales Verhalten zu suboptima-
len Ergebnissen führt. Jedes Teammitglied könnte sich also besser
stellen, wenn es dem gesamten Team gelänge, einen Mechanismus
zu etablieren, der alle Teammitglieder dazu bewegt, sich anzustrengen bzw. in der Sprache der Spieltheorie: nicht mehr zu defektieren,
sondern zu kooperieren. ALCHIAN und DEMSETZ (ebd.) stellen sich die
Lösung des Problems so vor: die Teammitglieder beauftragen eine
Person mit der Koordination ihrer Aktivitäten. Diese Person hat
nicht nur das Mandat, die anderen Teammitglieder zu beaufsichti-
gen, sondern auch zusätzliche Teammitglieder einzustellen und
bisherige Mitglieder zu feuern. Damit würde das Anreizproblem der

„einfachen" Teammitglieder gelöst. Aber warum sollte der Koordinator sich nicht weiterhin einen faulen Lenz machen? Das würde natürlich bedeuten, dass auch die unbeaufsichtigten Teammitglieder nicht kontrolliert werden und auch sie sich weiterhin einen faulen Lenz machen. Folglich bedarf es einer Lösung des Anreizproblems des Koordinators. Sie sieht so aus: Der Koordinator erhält das Recht, sich das **Residualeinkommen**

... und eine Lösungsmöglichkeit

Definition

Ein **Residuum** ist ein Rest; hier der Rest, der verbleibt, nachdem aus den Einnahmen der Firma alle vertraglich vereinbarten Ausgaben, darunter auch die Löhne und Gehälter der Arbeitnehmer, gezahlt wurden.

(auf gut deutsch: den Gewinn) aus der Teamtätigkeit anzueignen. Weil ein hoher (Firmen-)Gewinn für ihn mit einem erhöhten Nutzen verbunden ist, hat er Anreize, die Aktivitäten der Teammitglieder bestmöglich zu koordinieren.

Auf zwei Aspekte der Theorie der Firma als Geflecht von Verträgen möchten wir besonders hinweisen:

(1) Der Koordinator – wir können ihn auch Unternehmer nennen – schließt mit allen Teammitgliedern Verträge bilateral ab. Dies ist eine Möglichkeit, Vertrags(aushandlungs-)kosten zu sparen. Müsste bei jeder Veränderung der Teamzusammensetzung mit allen bisherigen Teammitgliedern neu verhandelt werden, wäre dies offensichtlich mit hohen Wiederverhandlungskosten verbunden.[5]

(2) Investitionsgüter werfen umso länger Erträge ab, je besser sie gepflegt werden. Weil der Unternehmer die Kontrollkompetenz hat, hat er einen Anreiz, sie entsprechend zu warten. Falls der Unternehmer einen großen Teil des im Team genutzten Sachkapitals einbringt, erscheint es sinnvoll, dass er auch die Kontrollkompetenz über diese Güter hat, weil damit der Anreiz verbunden ist, sie entsprechend zu pflegen.

Die von ALCHIAN und DEMSETZ vorgelegte Theorie der Firma ist in den Folgejahren von vielen Autoren kritisiert und weiterentwi-

---

[5]   Ein Grund für die geringe Effizienz arbeiterselbstverwalteter Betriebe, aber auch vieler genossenschaftlicher Organisationen, dürfte darin zu suchen sein, dass hier viele Entscheidungen gemeinschaftlich getroffen werden. Dies zieht natürlich hohe Entscheidungskosten nach sich.

ckelt worden. Dazu haben auch Demsetz und insbesondere Alchian selbst beigetragen (z.B. Alchian 1984, Alchian/Woodward 1987). Barzel (1987) hat im Rahmen des von ihm entwickelten **Messkostenansatzes** die Rolle des Unternehmers mit der Schwierigkeit erklärt, seinen *Input* nur mit hohen Kosten messen bzw. operationalisieren zu können. Seine Aussage: Die Person, dessen Beitrag zur Teamproduktion am schwierigsten zu messen ist, ist der Unternehmer.

Nachdem wir uns kurz mit den Ursprüngen der institutionenökonomisch fundierten Theorie der Firma vertraut gemacht haben, wollen wir uns jetzt einem Problem zuwenden, das in vielen Firmen – aber auch in anderen Beziehungen – eine wichtige Rolle spielt: wenn asymmetrische Information zwischen einem Vorgesetzten (allgemeiner: einem Auftraggeber) und seinen Mitarbeitern (allgemeiner: den Ausführenden) besteht.

3.3   Probleme durch asymmetrische Information: Die Prinzipal-Agent-Theorie

Michael Jensen und William Meckling haben 1976 einen Aufsatz zur Theorie der Firma veröffentlicht, der als Grundlage dessen gilt, was später Prinzipal-Agent-Theorie bezeichnet wurde. Ihre Anwendung ist allerdings keineswegs auf die Theorie der Firma beschränkt. Auch das Verhältnis zwischen Wählern und Politikern, zwischen Ministern und der Ministerialbürokratie, zwischen Gläubigern und Schuldnern usw. kann mit Hilfe dieser Theorie beschrieben werden. Sie beschäftigt sich mit den möglichen *Konsequenzen asymmetrischer Information zwischen Vertragspartnern.* Ein Prinzipal betraut einen Agenten mit der Durchführung bestimmter Aufgaben. Dabei entsteht das Problem, dass er das Handeln des Agenten nicht vollständig (bzw. kostenlos) beobachten kann oder dass der Agent in Situationen handelt, die so komplex sind, dass eine eindeutige Bewertung seiner Handlungen in Bezug auf das jeweilige Ziel unmöglich ist. Der Agent verfügt somit über einen Handlungsspielraum, den er zur Maximierung seines eigenen Nutzens – und nicht den des Prinzipals – verwenden kann. Das *Hauptinteresse* der Prinzipal-Agent-Theorie gilt somit der *optimalen Vertragsgestaltung unter der Annahme asymmetrischer Information.*

Ein klassisches Beispiel ist eine Aktiengesellschaft. Die Anteilseigner – die Prinzipale – verfügen über andere Informationen als die Vorstandsmitglieder – ihre Agenten. Das Problem besteht hier darin, die Verträge mit den Vorstandsmitgliedern so zu gestalten, dass der Erwartungswert der Prinzipale unter der Annahme maximiert wird, dass

(1) der Agent Handlungen unternehmen wird, die seinen eigenen Erwartungswert innerhalb des jeweiligen Vertrags maximiert und dass

(2) der Agent den Vertrag andererseits dennoch akzeptiert, die Bedingungen also nicht so schlecht sind, dass er als Agent überhaupt nicht mehr zur Verfügung steht (in der Vertragstheorie wird das Teilnahmebedingung bzw. *„participation constraint"* genannt).

agentur-problem

Die Kosten, die aus dem Agenturproblem der Prinzipal-Agent-Theorie resultieren, werden auch **Agenturkosten** genannt. Dies sind all jene Kosten, die vom Prinzipal aufgewandt werden, um das eigennutzorientierte Verhalten des Agenten einzuschränken.

Annahmegemäß herrscht zwischen Prinzipal und Agent asymmetrische Information. Um hohe Messkosten zu vermeiden, wird der Prinzipal deshalb bisweilen auf beobachtbare Größen zurückgreifen, um sich auf ihrer Basis ein Bild von möglichen Agenten bzw. deren Leistungsfähigkeit oder Leistungen zu machen. Die den Prinzipal eigentlich interessierende Größe ist jedoch häufig nicht beobachtbar bzw. – z.B. bei Neu-Einstellungen – nicht perfekt vorhersehbar. Da zwischen der Größe, die den Prinzipal eigentlich interessiert und der tatsächlich beobachtbaren Variable, keine perfekte Übereinstimmung besteht, kann auch dies wieder zu Problemen führen, die in der Literatur unter den Stichworten *„moral hazard"* (**moralisches Risiko)** sowie *„adverse selection"* (**Negativauslese)** diskutiert werden. Mit diesen beiden Problemen wollen wir uns jetzt kurz beschäftigen.

Informationsasymmetrien können ex ante und ex post auftreten

(1) Ein Prinzipal-Agent-Problem mit *adverser Selektion* liegt vor, wenn der Prinzipal die Adäquatheit der Handlungen des Agenten kostengünstig bewerten könnte, nicht jedoch die Qualität des Agenten bzw. des von ihm angebotenen Gutes. Diese Situation wird häufig umschrieben mit dem Begriff *hidden characteristics*. Das Problem ist deshalb vor einem Vertragsabschluß relevant, wenn Sie sich überlegen, mit wem Sie überhaupt einen Vertrag abschließen wollen. In Firmen stellt sich dieses Problem vor allem bei der Neueinstellung von Mitarbeitern. Während diese häufig ziemlich genaue Vorstellungen von ihren Stärken und Schwächen haben, können Firmen entweder versuchen, sie in einem zeitaufwendigen – und damit kostenträchtigen – Verfahren möglichst genau herauszu-

Ex ante ...

finden oder aber auf kostengünstigere beobachtbare Größen zurückgreifen, welche die gewünschten Qualitäten möglichst gut widerspiegeln. Ein zielstrebig erreichter guter Universitätsabschluss ist ein Beispiel dafür. Spricht sich unter Universitätsabsolventen herum, dass eine bestimmte Firma allein auf die Note schaut, werden sich Leute mit relativ guten Noten, aber ohne umfassende andere Qualitäten, die von den Noten nicht erfasst werden, beim Unternehmen bewerben. Durch dieses Auswahlverfahren bewirkt das Unternehmen eine – von ihm natürlich nicht intendierte – adverse Selektion.

... und ex post   (2) Ein „moral hazard"-Problem liegt vor, wenn der Prinzipal die Leistungsfähigkeit des von ihm beschäftigten Agenten kennt (in Bezug darauf also keine asymmetrische Information vorliegt), der Erfolg seiner Handlungen jedoch nicht nur vom Agenten selbst abhängt, sondern auch von anderen Faktoren, die der Agent nicht beeinflussen kann. Während das Problem der adversen Selektion vor Vertragsschluss relevant ist, wird moralisches Risiko in der Phase nach Vertragsschluss zum Problem. So können Aktionäre (hier die Prinzipale) häufig nicht problemlos bewerten, ob ihre Gesellschaft unbefriedigende Gewinne erwirtschaftet hat, weil das Management schlecht gearbeitet hat oder weil „unvorgesehene exogene Schocks" die großen und zielgerichteten Anstrengungen des Managements zunichte gemacht haben.

Definition

Unter **exogenen Schocks** werden unvorhersehbare Änderungen exogener Variablen verstanden. Ein Beispiel sind Naturkatastrophen, die einen Großteil der Ernte eines Gutes zerstören – und damit zu höheren Preisen führen. Ein weiteres Beispiel sind überraschende technologische Neuerungen, die sich negativ auf die Nachfrage der eigenen Produkte auswirken können

Agenten kennen dieses Zurechnungsproblem natürlich und unterliegen deshalb dem moralischen Risiko, ihre ungenügenden Anstrengungen mit exogenen Schocks zu ‚begründen'. Zur Erklärung von Moral Hazard wird häufig die Unterscheidung zwischen „hidden information" einerseits und „hidden action" andererseits herangezogen. Von hidden information spricht man, wenn der Prinzipal aufgrund mangelnder Fachkenntnis nicht in der Lage ist, das Verhalten des Agenten zu beurteilen. Von hidden action ist die Rede, wenn der Prinzipal die Handlungen des Agenten nicht beobachten kann. Beide Arten von Informationsasymmetrie können zu moralischem Risiko führen.

Mit einigen Möglichkeiten, die mit asymmetrischer Information verbundenen Nachteile durch eine entsprechende Nutzung von Institutionen zu begrenzen, beschäftigen wir uns im nächsten Abschnitt.

Die Transaktionskostenökonomik   3.4

Die von OLIVER E. WILLIAMSON betriebene Transaktionskostenökonomik schließt direkter als die gerade knapp beschriebenen Ansätze an die von RONALD COASE 1937 gestellte Frage an, warum es überhaupt Firmen gibt. Der von WILLIAMSON in den letzten drei Jahrzehnten entwickelte Ansatz fragt inzwischen aber nicht mehr nur nach den Gründen dafür, warum bestimmte Transaktionen – als dem zentralen Analyseobjekt der Transaktionskostenökonomik – über Märkte und andere über Hierarchien abgewickelt werden (eine erstmalig 1975 erschienene Aufsatzsammlung trägt den Titel *„Markets and Hierarchies"*), sondern beschäftigt sich auch mit so genannten **„hybriden Vertragsformen"** wie etwa *Joint Ventures* oder *Franchising*. WILLIAMSON fragt nach der Relevanz verschiedener Aspekte einer Transaktion (den getroffenen Annahmen über das Verhalten der Akteure, der Spezifität bestimmter Investitionen, der Häufigkeit, mit der Transaktionen vorgenommen werden usw.) für die Art des jeweils gewählten Vertragstyps.

WILLIAMSON geht davon aus, dass Akteure nur beschränkt rational im oben diskutierten Sinn handeln. Weiter nimmt er an, dass Akteure sich opportunistisch verhalten. Sind sie in der Lage, sich besser zu stellen, selbst wenn dies zu Lasten anderer geht, so werden sie dies in der Regel auch tun. Sind die Vertragspartner nicht in der Lage, institutionelle Mechanismen zu nutzen bzw. zu entwickeln, die opportunistisches Verhalten unattraktiv machen, dann dürften viele – an sich nutzenstiftende – Tauschverträge gar nicht erst abgeschlossen werden. Hier wird wieder deutlich, wie wichtig ein adäquater institutioneller Rahmen für den Umfang von Tauschgeschäften in einer Marktwirtschaft ist. Opportunistisches Verhalten kann sich ergeben, wenn Güter für eine ganz bestimmte Transaktion erst produziert werden müssen: vor ihrer Produktion hat der Käufer jeden Anlass, auf seine Zahlungsfähig- und –willigkeit hinzuweisen. Ist das Produkt jedoch erst einmal hergestellt, dann weiß er, dass die nächstbeste Verwendungsmög-

Akteure beschränkt rational und opportunistisch

lichkeit für den Produzenten sehr viel weniger wert ist als für die vereinbarte. Das versteht WILLIAMSON unter *asset specificity* **(bzw. spezifischen Investitionen)**, die sich in Bezug auf Sach- oder Humankapital, aber auch in Bezug auf den Standort eines Gutes ergeben kann.

Stellen Sie sich etwa ein auf die Anforderungen eines Kunden hin verlegtes Schienennetz vor. Wird es nicht für den Schienenverkehr genutzt, dann könnte man die Schienen wieder aus dem Boden reißen und sie andernorts verlegen, oder sie sogar wieder einschmelzen, um wieder Stahl aus ihnen zu gewinnen. Die Umwidmung des Schienennetzes dürfte also mit erheblichen Kosten verbunden sein. Den Teil der Kosten, den ein Anbieter – z.B. durch Verkauf der Einzelteile – nicht wieder in Geld umwandeln kann, bezeichnet man auch als ***sunk costs* (versunkene Kosten)**. Die Differenz zwischen der erst- und der zweitbesten Verwendungsmöglichkeit des Gutes – hier der Fabrik – wird auch **Quasi-Rente** genannt. Ein Nachfrager hat Anreize zu versuchen, sich einen möglichst großen Teil dieser Quasi-Rente anzueignen.[6] Viele Akteure werden das – trotz beschränkter Rationalität – antizipieren und viele an sich vorteilhafte Geschäfte werden somit gar nicht erst zustande kommen. Denken Sie auch an das zu Beginn des Kapitels gegebene Beispiel: ein Abnehmer bestellt bei einem Lieferanten eine sehr große Menge eines Gutes, die dieser nur liefern kann, wenn er seine Kapazität zuvor kräftig ausweitet, also umfassend investiert. Hat er seine Kapazität jedoch erst einmal erweitert, hat der Abnehmer Anreize zu versuchen, den Preis des Zulieferers zu drücken. Wenn der Zulieferer das erwartet, wird er eine an sich sinnvolle Investition möglicherweise gar nicht erst vornehmen. Eine Möglichkeit, das Problem zu lösen, besteht darin, dass Zulieferer und Abnehmer fusionieren. Bei gemeinsamer Gewinnmaximierung entfällt die hier skizzierte Konsequenz opportunistischen Verhaltens.

Die optimale Vertragsform hängt von den Eigenschaften der Transaktion ab

Wie sich Variationen in den drei Verhaltensannahmen beschränkte Rationalität, Opportunismus und spezifische Investitionen auf die für eine Firma jeweils optimale Vertragsart auswirken, geht aus der folgenden Tabelle hervor, die einem Buch von WILLIAMSON entnommen ist.

---

[6] Diese Situation wird auch *hold up* (wörtlich übersetzt etwa „Raubüberfall") genannt. Im Beispiel versucht der Nachfrager, einen großen Teil der Quasi-Rente des Anbieters „zu erbeuten".

Tabelle 3.1: Konsequenzen der Änderungen von Verhaltensannahmen auf die jeweils angemessene Vertragsart

Annahmen			
Beschränkte Rationalität	Opportunismus	Spezifische Investitionen	Implizierte Vertragsart
-	+	+	Planung (*Mechanism Design*)
+	-	+	Versprechen
+	+	-	Wettbewerb
+	+	+	„*Governance*"

Quelle: Williamson 1985, 31

Ein Pluszeichen in der Tabelle zeigt an, dass wir vom Vorliegen der entsprechenden Annahmen ausgehen, ein Minuszeichen, dass sie nicht gegeben sind. Wenn vollständige Rationalität sowie Opportunismus und spezifische Investitionen gemeinsam unterstellt werden, dann nutzen die Akteure ihre (vollständige) Rationalität, um alle denkbaren Ereignisse gedanklich vorwegzunehmen und den Umgang mit ihnen in den Vertrag aufzunehmen. Verträge sind dann – mit anderen Worten – vollständig und es kommt nie zu *ex post*-Auseinandersetzungen über ihre korrekte Interpretation.

    Nimmt man an, die Akteure verfügen über beschränkte Rationalität und die genutzten Güter sind mit Hilfe spezifischer Investitionen zu produzieren, aber die Akteure handelten nicht opportunistisch, dann wären die abgeschlossenen Verträge zwar nicht vollständig (wegen der mit beschränkter Rationalität einhergehenden unvollkommenen Voraussicht), aber es würde ausreichen, wenn beide Parteien sich versprechen würden, nur den gemeinsamen Vorteil zu verfolgen. Bei Abwesenheit von Opportunismus würde ein solcher Vertrag selbst-durchsetzend sein, das heißt eine dritte Partei wäre zur Durchsetzung nicht erforderlich.

    Drittens sei angenommen, die Akteure seien beschränkt rational und opportunistisch, aber spezifische Investitionen seien nicht erforderlich. Weil Güter jederzeit umgewidmet werden können, funktionieren Märkte so, wie in der neoklassischen Theorie häufig unterstellt: Wettbewerb führt bei dieser Annahmenkonstellation zu effizienten Ergebnissen.

    Wird schließlich viertens davon ausgegangen, dass alle drei Annahmen vorliegen, dann werden die beteiligten Vertragspar-

Margin notes: Planung · Versprechen · Wettbewerb · Governance

teien auf keine der drei bisher genannten Vertragsarten zurückgreifen, sondern eine eigene *governance*-Struktur schaffen. In der deutschen Ausgabe werden *governance structures* mit **„Beherrschungs- und Überwachungssysteme"** (z.B. 1990, 35) übersetzt. Ich ziehe hier das Original vor. Neben der Schaffung eigener *governance*-Strukturen sind noch zwei weitere Möglichkeiten denkbar, mit der Präsenz von beschränkter Rationalität, Opportunismus und spezifischen Investitionen umzugehen. Erstens: Es findet keine Transaktion statt. Oder zweitens: Es findet eine Transaktion statt, allerdings nicht über den Markt, sondern innerhalb einer Organisation. Dies hieße für das Beispiel des Fabrikanlagenbauers, dass sein Auftraggeber (z.B. ein Autohersteller) vorher mit ihm fusionieren müsste. Die dritte Möglichkeit, die Schaffung einer *governance*-Struktur, geht einher mit der Vereinbarung zusätzlicher Sicherheiten gegen opportunistisches Verhalten.

Nehmen wir an, dass es zweckmäßig sei, beschränkt rationales und opportunistisches Verhalten sowie ein Mindestmaß an spezifischen Investitionen zu unterstellen, dann lautet das Ergebnis der bisherigen Überlegungen, dass die beteiligten Akteure versuchen werden, eine eigene *governance*-Struktur zur Sicherung der Transaktionen zu schaffen. Die nächste Frage drängt sich dann fast von allein auf: von welchen Faktoren hängt die Wahl der für die entsprechenden Transaktionen jeweils optimalen *governance*-Struktur ab? Dieser Frage wenden wir uns jetzt zu.

Relevante Faktoren für die Wahl der *governance*-Struktur

Williamson unterscheidet drei Dimensionen, in denen sich Transaktionen unterscheiden:
(1) Das Ausmaß an erforderlichen spezifischen Investitionen;
(2) Das Ausmaß an Unsicherheit sowie
(3) Die Häufigkeit, mit der eine Transaktion stattfinden soll.

Geht man mit Williamson davon aus, dass Unsicherheit in relevantem Umfang bei jeder hier interessierenden Transaktion vorliegt, dann lassen sich die beiden verbleibenden Dimensionen in einer simplen Matrix abbilden. Die folgende Graphik enthält zunächst einige Beispiele.

Tabelle 3.2: Beispiele für verschiedene Transaktionsarten

		Eigenschaften des Investitionsgutes (bzw. Ausmaß an spezifischen Investitionen)		
		Nichtspezifisch	Gemischt	Idiosynkratisch
Häufigkeit	Manchmal	Kauf von Standardausrüstung	Kauf von speziell für Kunden gefertigter Ausrüstung	Konstruktion einer Fabrik
	Regelmäßig	Kauf von Standardmaterial	Kauf von speziell für Kunden gefertigtem Material	Fabrikspezifischer Transfer intermediärer Produkte

Quelle: Williamson 1985, 73

Die Unterscheidung zwischen solchen Transaktionen, die „manchmal" und solchen, die „regelmäßig" stattfinden, dürfte selbsterklärend sein. In Bezug auf die Eigenschaften des Investitionsguts (bzw. dem Ausmaß erforderlicher spezifischer Investitionen) sind vielleicht einige Worte der Erklärung angebracht. Die zweitbeste Verwendungsmöglichkeit nichtspezifischer Investitionsgüter dürfte fast so gut sein wie die erstbeste; versunkene Kosten sind also kaum relevant. Gehen wir dann auf die andere Seite des Spektrums, zu idiosynkratischen Investitionsgütern also. Mein Fremdwörterduden bezeichnet idiosynkratische Menschen als „überempfindlich, von unüberwindlicher Abneigung erfüllt" und ordnet dieses Wort der Medizin zu. Diese Bedeutung hat WILLIAMSON jedoch nicht im Kopf. Er meint schlicht einzigartige Eigenschaften, hier eines Investitionsgutes. Damit ist der Zusammenhang zu spezifischen Investitionen klar. Idiosynkratische Güter dürften regelmäßig durch ein sehr hohes Maß an spezifischen Investitionen gekennzeichnet sein.

Die Tabelle 3.2 diente der Illustration möglicher Kombinationen der beiden aufgeführten Dimensionen. Die Tabelle 3.3 dagegen enthält einige allgemeine Aussagen über *governance*-Strukturen, die den jeweiligen Merkmalskombinationen angemessen sind. Erklärungsbedürftig in der Graphik sind vor allem die dort genannten unterschiedlichen Vertragskonzepte. Die von OLIVER WILLIAMSON genutzte Abgrenzung geht auf einen Aufsatz von IAN MACNEIL aus dem Jahre 1974 zurück. Das **klassische Konzept von Verträgen** zeichnet sich danach dadurch aus, dass die beteiligten Partner sich stark auf externe Institutionen und formale Dokumente stützen. Der Versuch, möglichst alle Kontingenzen, das heißt alle denkmöglichen Fälle, die in der Zukunft eintreten könnten, innerhalb eines Vertrags erfassen zu wollen, führt bei

Vertragskonzepte und *governance* Strukturen

langfristigen Verträgen schnell dazu, dass die Vertragsvereinbarungskosten in die Höhe schnellen. Aufgrund beschränkter Rationalität wird man ohnehin nie in der Lage sein, tatsächlich alle möglichen Fälle zu antizipieren und im Vertrag zu erfassen.

Das **neoklassische Vertragskonzept** kann interpretiert werden als eine Position irgendwo in der Mitte zwischen dem „Mut zur Lücke" einerseits und dem Versuch, möglichst alle Kontingenzen vollständig erfassen zu wollen andererseits. Die Lösung besteht hier darin, Schiedsmechanismen zu etablieren und im Bedarfsfall Schiedsleute zu bestimmen, die das Vertrauen aller Vertragspartner genießen.

Das Konzept **relationaler Verträge** geht aus von der Vorstellung, dass eine einzelne Transaktion immer Teil einer kontinuierlichen Geschäftsbeziehung ist, die aus einer Vielzahl von Transaktionen besteht, deren Umfang und Häufigkeit *ex ante* von niemand angegeben werden kann. Innerhalb eines solchen Konzepts ist es dann auch nicht mehr entscheidend, dass man bei einer einzelnen Transaktion auf Heller und Pfennig abrechnet. Hier kann die eine Partei durchaus in Vorlage treten, denn bei einer lang andauernden Geschäftsbeziehung wird die andere Partei die Möglichkeit erhalten, diesen Vorteil ihrerseits wieder auszugleichen.

Tabelle 3.3 enthält jetzt eine Übersicht über die Vertragskonzepte, die den jeweiligen Transaktionssituationen angemessen sind.

Tabelle 3.3: Effiziente Governancestrukturen

		Eigenschaften des Investitionsgutes (bzw. Ausmaß an *Asset Specificity*)		
		Nichtspezifisch	Gemischt	Idiosynkratisch
Häufigkeit	Manchmal	Markt Governance (Klassisches Vertragskonzept)	Trilaterale *Governance* (Neoklassisches Vertragskonzept)	
	Regelmäßig		Bilaterale *Governance* (Relationale Verträge)	Vereinheitlichte *Governance*

Quelle: Williamson 1985, 79

In diesem Kapitel haben wir uns bisher mit den Grundzügen der institutionenökonomischen Theorie der Firma, der Prinzipal-Agent-Theorie sowie der Transaktionskostenökonomik vertraut gemacht. Eine unserer Ausgangsfragen lautete, welche Vor- und

Nachteile verschiedene institutionelle Arrangements bzw. Rechtsformen haben, die von Unternehmenseignern gewählt werden
können. Wenn wir beobachten, dass verschiedene Rechtsformen
überleben (also Unternehmensgründer nicht nur eine Form immer wieder wählen, sondern verschiedene), dann liegt es nahe zu
vermuten, dass manche institutionelle Arrangements für bestimmte Unternehmenszwecke besser geeignet sind als andere. Aus
Platzgründen finden Sie hier nur einige allgemeine Hinweise zu
dieser Frage. Ein – sehr knapper – Vergleich der Vor- und Nachteile
verschiedener Rechtsformen aus institutionenökonomischer Sicht
findet sich in EGGERTSSON (1990, 177-188). Umfassender – aber
natürlich ohne spezifischen institutionenökonomischen Fokus –
wird die Frage in grundlegenden BWL-Lehrbüchern (siehe etwa
WÖHE 2008, 221-253), aber auch in Einführungen in das Wirtschaftsprivatrecht (zum Beispiel in FÜHRICH 2008) behandelt.

   Die Wahl der Rechtsform hängt natürlich stark ab von den jeweils kostengünstigsten Produktionstechniken einerseits und der
unterschiedlichen steuerlichen Behandlung der verschiedenen
Rechtsformen andererseits. Eine kapitalintensive Produktion mit
sehr hohen fixen Kosten, die sich erst von einer sehr hohen Aus-
bringungsmenge an lohnt, ist kaum in der Form einer Einzelunternehmung denkbar.

   Die Unterscheidung zwischen einer Einzelunternehmung, deren Eigentümer allein und unbeschränkt haftet und den verschiedenen Formen der Personengesellschaft (Gesellschaft bürgerlichen Rechts, Offene Handelsgesellschaft, Kommanditgesellschaft)
sowie denen der Kapitalgesellschaft (Aktiengesellschaft, Gesellschaft mit beschränkter Haftung) sind Ihnen in Grundzügen vermutlich bekannt. Für bestimmte Zwecke kommt auch die Rechtsform der Genossenschaft oder der Stiftung in Frage. Die
Rechtsformen unterscheiden sich hinsichtlich der mit ihnen verbundenen Haftungsfolgen beträchtlich. Andererseits haben die
Haftungsfolgen Konsequenzen für die Finanzierungsmöglich-
keiten und deren Kosten.

   Unterschiedliche Rechtsformen – und dieser Aspekt ist hier der **Rechtsformen mit**
primär relevante – sind für die Mitarbeiter eines Unternehmens **Anreizkonse-**
mit unterschiedlichen Anreizen verbunden: das kann sich nicht **quenzen für**
nur auf die Anreize beziehen, die ganze Arbeitskraft zur Verfü- **Mitarbeiter**
gung zu stellen, sondern auch auf die Bereitschaft, in das eigene
Humankapital zu investieren und sich damit weiter zu spezialisieren. Auch hier besteht ja die Gefahr des *ex post*-Opportunismus:
ein hochgradig spezialisierter Arbeitnehmer mag für ein Unternehmen von großem Interesse sein. Ist die nächstbeste Verwen-

dungsmöglichkeit seiner Spezialisierung außerhalb des Unternehmens jedoch deutlich weniger wert, so hat sein Arbeitgeber einen Anreiz, sein Gehalt als Folge seiner Spezialisierung zu senken! Arbeitnehmer werden das antizipieren und potentiell produktivitätssteigernde Investitionen in ihr eigenes Humankapital werden nicht vorgenommen, wenn der Arbeitgeber keine institutionelle Möglichkeit findet, einen Arbeitnehmer in Folge einer unternehmensspezifischen Spezialisierung besser zu bezahlen.

Im letzten Kapitel haben wir kurz die Schwierigkeiten diskutiert, Transaktionskosten zu messen. Es ist jedoch gelungen, einige der in diesem Kapitel beschriebenen Konzepte messbar zu

Konsequenzen für die Wirtschaftspolitik machen. Die Transaktionskostenökonomik kann weitreichende Konsequenzen etwa für die Wettbewerbspolitik haben: werden etwa vertikale Fusionen (also Zusammenschlüsse zwischen Unternehmen auf unterschiedlichen Produktionsstufen) traditionell eher kritisch bewertet, so ergibt sich unter Rückgriff auf die Transaktionskostenökonomik mitunter eine Neubewertung: wenn nämlich die (erwarteten) Transaktionskostenersparnisse einer vertikalen Fusion höher sind als die (erwarteten) zusätzlichen Organisationskosten, dann würde ein Verbot einer solchen Fusion eine effizientere Betriebsstruktur verhindern. Von der praktischen Wettbewerbspolitik können diese Erkenntnisse nur dann umgesetzt werden, wenn die Transaktionskosten tatsächlich messbar sind.

3.5   Die Relevanz interner Institutionen

Dass interne Institutionen eine relevante Restriktion bei der Abwicklung einfacher Transaktionen sein können, haben wir im letzten Kapitel gesehen. Dass sie auch wiederholt stattfindende bzw. langfristig angelegte Transaktionen beeinflussen können, wird jetzt zu zeigen sein. Wiederum werden wir nicht versuchen, den möglichen Einfluss interner Institutionen möglichst vollständig zu beschreiben, sondern lediglich einige Beispiele dafür nennen, dass interne Institutionen auch hier eine hohe Allokationsrelevanz erlangen können.

Beispiel 1: Rigiditäten in Entlohnungssystemen

AKERLOF (1980) beschreibt eine in vielen Betrieben gültige Norm: „Gleicher Lohn für gleiche Arbeit!" Häufig bedeutet das, dass sich ältere Kollegen weigern, jüngere Kollegen anzulernen, weil die für dieselbe Arbeit schlechter bezahlt werden sollen. Das mag zunächst sehr sympathisch erscheinen; diese Norm scheint unseren Gerechtigkeitsvorstellungen zu entsprechen. Ihre strikte Anwendung kann jedoch Konsequenzen haben, die sowohl auf der individuellen, als auch auf der kollektiven Ebene problematisch sind. Wird diese Institution strikt durchgesetzt – etwa weil Arbeitnehmer sich weigern, mit ihren Arbeitgebern zu kooperieren, wenn sie eine differenziertere Lohnstruktur einführen wollen – kann dies die Zahl der in einer Firma Beschäftigten auf einem niedrigeren Niveau halten als ohne diese Institution. Das Wachstum einer Firma kann somit auch von internen Institutionen abhängen. Die Existenz einer solchen Institution ist aber auch gleichbedeutend mit der Existenz dessen, was Ökonomen Lohnrigiditäten nennen: liegen sie vor, dann sind Löhne nach unten starr. Selbst wenn es wirtschaftlich geboten wäre, sie nach unten anzupassen, verbleiben sie auf ihrem einmal erreichten Niveau. *Volkswirtschaftlich führen diese Rigiditäten zu höherer Arbeitslosigkeit.*

Beispiel 2: Unternehmenskultur – zur Koordination unternehmensinterner Interaktionssituationen

Die Beschäftigten einer Firma interagieren auf vielerlei Weise mit ihren Kollegen innerhalb der Firma. Ähnlich wie bei unserem Beispiel mit Dick und Doof im ersten Kapitel versuchen auch sie häufig, ihr Verhalten zu koordinieren. Das Bündel von Konventionen, das die Beschäftigten einer Firma nutzen, um ihr Verhalten zu koordinieren, ist von KREPS (1990) die **Corporate Culture (Unternehmenskultur)** einer Firma genannt worden. „Wir machen das immer so und so" ist eine Belehrung, die Firmenneulinge oft hören, die sich in der Unternehmenskultur der jeweiligen Firma noch nicht auskennen. Unternehmenskultur ist nicht notwendigerweise beschränkt auf ein Bündel von Konventionen (also Typ 1 Institutionen), sondern kann auch die anderen Institutionentypen umfassen: So können Beschäftigte, die gegen einen Regelkodex verstoßen, von ihren Kollegen entsprechend zurechtgewiesen werden (Typ 3). Auch hier kann es zur *spontanen Entstehung von Verhaltensregeln* kommen, die dann von Seiten der Hierarchiespitze bisweilen nur zu sehr hohen Kosten oder gar nicht mehr verändert werden können. Natürlich haben die Unternehmenseigner Interesse am Inhalt der Unternehmenskultur: existieren etwa Normen, die dazu führen, dass Angestellte, die versuchen, etwas „mitgehen zu lassen", von ihren Kollegen sanktioniert werden, so dürften die formell aufzuwendenden Kontrollkosten entsprechend geringer sein. Andererseits hätten die Eigner allergrößtes Interesse daran, dass eine Norm, nach der „zu eifrige" Kollegen bestraft werden – etwa dadurch, dass niemand mehr mit ihnen redet –, „abgeschafft" wird.

In den vergangenen Jahren ist eine Fusionswelle bisher unbekannten Ausmaßes zu beobachten gewesen. Die Schwierigkeiten, theoretisch ermittelte Synergien auch tatsächlich zu realisieren, sind inzwischen sattsam bekannt. Die Vermutung, dass nicht kompatible Unternehmenskulturen eine zentrale Hürde dabei sein könnten, liegt natürlich nahe. Empirische Studien dazu sind jedoch noch Mangelware. Einsichten, die in Bezug auf fusionierte Unternehmen gewonnen werden, versprechen, auch für andere Bereiche relevant zu sein: so stoßen ja unterschiedliche (Unternehmens-)Kulturen auch bei der Zusammenarbeit verschiedener Verwaltungen innerhalb internationaler Organisationen aufeinander. Bisweilen dürfte es auch bei der EU in Brüssel aufgrund national geprägter Verwaltungstraditionen zu Koordinationsversagen kommen. Grundsätzlich scheint dieser Gedanke auch auf die „Fusion" ganzer Gesellschaften bzw. Staaten anwendbar zu sein.

3.6 Offene Fragen

In diesem Kapitel sind bereits einige Hypothesen formuliert worden, zu denen bisher kaum empirische Arbeiten vorliegen. Die *Auswirkungen des Internet* auf *governance structures* sind bisher noch gar nicht abzusehen. Die Agentur- und Messkosten, mit denen sich virtuelle Gesellschaften konfrontiert sehen, sind ebenfalls noch weitgehend unerforscht.

Fragen

1. Machen Sie sich die Definition von Institutionen nochmals bewusst: Handelt es sich bei a) Gesellschafterverträgen, b) Arbeitsverträgen und c) Gesellschafts- und Arbeitsrecht um Institutionen?

2. Worin sehen Alchian und Demsetz die Lösung der Anreizprobleme der „einfachen" Teammitglieder sowie des Koordinators (des Unternehmers)?

3. Verdeutlichen Sie sich das Problem des moralischen Risikos anhand eines Versicherungsnehmers einer Feuerversicherung.

4. Spielen Sie das Problem der adversen Selektion ebenfalls noch einmal anhand des Beispiels einer Versicherungsgesellschaft durch, die Kfz-Versicherungen verkauft und die Prämie nach dem aktuarischen Wert festlegt.

5. Erläutern Sie einige Anreizprobleme genossenschaftlicher Organisationsstrukturen. Berücksichtigen Sie dabei insbesondere die Aspekte, die Sie im Abschnitt zur Firma als Nexus von Verträgen kennen gelernt haben.

6. Inwiefern können *Outsourcing*-Entscheidungen mit dem Ansatz von Williamson erklärt werden?

7. Stellen Sie sich vor, Tabelle 1 dieses Kapitels enthielte eine zusätzliche Zeile, aus der hervorgehen würde, dass man weder von beschränkter Rationalität noch von Opportunismus oder spezifischen Investitionen ausgehen würde. Was wäre eine dieser Kombination von Verhaltensannahmen angemessene Vertragsart?

Literatur

PAUL MILGROM und JOHN ROBERTS (1992) haben ein sehr gut lesbares Lehrbuch über die Theorie der Firma aus institutionenökonomischer Sicht geschrieben. Ein früher umfassender und grundlegender Beitrag eines deutschen Ökonomen zu diesem Thema stammt von VIKTOR VANBERG (1982).

Ein einführender Beitrag in Werk und Person von RONALD COASE stammt von PICOT (1992).

Eine Übersicht über die Vertragstheorie liefert das Lehrbuch von SCHWEIZER (1999). Die Prinzipal-Agent Theorie behandeln einführend PFAFF und ZWEIFEL (1998).

Mit adverser Selektion beschäftigt sich GEORGE AKERLOF (1970) in dem berühmten Aufsatz *„The Market for Lemons"*, in dem er zeigt, dass asymmetrische Information sogar zum Zusammenbruch von Märkten führen kann. Mit *„Lemons"* sind hier übrigens keine Zitrusfrüchte gemeint, sondern Autos mit geringer Qualität. Das Argument gilt für alle Güter, deren Eigenschaften für potentielle Käufer nicht sofort ersichtlich sind. U.a. für diese Arbeit hat AKERLOF im Jahr 2001 den Nobelpreis für Wirtschaftswissenschaften bekommen.

Das Konzept der relationalen Verträge wird vorgestellt von PFAFFMANN (1997).

SHELANSKI und KLEIN (1999) ist ein Übersichtsaufsatz, der sich mit empirischen Schätzungen von Transaktionskosten in Firmen beschäftigt. Der Aufsatz von MACHER und RICHMAN (2008) ist nicht nur neuer, sondern auch breiter angelegt. Hier werden auch Schätzungen außerhalb der Firma berücksichtigt, etwa in den Bereichen Gesetzgebung, Gesundheits- oder Agrarpolitik.

Ein deutschsprachiges Lehrbuch zum Thema Unternehmenskultur stammt von HEINEN und FANK (1997).

4 Institutionen und Kollektivhandeln

4.1 Einführung

Politikerbeschimpfungen gibt es vermutlich, seitdem es Politiker gibt. Sie seien nicht am Wohl der Regierten interessiert, sondern nur an ihrem eigenen. Ökonomen überrascht dieser Befund nicht, spiegelt er doch lediglich eine fundamentale Annahme der Ökonomik wider, nämlich dass Akteure versuchen, ihren eigenen Nutzen unter den jeweils gültigen Beschränkungen zu maximieren. Eine Beschimpfung der Politiker allein wird deshalb vermutlich kaum Besserung herbeiführen. Um eine der im letzten Kapitel vorgestellten Theorien aufzugreifen: Stellt man sich die Mitglieder einer Gesellschaft als ,Anteilseigner' (bzw. Prinzipale) vor und die Regierung als ,Vorstandsmitglieder' (bzw. deren Agenten), dann deuten Politikerbeschimpfungen möglicherweise darauf hin, dass der Prinzipal-Agent-Vertrag nicht so abgefasst ist, dass die Politiker durch die Maximierung ihres eigenen Nutzens simultan – und ohne dies explizit zu beabsichtigen – auch den Nutzen der Bürger mehren. Viel würde dann dafür sprechen, den Prinzipal-Agent-Vertrag (vermutlich die Verfassung eines Landes) entsprechend zu ändern. Dies ist jedoch regelmäßig mit bestimmten Problemen verbunden: so müssten die Prinzipale zunächst ja in der Lage sein, sich auf eine bessere Vertragsformulierung zu einigen. Dies aber setzt die Überwindung des Problems kollektiven Handelns voraus. Die Existenz dieses Problems ist aber gerade der Grund dafür, dass es überhaupt Staaten gibt. Überdies müssten die Agenten einer solchen Vertragsänderung ja selbst zustimmen.

Bisher haben wir immer wieder die Frage gestellt, warum es überhaupt Firmen gibt, wenn doch oft davon ausgegangen wird, dass Faktoren und Güter über Märkte quasi „automatisch" zu ihren jeweils besten Verwendungen gelenkt werden. Wir hatten gesehen, dass Märkte nicht kostenlos funktionieren und dass die Antwort auf die Frage Markt (horizontale Koordination) oder Unternehmung (vertikale Koordination) vom Umfang der mit der jeweiligen Koordinationsart verbundenen Kosten abhängt. In diesem Kapitel wollen wir diese immer wieder gestellte Frage erweitern: wenn Märkte (und die auf ihnen inselgleich agierenden Unternehmen) so effizient funktionieren, warum benötigen wir dann überhaupt Staaten? Die traditionelle Antwort lautet ungefähr so:

Warum brauchen wir überhaupt Staaten, wenn Märkte so gut funktionieren?

weil es Güter gibt, durch deren Konsum sich die meisten (oder sogar alle) Bürger eines Landes besser stellen können, deren private Bereitstellung sich aber aufgrund der spezifischen Gütereigenschaften nicht lohnt. Von Ökonomen werden diese Güter **„Kollektivgüter"** bzw. **„öffentliche Güter"** genannt. Sie zeichnen sich dadurch aus, dass – sofern sie einmal vorhanden sind – niemand von ihrem Konsum ausgeschlossen werden kann. Diese Eigenschaft wird von Ökonomen **Nichtausschließbarkeit** genannt. Kollektivgüter zeichnen sich weiter dadurch aus, dass ein Individuum sie nutzen kann, ohne dass dieser Konsum das Nutzenniveau anderer Individuen reduzieren würde. Diese Eigenschaft wird von Ökonomen **Nichttrivialität** genannt. Denken Sie etwa an einen Deich, der alle hinter dem Deich befindlichen Bauern vor den Fluten schützt, ganz egal, ob sie sich an den Kosten des Deichbaus beteiligt haben oder nicht. Die Nichttrivialität zeigt sich darin, dass das Schutzniveau für Bauer B sich nicht reduziert, obwohl auch Bauer A durch den Deich geschützt wird. Das strukturelle Problem bei der Produktion von Kollektivgütern kann mit Hilfe des Gefangenendilemmas verdeutlicht werden.

Die Eigenschaften von Kollektivgütern

Im letzten Kapitel haben Sie bereits gesehen, dass man ein Mehrpersonen-Gefangenendilemma mit einem einfachen Kniff darstellen kann. Wir gehen auch hier wieder davon aus, dass alle anderen Akteure über dieselben Handlungsoptionen verfügen und stellen sie als lediglich einen Akteur dar. Der Zeilenwähler sind wieder Sie, alle anderen Akteure die Spaltenwähler.

Matrix 4.1: Das Gefangenendilemma als N-Personen-Spiel

		Alle anderen Akteure	
		Kooperieren (K)	Defektieren (D)
Sie	Kooperieren (K)	3, 3	1, 4
	Defektieren (D)	4, 1	2, 2

„Kooperieren" bedeutet hier, sich an der Bereitstellung eines Kollektivgutes – etwa des Deichbaus – freiwillig zu beteiligen, während „Defektieren" für eine Nichtbeteiligung daran steht. Sie hoffen natürlich, dass sich alle anderen am Deichbau beteiligen (also kooperieren). Dann wäre Ihre Kooperation für einen erfolgreichen Deichbau vielleicht gar nicht mehr erforderlich und Sie könnten den Schutz des neu erbauten Deichs nutzen, ohne sich an den Kosten daran beteiligt zu haben. Das Problem bei dieser „Lösung": alle anderen Akteuren unterliegen exakt denselben Handlungsanreizen wie Sie; wir müssen also damit rechnen, dass alle Akteure defektieren werden und der Deich auf Basis einer freiwilligen Beteiligung an dessen Bau nicht zustande kommt. Gleichwohl würden sich alle Bewohner besser stellen, wenn der Deich tatsächlich gebaut würde. Der Staat wird nun häufig als die Organisation gedacht, die dazu beiträgt, dass nicht das Gleichgewicht (D, D) das Ergebnis dieses Spiels wird, sondern vielmehr (K, K). *Der Staat ist in der Lage, Kollektivgüter bereitzustellen, weil er die Kompetenz hat, alle Bürger zu besteuern.*

Aus dem letzten Kapitel kennen Sie die Probleme der Teamproduktion. Dort haben wir gesehen, dass es für den (wirtschaftlichen) Erfolg eines Teams nicht hinreichend ist, ein Teammitglied mit der Überwachung der anderen Mitglieder der Gruppe zu beauftragen, sondern dass man diesem Teammitglied auch bestimmte Anreize geben muss, sie tatsächlich zu überwachen. Es gibt viele Unterschiede zwischen wirtschaftlichen und politischen Organisationen, zwischen Unternehmen und Staaten. Aber es gibt auch eine Reihe strukturell verwandter Probleme: so kann man sich die Mitglieder einer Gesellschaft ja durchaus als Teammitglieder vorstellen, die eine kleine Zahl aus ihrer Mitte damit beauftragen, bestimmte Güter und Dienstleistungen bereitzustellen. Hier wäre es wohl kaum die Überwachung der anderen Teammitglieder, aber die Aufgabe könnte darin bestehen, Streit zwischen den anderen zu schlichten usw. Auch hier ist allerdings nach den Anreizen der Akteure zu fragen, die wir jetzt nicht mehr Unternehmer, sondern Regierung nennen: Stattet man sie mit besonderen Kompetenzen aus (etwa dem Gewaltmonopol), so besteht ja immer die Gefahr, dass sie diese missbrauchen könnten.

Worum es in diesem Kapitel geht, ist die Frage, wie man das Verhalten der Akteure erklären kann, die an der Produktion von Kollektivgütern beteiligt sind und bestimmten institutionellen Beschränkungen unterliegen. Wenn wir davon ausgehen, dass Politiker weltweit versuchen, ihren Nutzen zu maximieren und gleichzeitig beobachten, dass es eine breite Streuung im Politikerverhalten gibt, dann wäre die Vermutung von Ökonomen, dass der Schlüssel zur Erklärung des unterschiedlichen Politikerverhaltens nicht in den unterschiedlichen Zielfunktionen zu suchen ist (denn wir haben ja unterstellt, dass sie alle ihren Nutzen maximieren wollen), sondern dass sie unterschiedlichen institutionellen Restriktionen ausgesetzt sind.

Auch Politikerverhalten lässt sich mit Institutionen erklären

In einem Teilbereich der Institutionenökonomik, der **Konstitutionenökonomik**, ist es üblich, zwischen einer **konstitutionellen** und einer **post-konstitutionellen Ebene** zu trennen. In Bezug auf den Staat entspricht die konstitutionelle Ebene in etwa der Verfassung eines Landes, die post-konstitutionelle Ebene wären z.B. Gesetze, die auf der Basis der jeweils gültigen Verfassung verabschiedet werden. Eine Möglichkeit, sich den hier zu diskutierenden Fragen zu nähern, besteht also darin, die Verfassung zu interpretieren als die gegebene institutionelle Struktur und zu fragen, welche Anreize für Politiker unter dieser gegebenen Struktur zum Handeln (etwa zum Verabschieden bestimmter Gesetze) bestehen. Wir haben stets darauf bestanden, dass eine Institution aus einer Regel- sowie einer Sanktionskomponente besteht. Hier wäre also auch zu fragen, wie Politiker sanktioniert werden, wenn sie gegen die für ihr Verhalten vorgesehenen Restriktionen verstoßen.

Zur Erklärung von Politikerverhalten unter gegebenen Institutionen	**4.2**

Vorbemerkung	**4.2.1**

In den vergangenen Jahrzehnten haben vor allem die Vertreter der **ökonomischen Theorie der Politik** sich mit den hier relevanten Fragen beschäftigt. In Demokratien stellt der Wunsch, wiedergewählt zu werden, natürlich eine sehr wichtige Verhaltensrestriktion dar. An dieser Stelle kann und soll keine umfassende Übersicht über die ökonomische Theorie der Politik gegeben werden (die beste Übersicht ist MUELLER 2003). Wir nennen nur einige Fragen, mit denen sich Vertreter der ökonomischen Theorie der Politik beschäftigen. Dazu gehören u.a.: Welchen Einfluss haben unterschiedliche Entscheidungsregeln (Einstimmigkeit; unterschiedliche Mehrheitsregeln) auf die zu erwartenden Ergebnisse? Welchen Einfluss haben die Wahlverfahren auf die Zahl der Parteien? Wovon hängt die Neigung ab, Koalitionen zu bilden? Wovon ihre Überlebensfähigkeit? Spielt es eine Rolle, ob ein Staat eine zentralistische oder eine föderale Struktur hat? Inwiefern wird das Verhalten der Politiker davon beeinflusst, ob es in einem Staat Möglichkeiten der direkten Demokratie gibt (etwa, weil Politiker sich einer direkten Sanktionsmöglichkeit durch die Wähler ausgesetzt sehen)? Wie kann man das Verhalten der Bürokratie erklären? Usw.

Um die allgemeine Logik der ökonomischen Theorie der Politik zu verdeutlichen, sei ein Beispiel genannt, wie unterschiedliche institutionelle Arrangements zu unterschiedlichem Politikerverhalten führen können: Stellen Sie sich einen Staat A vor, indem ein Gesetz durch eine einfache Mehrheit eines Parlaments verabschiedet werden kann und kontrastieren Sie diesen Staat mit einem Staat B, in dem es zur Verabschiedung eines Gesetzes einer Mehrheit im Unterhaus, einer Mehrheit im Oberhaus, aber auch einer Unterschrift des direkt gewählten Präsidenten bedarf (also in etwa das US-amerikanische System). Sobald es unterschiedliche Mehrheiten in den beiden Kammern gibt, ist es sehr viel schwieriger, das heißt kostenträchtiger, die für die Verabschiedung eines Gesetzes erforderliche Mehrheit zu erreichen. *Ceteris paribus* würden wir in Staat B also mit weniger neuen Gesetzen rechnen als in Staat A.

Beispiele für schädliches Politikerverhalten

Die jeweils gültigen Restriktionen können mitunter auch dazu führen, dass Politiker Anreize haben, sich nicht der Bereitstellung eines wohlfahrtsfördernden Kollektivgüterbündels zu widmen, sondern Handlungen zu ergreifen, die ihren eigenen Nutzen steigern, aber den Bürgern in ihrer Gesamtheit eher schaden. Hierfür sollen jetzt zwei Beispiele genannt werden: (1) **Rent Seeking** und (2) **politische Konjunkturzyklen**.

4.2.2 Beispiel 1: *Rent Seeking*

Der Begriff *Rent Seeking* stammt von ANNE KRUEGER (1974). Mit ihm werden die Tätigkeiten einer Gruppe beschrieben, deren Mitglieder versuchen, den politischen Prozess dafür zu nutzen, Sondervorteile – z.B. Schutz vor wettbewerbsfähiger Importkonkurrenz oder Subventionen – zu erlangen. Bei diesem Prozess werden Ressourcen verschwendet: die Mittel, die eingesetzt werden, um Sondervorteile von Politikern zu erhalten, könnten schließlich auch in die Produktion fließen. Dennoch werden private Akteure solange Ressourcen in die Manipulation des politischen Prozesses stecken, bis der Erwartungsnutzen aus dieser Tätigkeit gerade gleich dem Erwartungsnutzen der Produktion von Gütern ist. Politiker – und an deren Verhalten sind wir hier ja primär interessiert – werden bestimmten Gruppen Sondervorteile einräumen, wenn sie sich dadurch besser stellen können, etwa durch Parteispenden, das Versprechen, sich für die Wiederwahl der Politiker einzusetzen oder auch Bestechungsgelder. *Sowohl die Nachfrage nach als auch das Angebot an Sondervorteilen dürfte von der institutionellen Struktur eines Landes geprägt werden*: Bedeutet der Nachweis, Bestechungsgelder empfangen zu haben, das endgültige

Möglichkeiten für und Grenzen von Rent Seeking hängen eng zusammen mit den jeweils gültigen Institutionen

Aus für eine Politikerkarriere, so erwarten wir im Durchschnitt und auf Dauer ein geringeres Ausmaß von Korruption, als wenn es sich um einen weitgehend akzeptierten Weg der Nachfrage nach politischen Vorteilen handelt. *Wird das Angebot von Sondervorteilen* durch Politiker *negativ sanktioniert,* so würden wir auch eine *geringere Nachfrage von Interessengruppen* danach erwarten: die Wahrscheinlichkeit, Sondervorteile zu erlangen, ist gering. Folglich ist auch der damit verbundene Erwartungsnutzen gering, was dazu führt, dass rationale Interessengruppenvertreter von vornherein weniger Ressourcen für die Nachfrage nach Sondervorteilen aufwenden werden.

Wir verzichten an dieser Stelle auf eine wohlfahrtstheoretische Bewertung von *Rent Seeking,* auch weil zwischen Ökonomen kein Konsens dazu herrscht: so sieht OLSON in umfassender Interessengruppentätigkeit einen Grund für den Niedergang von Nationen (1982), während BECKER (1983) betont, dass eine große Zahl von Interessengruppen konkurrierende Interessen haben, die sich in ihren Forderungen umso eher neutralisieren werden, je mehr es von ihnen gibt, der Wettbewerbsgedanke also auch hier greift. *Rent Seeking* führt somit nicht zwangsläufig zum Untergang von Nationen. BUCHANAN und CONGLETON (1998) haben sich Gedanken darüber gemacht, ob es möglich ist, anhand einer adäquaten institutionellen (hier: konstitutionellen) Struktur das Ausmaß von Privilegierung und Diskriminierung, das ja die Folge von *Rent Seeking* ist, zu reduzieren. Ihre Antwort ist im Wesentlichen ein Hinweis auf die Prinzipien des Rechtsstaats: je höher der erforderliche Allgemeinheitsgrad von Regeln ist, desto geringer ist das *Rent Seeking* Potential, folglich betonen sie die Relevanz der Allgemeinheit von Regeln.

Beispiel 2: Politische Konjunkturzyklen 4.2.3

Die Stabilisierung der Konjunktur ist eine von Ökonomen immer wieder genannte Staatsaufgabe. Ob wohlwollende Regierungen überhaupt in der Lage sind, stabilisierend zu handeln, wird insbesondere von den Monetaristen bezweifelt, soll hier aber nicht im einzelnen diskutiert werden. Stattdessen interessieren wir uns hier für die Anreize von Politikern. Wir kommen dann zu einer auf den ersten Blick überraschenden Aussage: *rational handelnde Politiker verursachen ganz eigene Konjunkturzyklen,* sie sind also möglicherweise nicht die Lösung des Problems, sondern ein Teil davon.

Politiker als Teil des Problems

Gehen wir davon aus, dass die Wiederwahlchancen einer Regierung entscheidend von der Höhe der Arbeitslosigkeit zum Zeitpunkt der Wahlen bzw. kurz davor abhängen. Gehen wir weiter davon aus, dass fiskalpolitische Maßnahmen die Arbeitslosigkeit zumindest kurzfristig tatsächlich senken können, während sie mittel- bis langfristig zu einer höheren Inflationsrate führen. Hohe Inflationsraten werden von den Wählern in vielen Ländern allerdings außerordentlich kritisch beurteilt, so dass sie die Wiederwahlchancen einer Regierung reduzieren. Gelten die hier skizzierten Annahmen, so wird die Regierung versuchen, fiskalpolitische Maßnahmen so einzusetzen, dass der popularitätserhöhende Rückgang der Arbeitslosigkeit vor den Wahlen eintritt, während der popularitätsreduzierende Anstieg der Preise erst nach den Wahlen eintritt. Damit Politiker sich durch das Produzieren **politischer Konjunkturzyklen** dieser Art tatsächlich besser stellen können, benötigen wir nur noch eine weitere Annahme, nämlich dass eine Nutzeneinheit heute sehr viel höher eingeschätzt wird als eine Kosteneinheit morgen (wir müssen also eine hohe Gegenwartspräferenz der Wähler unterstellen). Alternativ können wir auch so formulieren: Für die Wahlentscheidung sind die aktuellen Politikerfolge einer Regierung sehr viel wichtiger als die bereits einige Jahre zurückliegenden (Miss-)Erfolge.

Die verschiedenen Modelle des politischen Konjunkturzyklus' sind empirisch immer wieder überprüft und für ganz verschiedene Länder bestätigt worden (MUELLER 2003, 430-6 enthält eine Übersicht über die empirischen Studien). Aus institutionenökonomischer Sicht wäre zu fragen, ob das unterschiedliche Ausmaß, in dem sie zu beobachten sind, mit den Institutionen, denen Politiker jeweils ausgesetzt sind, begründet werden kann. So wäre etwa zu fragen, ob die Möglichkeiten, fiskalpolitische Instrumente kurzfristig einzusetzen, in bestimmten Staaten besser als in anderen Staaten beschränkt sind. Weiter könnte gefragt werden, ob die Zentralbanken der Länder, deren politische Konjunkturzyklen verglichen werden, verschiedene Grade der Unabhängigkeit von der Regierung aufweisen.

4.2.4   Entscheidungsregeln

Die Abstimmungsergebnisse in Parlamenten hängen von den dort benutzten Entscheidungsregeln ab. Ein Ergebnis der ökonomischen Theorie der Politik lautet, dass man unter sehr alltäglichen Bedingungen mit **Abstimmungszyklen** zu rechnen habe:

demnach erscheint es eher unwahrscheinlich, dass ein Vorschlag, der heute die Mehrheit auf sich vereinigen konnte, bei einer neuerlichen Abstimmung morgen noch einmal eine Mehrheit auf sich vereinigen kann (ARROW 1951). Allerdings sind diese Zyklen in der Realität kaum beobachtbar. Lange Zeit haben Vertreter der ökonomischen Theorie der Politik argumentiert, dass sie möglicherweise existierten, aber empirisch eben sehr schwer zu identifizieren seien. Inzwischen wissen wir, dass bestimmte Institutionen die Wahrscheinlichkeit von Abstimmungszyklen reduzieren; dazu gehören Ausschüsse, deren Ergebnisse im Plenum nur noch marginal geändert werden können, Vorsitzende, welche die Kontrolle über die Agenda haben usw. Seit SHEPSLE (1979) werden diese durch Institutionen herbeigeführten Zustände auch **struktur-induzierte Gleichgewichte** genannt.

Das Dilemma des starken Staates   **4.2.5**

In den letzten beiden Kapiteln haben wir gefragt, wie Individuen bestimmte Transaktionen sichern und damit vorteilhaft machen können. Dabei haben externe Institutionen immer eine gewichtige Rolle gespielt: Verträge – gleichviel ob einfache oder komplexe – sind jedenfalls prinzipiell unter Rückgriff auf externe Institutionen oder die sichtbare Hand des Staates strukturierbar. In diesem Kapitel beschäftigen wir uns mit den Handlungsanreizen der Vertreter des Staates. Solange der Staat als monolithischer Block gedacht wird (etwa als ein Autokrat, der alle Regierungsfunktionen in seiner Person konzentriert hat), gibt es offensichtlich Schwierigkeiten, die Transaktionen, an denen der Staat als Akteur beteiligt ist, unter Rückgriff auf externe Institutionen zu sichern. Das können z.B. Produktionsaufträge sein – die Regierung lässt Deiche und Straßen bauen, statt sie selbst zu errichten –, aber auch die Finanzierung des Staates, wenn der Staat sich Geld von privaten Akteuren leiht. Bildlich gesprochen: der Staat hat hier das Problem, sowohl Spieler als auch Schiedsrichter zu sein. Häufig dürfte es in einer solchen Situation schwierig für ihn sein, Akteure zu finden, die bereit sind, Transaktionen mit ihm einzugehen bzw. wieder bildlich gesprochen: mit ihm zu spielen. Das Problem tritt aber genauso auf, wenn der Staat lediglich als Schiedsrichter agiert: wenn es keine Schiedsrichtervereinigung über ihm mehr gibt, die krasse Fehlentscheidungen (oder das gar nicht erst Entscheiden) sanktionieren könnte, ist unklar, welche Anreize der Schiedsrichter hat, sich besonders eifrig um eine adäquate Regelauslegung zu kümmern.

Problem: Staat sowohl Spieler als auch Schiedsrichter

In Marktwirtschaften hat der Staat u.a. die Funktion, private Eigentumsrechte und deren freiwilligen Transfer zu schützen. Ein *effektiver Schutz setzt einen starken Staat* voraus. Wir haben gerade beschrieben, dass die *Stärke*, die notwendig ist, um private Eigentumsrechte zu schützen, *gleichzeitig auch ein großes Problem* ist, weil sie die Fähigkeit des Staates (bzw. seiner Vertreter) impliziert, private Eigentumsrechte missachten oder zumindest verwässern zu können (WEINGAST 1993). Wir haben es also mit einem Dilemma zu tun: einerseits benötigen wir einen starken Staat für eine funktionierende Marktwirtschaft, andererseits kann ein starker Staat der Entwicklung einer Marktwirtschaft im Weg stehen. Dieses Dilemma könnte man auch als **Dilemma des starken Staates** bezeichnen.

Glaubhafte Versprechen sind notwendig, aber nicht einfach zu geben

Wären die Vertreter des Staates in der Lage, glaubhaft zu versprechen, dass sie private Eigentumsrechte in der Zukunft respektieren werden, so könnten sich alle Beteiligten besser stellen: private Akteure dürften z.B. mehr investieren und damit zu mehr Wachstum beitragen. Der Staat könnte sich leichter (das heißt zu geringeren Zinsen) finanzieren. Unter sonst gleichen Bedingungen dürfte das auch zu höheren Steuereinnahmen und damit einem größeren Spielraum für die Vertreter des Staates führen.

Regierungen könnten allerdings versprechen, private Eigentumsrechte in Zukunft zu respektieren, nur um mehr Investitionen der privaten Akteure auszulösen. Sobald diese einmal getätigt sind, könnten die Vertreter des Staates dann versuchen, sie zu verstaatlichen bzw. in ihrem Wert zu verwässern. Rationale private Akteure werden das antizipieren, dem Versprechen der Regierung keinen Glauben schenken und also auch nicht mehr investieren. Private Akteure wissen, dass die Regierung Anreize hat, zu einem Zeitpunkt etwas zu versprechen, sich zu einem späteren Zeitpunkt aber nicht daran zu halten.

Rationale Regierungen sind daran interessiert, sich selbst glaubhaft binden zu können

Bei einer solchen Präferenzstruktur hat die Regierung ein Interesse daran, sich glaubhaft an ihre Versprechen binden zu können. Dies wird ihr dann gelingen, wenn die Option, sich zum späteren Zeitpunkt nicht an das eigene Versprechen zu halten, so teuer gemacht werden kann, dass diese Option nicht mehr attraktiv ist. Für private Akteure werden in der Literatur eine Vielzahl von **Selbstbindungsmechanismen** diskutiert (SCHELLING 1960). Viele der vorgeschlagenen Selbstbindungsmechanismen setzten die Existenz einer (unabhängigen) dritten Partei voraus, die Vertragsbrüche bestrafen könnte. Versuchen Vertreter des Staates, sich selbst zu binden, so steht ihnen eine solche Organisation jedoch gerade nicht zur Verfügung. Die *Selbstbindungsfähigkeit des Staates* ist folglich *beschränkt*.

Rückblickend kann die **funktionale Gewaltenteilung** *à la* MON-TESQUIEU als ein Versuch interpretiert werden, das Selbstbindungs-problem des Staates zumindest zu reduzieren. Die von der Legis-lative verabschiedeten Gesetze werden glaubwürdiger, wenn sie von einer anderen Gewalt implementiert werden (der Exekutive) und wenn eine dritte Gewalt über deren adäquate Interpretation entscheidet (die Judikative). Die Gewaltenteilung ist also erklärbar als Ergebnis rationaler Wahlhandlungen von Regierungsvertre-tern, die erkannt haben, dass eine (freiwillige und glaubhafte) Einschränkung der eigenen Kompetenzen ihre eigene Position durchaus stärken kann. Dies ist eine **als ob-Erklärung** der funkti-onalen Gewaltenteilung; mit ihr ist kein Anspruch auf eine kor-rekte Beschreibung der historischen Entwicklung verbunden. Genauso kann in Bezug auf eine föderale Verfassungsstruktur argumentiert werden, die manchmal auch **vertikale Gewaltentei-lung** genannt wird.

> Gewaltenteilung als eine Möglich-keit, Glaubwürdig-keit von Verspre-chen zu erhöhen

Der gerade allgemein beschriebene inverse Zusammenhang zwischen Kompetenz und Nutzenniveau der Politiker gilt auch für den Bereich der **Geldpolitik**. Verfügt die Regierung über Kom-petenz in der Geldpolitik, so hat sie Anreize, Preisniveaustabilität zu versprechen, um die Tarifparteien zu moderaten (nominalen) Lohnabschlüssen zu bewegen. Nach dem Abschluss der Tarifver-träge hat sie jedoch Anreize, die Geldmenge auszuweiten, um Arbeit (real) billiger zu machen und damit das Beschäftigungsni-veau anzuheben. Weil die Tarifvertragsparteien das antizipieren, fließen ihre Inflationserwartungen von vornherein in die Lohnab-schlüsse ein (*„inflationary bias"*). Die Geldpolitik verursacht somit gesamtgesellschaftlich Kosten (in Form einer positiven Inflations-rate), denen jedoch keine Erträge gegenüberstehen (KYDLAND und PRESCOTT 1977, BARRO und GORDON 1983). Selbst eine eigennutz-maximierende Regierung könnte Anreize haben, ihr **Zeitinkon-sistenzproblem** durch den Transfer geldpolitischer Kompetenzen an eine unabhängige Zentralbank zu lösen. Es erscheint also durchaus plausibel, davon auszugehen, dass alle Mitglieder einer Gesellschaft – ihre Politiker eingeschlossen – der Gründung einer auf Preisniveaustabilität verpflichteten Notenbank zustimmen könnten.

> Unabhängige Organisationen als eine weitere Möglichkeit

Bisher haben wir zwei Instrumente angesprochen, mit denen Vertreter des Staates versuchen können, ihr Selbstbindungs-problem zu reduzieren: (i) durch eine Gewaltenteilung im enge-ren – traditionellen – Sinne und (ii) durch die Delegation von Kompetenz, die man auch Gewaltenteilung im weiteren Sinne nennen könnte. Eine weitere, eng damit verknüpfte Möglichkeit,

> Mitgliedschaft in internationalen Organisationen als dritte Möglichkeit

könnte darin bestehen, sich den Regeln internationaler Organisationen zu unterwerfen. Dies könnte einen Regelverstoß dann unattraktiv machen, wenn er mit internationalem Protest verbunden ist. Dies wird für die meisten Regierungen jedoch nur dann ein Grund sein, nicht gegen bestimmte Regeln zu verstoßen, wenn der internationale Protest zu einer Reduktion ihrer Popularität im Inland führt. Es kann vermutet werden, dass eine Anzahl von Regierungen aus Mittel- und Osteuropa versucht haben, ihr *Reputationsproblem durch* einen schnellen *Beitritt zu internationalen Organisationen zu reduzieren* (VOIGT und SALZBERGER 2001). Schaut man sich allerdings an, welche Konsequenzen etwa die Regierung Weißrusslands aus Verwarnungen oder sogar einem temporären Entzug ihres Stimmrechts im Europarat gezogen hat, so scheinen die Kosten, die von internationalen Organisationen auferlegt werden können, beschränkt zu sein.

Ein schönes Beispiel für das Dilemma des starken Staates wird von LEVY und SPILLER (1994) in Bezug auf die Privatisierung von Telekommunikationsnetzen beschrieben: *ex ante* haben Politiker (vor allem in weniger entwickelten Ländern) Anreize, ausländische Investoren ins Land zu locken. Sind die Netze jedoch einmal vorhanden, ist die Versuchung groß, die ausländischen Investoren zu enteignen. Weil potentielle Investoren das antizipieren, dürfte es in vielen Fällen gar nicht erst zu Investitionen kommen, es sei denn, die Regierungen sind in der Lage, sich glaubhaft an ihre Versprechungen zu binden. Dadurch könnten sich alle Beteiligten besser stellen: Regierung, Investoren und vor allem Bevölkerung. LEVY und SPILLER (ebd.) zeigen nun, dass die optimale Regulierung abhängig ist von (exogen gegebenen) Institutionen. Sie berücksichtigen in ihrer Analyse explizit auch informelle Restriktionen (wir würden von internen Institutionen sprechen). Für den Fall, dass die inländischen Institutionen nicht ausreichend Bindungsfähigkeit zur Verfügung stellen, schlagen sie vor, auf internationale Institutionen (z.B. die Weltbank) zurückzugreifen. Eine andere Möglichkeit könnte in einer Privatisierung von Netzen mit einem breit gestreuten inländischen Aktionärskreis bestehen: im Falle einer Enteignung müsste die enteignende Regierung mit einer umfassenden inländischen Opposition rechnen, die Kosten der Enteignung wären also sehr hoch.

VOIGT, EBELING und BLUME (2007) nutzen ein „quasi-natürliches Experiment", um zu klären, ob ein Land durch die Mitgliedschaft in internationalen Organisationen tatsächlich Vorteile erlangen kann. Nachdem die früheren britischen Kolonien unabhängig geworden waren, akzeptierten einige von ihnen das *Judicial Com-*

mittee of the Privy Council in London weiterhin als oberstes Gericht, während andere Länder vollständig auf ihr eigenes Gerichtswesen setzten. Auch wenn man für sonstige Unterschiede (etwa die geographische oder ideologische Nähe zu Großbritannien) kontrolliert, so zeigt sich, dass die Länder, die eine Berufung nach London weiterhin zuließen mehr Auslandsinvestitionen anzogen, geringere Zinsen für die Aufnahme von Schulden zahlen mussten und ihre Wirtschaft signifikant schneller gewachsen ist. Eine weitere Studie (DREHER und VOIGT 2008) analysiert, ob sich Regierungen durch die Mitgliedschaft in internationalen Organisationen zusätzliche Glaubwürdigkeit „kaufen" können – und findet die theoretische Vermutung von LEVY und SPILLER (1993) bestätigt. Es deutet also einiges daraufhin, dass das Glaubwürdigkeitsproblem nicht nur durch eine Gewaltenteilung im Inland (die auch die Delegation an unabhängige Organisationen umfassen kann), sondern auch durch die Delegation von Entscheidungskompetenz an ausländische bzw. internationale Organisationen gemildert werden kann.

Zur Erklärung kollektiven Handelns unter Berücksichtigung interner Institutionen 4.3

Nicht-wiederholte Spiele 4.3.1

Bisher haben wir gezeigt, dass die Bereitstellung von Kollektivgütern strukturell einem Gefangenendilemma gleicht. Als NASH-Gleichgewicht dieses Dilemmas haben wir bisher nur (D,D) kennen gelernt. Daraus haben wir geschlossen, dass es für Individuen rational ist, sich nicht an der freiwilligen Bereitstellung von Kollektivgütern zu beteiligen und dass sie sich durch die Existenz des Staates besser stellen können, der die Kollektivgüter für sie bereitstellt. Wir haben uns dann der Frage gewidmet, wie man die Streuung des Verhaltens von Politikern bei der Bereitstellung von Kollektivgütern mit Hilfe unterschiedlicher institutioneller Beschränkungen erklären kann, wobei die institutionellen Beschränkungen (die Verfassung) als exogen gegeben unterstellt wurden.

Möglicherweise haben wir unser Argument aber etwas zu weit getrieben: das Gleichgewicht (D, D) gilt nämlich nur für nicht-wiederholte Spiele. Viele der relevanten Interaktionen finden aber wiederholt statt. Aus der Spieltheorie wissen wir, dass dann eine

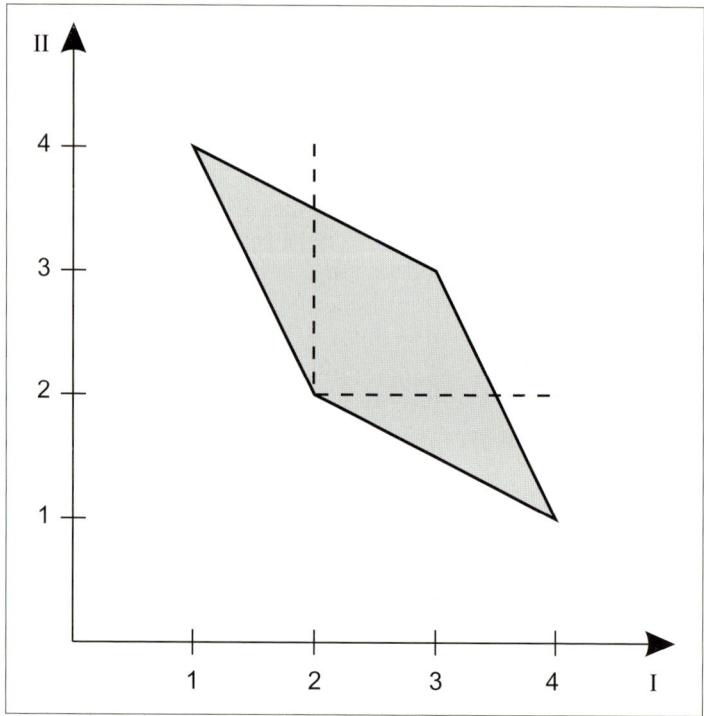

Die Auszahlungen für Spieler 1 werden auf der Ordinate, die für Spieler 2 auf der Abszisse abgetragen. Die Eckpunkte der Fläche sind die möglichen Auszahlungskombinationen, die Ihnen aus dem nicht-wiederholten Spiel geläufig sind. Durch die Wiederholung des Spiels werden jetzt auch andere Auszahlungskombinationen möglich, die zur grauen Fläche führen. Ein Spieler, der in jeder Runde defektiert, kann damit Auszahlungen von mindestens einer Nutzeneinheit in jeder Periode sichern. Auszahlungen darunter gehören deshalb nicht zum Gleichgewichtsbereich.

Vielzahl von Gleichgewichten möglich ist (das so genannte „*Folktheorem*")[7]. In der Graphik bildet die grau schraffierte Fläche alle möglichen Gleichgewichte des Spiels ab. Der Graphik entnehmen wir, dass auch die Kombination (K, K) ein Gleichgewicht ist, aber eben nur eins unter sehr vielen. Was wir jetzt brauchen, ist also eine Gleichgewichtsauswahltheorie. Spieltheoretiker arbeiten seit langem daran. Wir verzichten hier auf die Wiedergabe der bishe-

---

[7] Es wird so genannt, weil diese Einsicht unter Spieltheoretikern allgemein bekannt war, bevor FUDENBERG und MASKIN (1986) das Theorem formell hergeleitet haben.

rigen Ergebnisse und konzentrieren uns auf die Möglichkeit, dass die jeweils realisierten Gleichgewichte von den jeweils gültigen internen Institutionen abhängen könnten.

In Bezug auf die Bereitstellung von Kollektivgütern bedeutet die Existenz von Gleichgewichten nordöstlich von (D, D), dass sie mitunter auch ohne staatliches Handeln bereitgestellt werden. Die Wahrscheinlichkeit, dass es zu kollektivem Handeln kommt, ohne dass der Staat tätig wird, kann möglicherweise mit entsprechenden internen Institutionen erklärt werden. Beispiele für eine **freiwillige Bereitstellung von Kollektivgütern** gibt es eine ganze Menge: viele Bürger gehen wählen, viele Bürger sind sogar bereit, als Schöffe an Gerichtsprozessen mitzuwirken, viele Bürger zahlen ihre Steuern freiwillig. Im Folgenden wollen wir zunächst einige im Labor gewonnene Erkenntnisse zur freiwilligen Beteiligung an der Produktion von Kollektivgütern vorstellen und in einem zweiten Schritt einige interne Institutionen nennen, deren Existenz die freiwillige Produktion erleichtern kann.

Laborexperimente   4.3.2

Aus der (theoretischen) Spieltheorie können wir die Prognose ableiten, dass rationale Akteure im nicht-wiederholten Gefangenendilemma sich nicht an der Produktion von Kollektivgütern beteiligen werden, ihr Beitrag dazu wird also null sein. Aus der experimentellen Spieltheorie lernen wir, dass diese Prognose falsch ist: selbst im nicht-wiederholten Spiel geben Versuchspersonen häufig einen Betrag, der deutlich größer ist als null. Im Labor sind so genannte **„lineare Kollektivgutexperimente"** häufig gespielt worden. In diesen Spielen werden die Teilnehmer mit einer bestimmten Menge Ressourcen ausgestattet und sie müssen sich entscheiden, welchen Teil davon sie für die Herstellung eines Kollektivguts bereitstellen wollen. Gibt ein Teilnehmer z.B. 10 Einheiten, dann erhalten alle Beteiligten (er selbst eingeschlossen) 5 Einheiten zurück. Wie immer bei Gefangenendilemma-Situationen ist es auch hier individuell rational, sich nicht an der Bereitstellung zu beteiligen, sondern darauf zu hoffen, dass möglichst alle anderen sich beteiligen, weil das ja auch dem defektierenden Individuum Vorteile brächte [nämlich (n-1)5, wenn alle anderen Individuen jeweils 10 Einheiten für das Kollektivgut bereitstellen]. Die Gruppe erreicht dagegen das beste Ergebnis, wenn alle Spieler ihre gesamte Ausstattung in den gemeinsamen Topf einzahlen.

Individuell rationales Verhalten führt zu suboptimalem Ergebnis für die Gruppe

Von OSTROM (2000, 140f.) werden die Ergebnisse dieser Literatur in sieben Punkten zusammengefasst (DAVIS und HOLT 1993 sowie LEDYARD 1995 sind umfassendere Übersichten):

(1) In nicht wiederholten Spielen stellen Teilnehmer zwischen 40 und 60 Prozent ihrer Anfangsausstattung für die Bereitstellung eines Kollektivguts zur Verfügung. Dies gilt auch für die erste Runde endlich wiederholter Spiele.[8]

(2) In den Folgerunden geht der freiwillige Beitrag zurück, bleibt jedoch deutlich über den prognostizierten null Prozent.

(3) Die Teilnehmer, die davon ausgehen, dass andere zur Bereitstellung des Gutes spenden, spenden selbst auch mit einer überdurchschnittlichen Wahrscheinlichkeit.

(4) Je häufiger das Spiel wiederholt wird, desto weniger geht die Beitragsrate zurück. OSTROM schließt daraus, dass ein besseres Verständnis des Spiels zu mehr Kooperation führt und nicht zu weniger, wie lange Zeit vermutet wurde.

(5) Wird direkte Kommunikation zwischen den Spielern zugelassen, steigt das Kooperationsniveau in allen Runden des Spiels. Nicht-bindende Verpflichtungen, die herkömmlich als *cheap talk* bezeichnet werden, sind also vielleicht doch nicht ganz so „*cheap*".

(6) Wenn die Spielstruktur es zulässt, sind viele Spieler bereit, Ressourcen aufzuwenden, um diejenigen zu bestrafen, die lediglich unterdurchschnittliche Beiträge bereitgestellt haben.

(7) Die Höhe der Beiträge wird auch beeinflusst von Kontextfaktoren. Dazu gehört z.B. die Art und Weise, wie das Spiel beschrieben wird (*„framing"*).

Vorbehalte gegen Ergebnisse aus dem Labor

Natürlich kann man gegen Laborergebnisse immer den Vorbehalt nennen, dass sie eben im Labor und nicht im Alltag erzielt wurden. Die Anfangsausstattung wird den Probanden meist zur Verfügung gestellt. Wenn sie den Eindruck haben, es handele sich um „Spielgeld", gehen sie mit dem Geld vermutlich lockerer um,

---

[8] Endlich wiederholte Spiele sollten zu denselben Ergebnissen führen wie nichtwiederholte Spiele: in der – von vornherein bekannten – letzten Runde gilt ja wieder die Logik des nicht-wiederholten Spiels, folglich würden wir wiederum (D, D) als Ergebnis erwarten. Das gilt dann aber auch für die vorletzte Runde usw. Diese Technik wird von Spieltheoretikern **„rückwärtige Induktion"** genannt. In der Spieltheorie ist sie nicht ganz unumstritten (ELSTER 1989a, 4-8 ist eine gut verständliche Kritik; KREPS, MILGROM, ROBERTS und WILSON (1982) zeigen, dass Kooperation auch im endlich wiederholten Gefangenendilemma rational sein kann).

als mit sauer verdientem Geld außerhalb des Labors. Dennoch ist das Ausmaß der vorliegenden Evidenz beeindruckend. Der nächste Schritt besteht jetzt darin zu fragen, wie interne Institutionen diese Ergebnisse beeinflusst haben könnten (externe Institutionen kommen hier nicht in Frage, weil nur ganz wenige Fälle denkbar sind, in denen die Abwesenheit z.B. von Spendenbereitschaft zu einer Sanktionierung durch den Staat führt). Dazu nutzen wir die im ersten Kapitel eingeführte Übersicht und nennen lediglich einige Beispiele, die hier relevant sein könnten:

Tabelle 4.1: Interne Institutionen und individuelle Beteiligung an kollektivem Handeln

Regel	Art der Überwachung	Institutionentyp	Beispiel
1. Konvention	Selbstdurchsetzung	Intern vom Typ 1	?
2. Ethische Regel	Imperative Selbstbindung	Intern vom Typ 2	Fairness, Gerechtigkeit; Sekundärtugenden
3. Sitte	Informelle Überwachung durch andere Akteure	Intern vom Typ 3	Reziprozitätsnormen, Solidaritätsnormen
4. Formelle private Regel	organisierte private Überwachung	Intern vom Typ 4	Kirchen

Konventionen sind stabile Gleichgewichte in Spielen, die zwei oder mehr stabile Gleichgewichte haben (alle fahren links oder alle fahren rechts). Das nicht-wiederholte Gefangenendilemma dagegen hat lediglich ein stabiles Gleichgewicht, nämlich (D, D). Im wiederholt gespielten Gefangenendilemma ist auch (K, K) ein Gleichgewicht. Der Politikwissenschaftler ROBERT AXELROD (1984) hat gezeigt, dass es eine Strategie gibt, die allen konkurrierenden Strategien im Durchschnitt und auf Dauer überlegen ist: *Tit-for-Tat*, das man auf deutsch etwa mit **„wie Du mir, so ich Dir"** übersetzen könnte. Es handelt sich um eine sehr einfache Strategie: im ersten Zug kooperiert man, in allen darauf folgenden Zügen spielt man so, wie das Gegenüber in der Vorrunde gespielt hat. Solange das Gegenüber kooperiert, wird also (K, K) gespielt. Von Spieltheoretikern wird an dieser Strategie kritisiert, dass versehentliche Defektionen (oder kooperierende Züge, die fälschlich als Defektion interpretiert werden) zu einer unendlichen Reihe

Eine besondere Strategie für das Gefangenendilemma

von (D, D)-Gleichgewichten führen können. Sie schlagen deshalb Strategien mit einer etwas höheren Toleranz vor, etwa erst nach zwei aufeinander folgenden Defektionszügen mit einer Defektion zu antworten.

Voraussetzungen für die besondere Strategie

AXELROD zeigt, dass es bestimmte *Bedingungen* gibt, die das Spielen von *Tit-for-Tat* erleichtern. Dazu gehören (1) eine *geringe Gegenwartspräferenz* (wenn die nämlich hoch ist, ist mir die höhere Auszahlung heute möglicherweise mehr wert als der Verlust von Auszahlungen in allen Folgeperioden) sowie (2) die *Wiederbegegnungswahrscheinlichkeit*, die negativ mit der Gruppengröße korreliert sein dürfte. Es ist der zweite Aspekt, der es fraglich erscheinen lässt, ob *Tit-for-Tat* als eine mögliche Konvention eines n-Personen-Gefangenendilemmas in Frage kommt, weil wir hier an Aussagen interessiert sind, die auch für sehr große Gruppen gültig sind. Aber solange es sich um hinreichend kleine Gruppen handelt bzw. eine „natürliche" Aufteilung einer großen Gruppe in eine Anzahl kleiner Gruppen existiert, kann die von AXELROD skizzierte Strategie relevant werden.

Relevanz ethischer Regeln

Die Relevanz ethischer Regeln für die Beteiligung an der Bereitstellung öffentlicher Güter kann man sich dagegen sehr viel leichter vorstellen. Sind einem z.B. bestimmte Gerechtigkeits- oder Fairness-Normen im Laufe der eigenen Erziehung eingebläut worden, so ist es durchaus vorstellbar, dass der eigene Nutzen fällt, wenn man einen Beitrag leistet, der unter einem als „fair" oder „gerecht" erachteten Niveau liegt. Falls die Mitglieder einer Gruppe vor der Entscheidung der einzelnen die Möglichkeit haben, miteinander zu kommunizieren, bestimmte Beitragshöhen zu vereinbaren und sich deren Zahlung gegenseitig zu versprechen, kommen möglicherweise weitere ethische Regeln hinzu, z.B. die Regel, sich an seine Versprechen zu halten. Diese werden häufig auch *Sekundärtugenden* genannt.

Durch Dritte sanktionierte Sitten

Auch die Relevanz von Sitten, deren Verstoß durch Dritte sanktioniert wird, ist leicht vorstellbar: gibt man nicht einen als fair erachteten oder den vereinbarten Beitrag, könnte man von anderen sanktioniert werden, etwa durch böse Blicke, aber auch dadurch, dass die eigene zurückhaltende Spendenbereitschaft allgemein publik gemacht wird und so zu einem Reputationsverlust führt. Die Sanktionierung nicht-kooperierenden Verhaltens dürfte im Allgemeinen mit Kosten verbunden sein. Nehmen wir an, dass eine Kooperationsnorm existiere, von der jedes Mitglied einer Gruppe profitiert. Dann haben alle Gruppenmitglieder ein Interesse daran, dass diese Norm nicht erodiert, sondern auch in Zukunft existiert. Ist eine Sanktionierung mit Kosten verbunden, dann haben alle Gruppenmitglieder ein Interesse daran, das sanktioniert wird, aber eben auch daran, dass andere Gruppenmitglieder die Sanktionierung übernehmen. Mit anderen Worten: die *Sanktionierung ist selbst ein Kollektivgut und ihre Bereitstellung deshalb prekär.* Ihre tatsächliche Bereitstellung dürfte umso wahrscheinlicher sein, je präziser die Aufgabe, einen Regelverstoß zu sanktionieren, bestimmten Gruppenmitgliedern zugewiesen ist und je relevanter entsprechende ethische Regeln und Sitten sind.

Trittbrettfahrerproblem

Auch eine formelle Sanktion durch private Organisationen ist denkbar. Stellen Sie sich die freiwilligen Spenden von Mitgliedern einer Religionsgemeinschaft als Beiträge zur Bereitstellung eines Kollektivgutes vor. Vielleicht gibt es eine Regel, die vorschreibt, dass man einen bestimmten Prozentsatz seines Einkommens für die Kirche spenden soll (etwa den Zehnten). Hält man sich nicht daran, könnte man auch von Vertretern der privaten Organisation – hier der Kirche – an seine Pflichten als Mitglied erinnert werden.

Formelle Sanktionen durch private Organisationen

Zur Relevanz des Verhältnisses zwischen externen und internen Institutionen für kollektives Handeln   4.4

In ihrem bereits oben zitierten Aufsatz geht ELINOR OSTROM (2000, 147f.) auch auf das Verhältnis von externen zu internen Institutionen ein und schreibt:

Zitat

„Die schlechteste aller denkbaren Welten könnte schließlich diejenige sein, in der externe Autoritäten bestimmte Regeln auferlegen, aber nur zu einer unzureichenden Überwachung und Sanktionierung in der Lage sind. In einer Welt mit einer starken externen Überwachung und Sanktionierung kann Kooperation ohne einen Bedarf an der Entwicklung interner Normen durchgesetzt werden. In einer Welt ohne externe Regeln oder Überwachung können sich kooperationsfördernde Normen herausbilden. Aber in einer Welt zwischen den zwei gerade geschilderten kann das milde Ausmaß an externer Überwachung die Entstehung sozialer Normen verhindern und es gleichzeitig für einige Akteure attraktiv machen, die anderen zu täuschen und das relativ geringe Sanktionsrisiko bewusst in Kauf zu nehmen."

Dies ist sicher eine sehr plakative Schlussfolgerung. Sie beruht auf der Prämisse, dass ein Bedarf an kooperationsfördernden Regeln ihre Entstehung erleichtert. Offenbar geht OSTROM davon aus, dass sich kooperationsfördernde Normen auch in einer relativ kurzen Frist entwickeln können. Die Frage, wie man die Entstehung von Normen (also einer Art interner Institution) erklären kann, ist Gegenstand des siebten Kapitels und soll uns hier zunächst nicht weiter beschäftigen.

Zum Verhältnis von externen und internen Institutionen hat sich auch BRUNO FREY (1997) geäußert. Er beschäftigt sich mit einer von DAVID HUME ausgegebenen Devise, nach der man bei der Verabschiedung einer Verfassung davon ausgehen soll, dass jeder Akteur ein Schuft sei und nur seinen eigenen Vorteil im Auge habe (HUME (1777/1987, 42) im Original: „In contriving any system of government, and fixing the several checks and controuls of the constitution, each man ought to be supposed a *knave*, and to have no other end, in all his actions, than private interest"). FREY (1997) argumentiert jetzt, dass ein starkes gegenseitiges Misstrauen zwischen Prinzipal und Agent, das ja angebracht erscheint, wenn man davon ausgeht, dass das Gegenüber ein Schuft ist, zu einem *crowding out* intrinsischer Motivation führen kann. Der Begriff *crowding out* ist Ihnen unter Umständen im Zusammenhang mit staatlicher Kreditaufnahme bekannt. Dort besagt er, dass eine kreditfinanzierte Ausweitung staatlicher Nachfrage zu höheren Zinsen und damit zu einer Verdrängung privater Nachfrage führen kann. FREY benutzt den Begriff, um darauf hinzuweisen, dass eine *Ausweitung staatlicher Kontrolle zu einer Verdrängung der Bereitschaft führen kann, einen freiwilligen Beitrag zur Bereitstellung eines Kollektivgutes zu leisten*, also etwa Steuern freiwillig zu zahlen.

Noch einmal in der Sprache der Prinzipal-Agent-Theorie: Politiker können hier sowohl Agenten als auch Prinzipale sein (das gilt umgekehrt natürlich auch für die Bürger). Politiker sind Prinzipale, wenn die Bürger ihnen als Steuerzahler gegenüberstehen. Eine Informationsasymmetrie liegt vor, weil Politiker das zu versteuernde Einkommen der Bürger nicht ohne weiteres beobachten können. Agenten sind sie dann, wenn sie das von den Bürgern gewünschte Kollektivgüterbündel bereitstellen. Hier besteht die Informationsasymmetrie darin, dass die Bürger nicht ohne weiteres beobachten können, ob Politiker die richtigen Maßnahmen zur Bereitstellung von Kollektivgütern ergreifen. Misstrauen die Politiker den Bürgern in Bezug auf deren Bereitschaft, Steuern zu entrichten und verleihen sie diesem Misstrauen durch die Neueinstellung zusätzlicher Steuereintreiber Nachdruck, so könnten einige bisher intrinsisch motivierte Bürger („eine gute Infrastruktur hat ihren Preis; es ist nur fair, dass ich mich an der Finanzierung entsprechend be-

Politiker als Prinzipale ...

... und als Agenten

teilige") dies zum Anlass nehmen, Steuerausweichung bzw. – hinterziehung zu betreiben.

FREY (ebd.) argumentiert, dass ein solches *crowding out* auch andersherum denkbar ist: drücken die Bürger ihr Misstrauen den Politikern gegenüber durch eine allzu detaillierte Verfassung mit sehr präzisen Verhaltensbeschränkungen aus, so könnte dies zu einem Rückgang von intrinsischer Motivation bei den Politikern führen. Die Botschaft ist klar: es gibt *Interdependenzen zwischen internen und externen Institutionen.* Werden sie bei der Gestaltung externer Institutionen nicht hinreichend berücksichtigt, kann eine – gut gemeinte – Veränderung externer Institutionen durch die induzierte Veränderung der internen Institutionen mit einem negativen Nettonutzen verbunden sein.

Offene Fragen   4.5

Bei der Lektüre der Abschnitte 4.3 und 4.4 haben Sie bemerkt, dass unser Wissen über die Konsequenzen interner Institutionen für kollektives Handeln und die Interdependenzen zwischen externen und internen Institutionen noch sehr viel geringer ist als unser Wissen über die Konsequenzen externer Institutionen.

Auf zwei Fragenkomplexe wollen wir hier ausdrücklich eingehen: Hinter dem Begriff „Kollektivgüter" können sich eine Vielzahl verschiedener Güter verbergen, hinter dem Begriff „kollektives Handeln" ganz unterschiedliche Handlungsweisen. Dies müsste in Zukunft ausdrücklich in Rechnung gestellt werden. So deuten Erkenntnisse aus der **deskriptiven Entscheidungstheorie** (der Theorie, die sich damit beschäftigt, wie Menschen tatsächlich entscheiden und nicht damit, wie sie sich entscheiden sollten, wenn sie vollständig rational wären) bzw. der **Verhaltensökonomik** (wie sie inzwischen überwiegend genannt wird) darauf hin, dass es ein großer Unterschied ist, ob ein Kollektivgut bereits vorhanden ist und es um seine kontrollierte Nutzung geht (was bei Allmendegütern wie Weiden, Fischbeständen, Wäldern usw. der Fall ist), oder ob es mit Hilfe von Beiträgen der Gruppenmitglieder erst geschaffen werden muss (BREWER/KRAMER 1986). Die Reduzierung des Bestands an Allmendegütern wird häufig als Verlust wahrgenommen, der mit der Produktion von Kollektivgütern einhergehende Nutzen als Gewinn. Eine der Erkenntnisse der Verhaltensökonomik ist, dass die *Nutzeneinbußen durch Verluste höher bewertet werden als Nutzenzuwächse durch Gewinne.* Dies könnte bedeuten, dass es leichter ist, den Abbau von Allmendegütern zu kontrollieren, als die Bereitstellung von Kollektivgütern zu sichern, die erst noch produziert werden müssen.

Bisher sind wir davon ausgegangen, dass die Verfassung exogen gegeben ist und tatsächlich durchgesetzt wird. Diese Annahme ist natürlich naiv, wie wir täglich in vielen Teilen der Welt beobachten können. Zu fragen ist also, von welchen Bedingungen die tatsächliche Durchsetzung von Verfassungsregeln abhängt. Eine mögliche Antwort könnte lauten, dass es neben einer geschickten institutionellen Struktur (Sie erinnern sich an die Gewaltenteilung) auch entsprechende interne Institutionen sein können, die dies sicherstellen: eine Regierung wird nur dann gegen die Beschränkungen verstoßen, die in der Verfassung verankert sind, wenn ihre Mitglieder erwarten, sich dadurch besser zu stellen. Müssen sie damit rechnen, dass bei einem solchen Versuch breite Opposition droht, werden sie darauf wahrscheinlich von Anfang an verzichten. Die *Produktion von Opposition kommt aber der spontanen Produktion eines Kollektivgutes gleich*: Wenn sie Wirkung hat, profitieren alle Nichtregierungsmitglieder von ihr; sich an ihrer Produktion zu beteiligen, ist allerdings mit Kosten verbunden. Die spontane Produktion des Kollektivgutes Opposition erscheint wahrscheinlicher, wenn entsprechende interne Institutionen existieren.

Gibt es entsprechende interne Institutionen, so ist die Chance, dass die effektive Verfassung in etwa der *de jure*-Verfassung entspricht, offenbar höher als bei Abwesenheit entsprechender Institutionen (weitere Überlegungen zu diesem Thema finden sich in VOIGT 1998 und 1999). Wir werden diese Frage in Kapitel sechs noch einmal aufgreifen.

Fragen

1. Beschreiben Sie das „Dilemma des starken Staates" und diskutieren Sie institutionelle Arrangements, mit deren Hilfe versucht wird, es zu überwinden.

2. Überlegen Sie, ob Ihnen weitere Beispiele für die freiwillige Produktion von Kollektivgütern einfallen und welche internen Institutionen ihre Produktion ermöglichen!

3. Versuchen Sie, weitere Beispiele dafür zu finden, dass sehr strikt formulierte Prinzipal-Agent-Verträge zwischen Bürgern und Politikern zu einem *crowding out* intrinsischer Motivation (a) auf Seiten der Politiker und (b) auf Seiten der Bürger führen können.

Literatur

Mehr zur Prinzipal-Agent-Theorie in Bezug auf das Verhältnis Bürger-Staat findet sich in MOE (1990).

Neben dem genannten Lehrbuch von MUELLER (2003) gibt auch der ebenfalls von DENNIS MUELLER herausgegebene Sammelband (1997) einen guten Überblick über die ökonomische Theorie der Politik. SHUGHART und RAZZOLINI 2001 haben 30 Einzelbeiträge zum Thema versammelt. Deutschsprachige Standardwerke sind BERNHOLZ/BREYER (1994) sowie KIRSCH (2004).

MUELLER (2003, Kap. 15) fasst die Literatur zum Thema *„Rent Seeking"* zusammen.

Der Gedanke, dass ein zu starkes Misstrauen zwischen Bürgern und Politikern, gepaart mit dem Versuch, das Verhalten der Politiker durch entsprechend enge Verhaltensrestriktionen in die gewünschten Bahnen zu lenken, zu einem *crowding out* intrinsischer Motivation führen kann, steht auch im Zentrum einer Monographie von BRENNAN und HAMLIN (2000).

In „Die Verfassung der Allmende – jenseits von Staat und Markt" beschäftigt sich ELINOR OSTROM (1999) umfassend mit der Frage, welche Mechanismen verschiedene Gruppen nutzen, um den Bestand von Allmendegütern zu erhalten bzw. Kollektivgüter zu produzieren.

5 Die Relevanz von Institutionen für Wachstum und Entwicklung

5.1 Einführung

In den Kapiteln zwei, drei und vier haben wir uns mit den Konsequenzen von Institutionen für individuelles Handeln beschäftigt: wir haben einfache und komplexe Transaktionen analysiert, genauso wie den Zusammenhang zwischen Institutionen und den Anreizen, als Teil einer Gruppe zu handeln. In diesem Kapitel widmen wir uns den Konsequenzen dieser Handlungen auf der Makroebene. Wir fragen also, welche Konsequenzen Institutionen für gesamtwirtschaftliche Größen wie die Wachstumsrate einer Wirtschaft haben. Dabei liegt eine Grundvermutung nahe: je kostengünstiger wohlfahrtssteigernde Transaktionen abgewickelt werden können, desto mehr Transaktionen werden abgewickelt und desto höher dürfte das resultierende Einkommens- bzw. Wohlfahrtsniveau der jeweiligen Bevölkerung sein.

Sie wissen vielleicht, dass die traditionelle **Wachstumstheorie** Wachstumsraten unter Rückgriff auf die Faktoren Arbeit und Kapital erklärt.

> **Hinweis**
>
> Vertreter der Wachstumstheorie versuchen, die Ursachen für die Veränderung des Pro-Kopf-Einkommens über die Zeit zu bestimmen

Die so genannte **neue Wachstumstheorie** berücksichtigt darüber hinaus, dass der Faktor Arbeit nicht homogen und gegeben ist, sondern dass das in einer Wirtschaft einsetzbare Humankapital abhängig von Bildungsanstrengungen sein kann. Aber Institutionen im hier verstandenen Sinne spielen auch in der neueren Wachstumstheorie keine Rolle. Wenn sich die gerade skizzierte Grundvermutung empirisch bestätigen lässt, so wäre die Wachstumstheorie möglicherweise radikal umzuschreiben.

Auch in diesem Kapitel wollen wir uns sowohl mit externen als auch mit internen Institutionen beschäftigen. Im nächsten Abschnitt werden zunächst einige empirische Ergebnisse vorgestellt, in denen externe Institutionen eine hervorragende Rolle spielen. In

Abschnitt 5.3 wird dann gefragt, inwiefern es Anhaltspunkte dafür gibt, dass auch interne Institutionen wachstumsfördernd bzw. wachstumshemmend wirken können. In Abschnitt 5.4 geht es schließlich um die Frage, ob das jeweilige Verhältnis von internen zu externen Institutionen Wachstumswirkungen haben kann.

Die Relevanz von externen Institutionen für Wachstum und Entwicklung   5.2

Sehr allgemein könnte die hier zu entwickelnde und zu testende Hypothese so lauten: Die Wachstumsrate eines Landes ist – zumindest teilweise – erklärbar mit der Qualität der in diesem Land gültigen Institutionen. Trivialerweise wäre dann zu spezifizieren, was genau mit Qualität der Institutionen gemeint ist. Dazu haben wir in den letzten Kapiteln bereits einiges gesagt: Die Funktion von Institutionen besteht darin, Unsicherheit zu reduzieren. Je mehr Institutionen mir dabei helfen, das Verhalten anderer berechenbarer zu machen, desto eher werde ich gewillt sein, in längeren Zeiträumen zu denken und zu handeln, also mich zu spezialisieren und Investitionen vorzunehmen. Wir haben gesehen, wie wichtig die Abgrenzung und kostengünstige Durchsetzbarkeit von privaten Eigentums- und Verfügungsrechten dabei ist. Die (inhaltliche) Qualität von Institutionen dürfte also in einem engen Zusammenhang stehen mit der in einem Land getroffenen Abgrenzung und Durchsetzbarkeit privater Eigentumsrechte. Im letzten Kapitel haben wir uns mit dem Glaubwürdigkeitsproblem von Regierungen beschäftigt: Wenn sie stark genug sind, private Eigentumsrechte zu schützen, dann sind sie auch stark genug, sie zu verwässern. Die (formale) Qualität von Institutionen dürfte also in einem engen Zusammenhang stehen mit der Fähigkeit von Regierungen, sich glaubhaft zu binden.

Vermutung: Wachstum wird durch Institutionen determiniert

In diesem Abschnitt beschäftigen wir uns mit folgenden Fragen:
(1) Wie kann die Qualität von Institutionen mess- und vergleichbar gemacht werden?
(2) Ist eine höhere Institutionenqualität korreliert mit höheren Einkommensniveaus?
(3) Kann man durch eine Verbesserung der Institutionenqualität zusätzliches Wachstum auslösen?

In den vergangenen Jahren ist eine Vielzahl von Ansätzen genutzt worden, mit deren Hilfe man versucht, die Qualität von Institutionen mess- und vergleichbar zu machen. Einige der Indikatoren sind im folgenden Kasten kurz beschrieben.

Einige Indikatoren in der Kurzübersicht

(1) Die Nichtregierungsorganisation *Freedom House* veröffentlicht jährlich ihren Bericht *Freedom in the World*, der aus zwei Indikatoren besteht, einem zu **politischen Rechten** und dem anderen zu **zivilen Freiheiten**. Die 193 bewerteten Länder werden auf einer Skala zwischen 1 (frei) und 7 (unfrei) benotet. Der Indikator liegt seit 1973 vor; zusätzlich veröffentlicht Freedom House noch einen Indikator zur Pressefreiheit.

(2) Eine Forschergruppe steht hinter den *Polity IV*-Indikatoren, deren Ziel es ist, das in einem Land zu einem Zeitpunkt realisierte **Ausmaß von Demokratie** zu erfassen. Vollständige Autokratien werden mit -10 kodiert, während perfekte Demokratien eine 10 erhalten. Der Indikator reicht bis zum Jahr 1800 zurück, falls die Staaten zu diesem Zeitpunkt überhaupt schon existierten.

(3) Der **Economic Freedom Index** wird seit Mitte der 1990er Jahre unter der Ägide des kanadischen *Fraser-Instituts* produziert. Er wird später detaillierter beschrieben.

(4) Der von der konservativen *Heritage Foundation* herausgegebene **Index of Economic Freedom** folgt einer ähnlichen Konzeption wie der Economic Freedom Index.

(5) Das *World Economic Forum*, das alljährlich zu seinem Treffen nach Davos einlädt, veröffentlicht jedes Jahr den **Global Competitiveness Report**, mit dem es die Absicht verfolgt, die Wettbewerbsfähigkeit ganzer Länder darzustellen.

(6) Ein ähnliches Produkt, das **World Competitiveness Yearbook**, wird von der in Lausanne beheimateten *Business School IMD* erstellt.

(7) Die *Political Risk Services Group* mit Sitz in Syracuse, New York, veröffentlicht den **International Country Risk Guide**, der von potenziellen Auslandsinvestoren genutzt wird, um Informationen über die (mögliche) Sicherheit ihrer Anlagen im Ausland zu erhalten.

(8) *Business Environment Risk Intelligence* ist eine ähnliche Firma mit einem ähnlichen Produkt.

(9) *Transparency International* ist eine weltweit tätige Nicht-Regierungsorganisation, die seit 1995 jährlich den **Corruption Perceptions Index** bereitstellt, aus dem das wahrgenommene Korruptionsniveau in bis zu 180 Ländern hervorgeht.

(10) Die Bertelsmann Stiftung erarbeitet seit 2003 den so genannten **Bertelsmann Transformation Index**, in dem die institutionelle Entwicklung von bis zu 125 weniger entwickelten Ländern dokumentiert werden soll.

(11) Von der Weltbank werden seit 1996 die so genannten *Worldwide Governance Indicators* herausgegeben. Die sechs Teilindikatoren werden auf der Basis vieler verfügbarer und von anderen Organisationen bereitgestellter Einschätzungen zusammengetragen.

(12) In Zusammenarbeit mit dem internationalen Zusammenschluss von Rechtsanwaltskanzleien *Lex Mundi* haben einige Wissenschaftler Indikatoren über die Entscheidungsgeschwindigkeit von Gerichten in mehr als 100 Ländern erstellt.

(13) Der jährlich von der Weltbank herausgegebene Bericht *Doing Business* enthält Informationen darüber, wie lange es in verschiedenen Ländern dauert (und wie teuer es ist), eine Firma offiziell zu registrieren.

Auf den Internet-Seiten zu diesem Buch werden weitere Indikatoren präsentiert; *Links* zu allen Indikatoren sind ebenfalls vorhanden (www.mehr-wissen-utb.de).

Uns erscheint eine Einordnung dieser Indikatoren anhand von zwei Kriterien zweckmäßig zu sein: Eine **subjektive Datenerhebung** ist Ergebnis von Expertenbefragungen: Das können Ausländer sein, die in den Ländern investiert haben, es können Wissenschaftler sein, die sich mit den Ländern beschäftigen oder es können auch lokale Experten sein, wie Unternehmer, die den jeweils gültigen externen Institutionen tagtäglich ausgeliefert sind. Erhebungen unter lokalen Unternehmern haben einen großen Vorteil, schließlich sind sie es ja, die mit den jeweiligen Institutionen zurechtkommen müssen. Ihre subjektive Bewertung der institutionellen Qualität dürfte entscheidend für ihr Handeln sein. Andererseits sind subjektive Daten mit großen Problemen behaftet: sie könnten z.B. die Theorien der Bewertenden widerspiegeln und nicht unbedingt die tatsächlichen Erfahrungen in den jeweiligen Ländern. **Objektive Datenerhebungen** stellen dagegen nicht auf Bewertungen bzw. Einschätzungen von Experten ab, sondern auf die Erhebung von Fakten. Zwei verschiedene Wissenschaftler müssten bei dieser Art der Datenerhebung also

Subjektive vs. objektive Indikatoren

zu vollkommen identischen Ergebnissen gelangen. Weiter können wir unterscheiden zwischen dem **materiellem Inhalt** von Institutionen auf der einen Seite und der **Glaubwürdigkeit ihrer Durchsetzung** auf der anderen.

Die folgende Übersicht enthält eine Zuordnung einiger Studien zu diesem Thema gemäß den gerade eingeführten Unterscheidungskriterien. Dabei ist die Einordnung eher als Tendenzaussage zu verstehen, denn manche Studien müssten in mehr als einer Zelle genannt werden.

Tabelle 5.1: Eine einfache Gliederung einiger Studien

		Datenerhebung	
		Objektiv	Subjektiv
An-satz-punkt	Materiell (Inhalt)	*Economic Freedom Index*; Heritage Foundation; CLAGUE *et al.* (1995)	ICRG, BERI
	Formal (Glaubwürdigkeit)	BARRO 1991; ALESINA *et al.* 1996; HENISZ 2000.	BRUNETTI *et al.* 1998, ICRG, BERI

Leider kann hier kein umfassender Überblick über diese junge und sehr spannende Literatur geliefert werden. Wir haben uns entschlossen, einen Indikator relativ ausführlich vorzustellen. Dies ist der *Economic Freedom Index*, der unter Federführung des kanadischen Fraser-Instituts jährlich erstellt wird. Für die ausführliche Präsentation dieses Indikators gibt es mehrere Gründe: er wurde unter Mitwirkung einiger extrem hochkarätiger Ökonomen (u.a. den Nobelpreisträgern MILTON FRIEDMAN, DOUGLASS NORTH und GARY BECKER) entwickelt, ist für viele Jahre verfügbar und umfasst eine große Zahl von Ländern. Im Anschluss an die Präsentation der Methode und der Ergebnisse werden auch einige Kritikpunkte vorgebracht. Es folgen sehr knappe Darstellungen anderer Studien zum Thema.

5.2.1 Zum Zusammenhang zwischen ökonomischer Freiheit und Wachstum: der Economic Freedom Index

5.2.1.1 Die Vorgeschichte

Die Verfasser des *Economic Freedom Index* fragen nach möglichen Zusammenhängen zwischen ökonomischen Freiheitsrechten und Wirtschaftswachstum. Dabei gehen sie von der Prämisse aus, dass mehr Freiheit auch zu mehr Wachstum führt. Die Verbindung zu dem von uns genutzten Begriff der institutionellen Qualität ist dabei leicht herstellbar: Eigentumsrechte können durch eine Vielzahl staatlicher Handlungen aufgeweicht werden – durch staatlich gesetzte Preis- oder Mengenvorschriften genauso wie durch andere Regulierungen, durch Beschränkungen des grenzüberschreitenden Handels, durch den Umfang der Steuern, die Stabilität der Währung und so weiter. Studien, die an einem Zusammenhang zwischen ökonomischen Freiheitsrechten und Wirtschaftswachstum interessiert waren, gingen aufgrund der damit verbundenen Operationalisierungsschwierigkeiten bis vor einigen Jahren einen auf den ersten Blick plausiblen Umweg. Statt die ökonomischen Freiheitsrechte direkt zu messen, wurde davon ausgegangen, dass sie überall dort hoch sein müssten, wo umfassende demokratische Rechte zu beobachten sind. „Demokratie" diente also als Stellvertreter bzw. *Proxy* für wirtschaftliche Freiheitsrechte.

Die Hypothese, dass Demokratie dem Wirtschaftswachstum förderlich sein solle, ist jedoch relativ jung. Im 19. Jahrhundert waren sich ganz verschiedene Denker – wie etwa DAVID RICARDO oder KARL MARX – einig darüber, dass die Ausweitung des Wahlrechts auf weitgehend Besitzlose zu einer Ausbeutung der Reichen durch die Armen führen würde. Wären die Besitzlosen nämlich in der Mehrheit, so würden sie Politiker wählen, die Umverteilungsmaßnahmen in großem Stil versprechen. Werden diese Versprechen realisiert, so gehen sie einher mit der Verwässerung von Eigentumsrechten. Verwässerte und zudem unsichere Eigentumsrechte sind dem Wirtschaftswachstum jedoch abträglich, so dass Demokratie einem anhaltenden Wachstum eher schade.

Trotz dieser theoretischen Einwände haben ganz verschiedene Autoren immer wieder versucht, einen Zusammenhang zwischen wirtschaftlichen Freiheitsrechten und Wirtschaftswachstum über den Umweg der realisierten Demokratie herzustellen. PRZEWORSKI und LIMONGI (1993) haben 18 Studien zusammengetragen, in denen 21 Ergebnisse präsentiert werden. Acht Ergebnisse deuten darauf hin, dass demokratische Regime die höheren Wachstumsraten haben, acht weitere Ergebnisse behaupten das genaue Gegenteil und fünf können keinen signifikanten Unterschied in den Wachstumsraten feststellen. Über die Diskussion einiger methodischer Schwierigkeiten gelangen PRZEWORSKI und LIMONGI (1993, 64) zu einem ernüchternden Fazit: „Die einfache Antwort auf die

Mehr Freiheit = Mehr Wachstum?

Zusammenhang zwischen Demokratie und Wachstum unklar

Frage, mit der wir begonnen haben lautet, dass wir *nicht wissen, ob Demokratie wirtschaftliches Wachstum fördert oder behindert.* Derzeit können wir nur einige plausible Vermutungen anbieten."

5.2.1.2 Der Indikator ökonomischer Freiheitsrechte

Seit langem wurde vermutet, dass „Demokratie" möglicherweise kein geeigneter Indikator für das Ausmaß individueller Freiheitsrechte sei. Eine vom kanadischen Fraser-Institut initiierte Gruppe von Wissenschaftlern hat seit Mitte der 1980er Jahre versucht, insbesondere ökonomische Freiheitsrechte zu operationalisieren und damit weltweit vergleichbar zu machen (WALKER 1988, BLOCK 1991, EASTON und WALKER 1992). 1996 wurde dann erstmalig ein Index ökonomischer Freiheitsrechte veröffentlicht (GWARTNEY, LAWSON und BLOCK 1996; mit weiteren Ländern und neueren Daten GWARTNEY, LAWSON, PARK und SKIPTON 2001). Der Index ökonomischer Freiheitsrechte besteht aus insgesamt 23 Komponenten, die in fünf Gruppen zusammengefasst werden können:
(1) Umfang der Regierungstätigkeit;
(2) Rechtsstruktur und Sicherheit privater Eigentumsrechte;
(3) Geldpolitik und Preisstabilität;
(4) Freiheit, mit Ausländern zu handeln;
(5) Regulierungsintensität von Kreditmärkten, Arbeitsmärkten und Firmen.

Im Folgenden werden alle 23 genutzten Komponenten ganz kurz vorgestellt. Dabei wird es auch darum gehen, das theoretische Argument, das für die Berücksichtigung der jeweiligen Komponente spricht, in seinen Grundzügen kennen zu lernen. Schaubild 5.1 ist direkt aus der Ausgabe des Indikators für das Jahr 2008 übernommen.

1 Umfang der Regierungstätigkeit

In dieser aus vier Komponenten bestehenden Gruppe wird danach gefragt, wer über die Verteilung von Ressourcen und Gütern entscheidet, die Individuen selbst oder der Staat. Mit der ersten in dieser Gruppe genutzten Variable wird der **Anteil des Staates an den gesamten Konsumausgaben** gemessen. Je höher der Anteil des Staates an diesen Ausgaben, desto unfreier sind die Entscheidungen der Marktakteure in Bezug auf Produktion und Konsum.

Als ein weiterer Indikator für den Einfluss des Staates wird der **Anteil von Transferzahlungen und Subventionen am Bruttoin-**

landsprodukt genutzt. Je höher er ist, in desto geringerem Umfang werden die privaten Eigentumsrechte und die Ergebnisse, die sich am Markt ergeben haben, akzeptiert und desto stärker betreiben Repräsentanten des Staates Umverteilung nach ihren Vorstellungen.

Der dritte in dieser Gruppe berücksichtigte Aspekt beschäftigt sich mit der **Rolle von staatseigenen Betrieben**. Die Überlegung lautet hier, dass private Firmen sich nur dann am Markt halten können, wenn sie mit ihren Produkten den Präferenzen der Nachfrager entsprechen. Anders bei staatseigenen Betrieben. Weil Nachfrager häufig nicht bereit sind, für ihre Produkte mindestens die Produktionskosten zu zahlen, werden sie oft subventioniert und die Nachfrager werden – über den Umweg von Steuern – gezwungen, sich an den Produktionskosten zu beteiligen.

Der letzten Variable dieser Gruppe liegt die Hypothese zugrunde, dass die Anreize, sich am Markt anzustrengen, auch von der **Höhe der Besteuerung** abhängen. Je höher der Grenzsteuersatz ist, der produktiven Bürgern auferlegt wird, desto geringer sind ihre ökonomischen Freiheitsrechte.

2 Rechtsstruktur und Sicherheit privater Eigentumsrechte

Im zweiten Kapitel haben wir argumentiert, dass die Abgrenzung der Eigentumsrechte, das geltende Vertragsrecht sowie das Prozessrecht eines Landes wichtige Determinanten für die Aktivitäten der Bürger eines Landes sind. Der *Economic Freedom Index* greift diesen Gedanken ebenfalls auf. Diese Gruppe besteht aus sieben Komponenten, die Daten werden von drei Organisationen übernommen, die in unserer Kurzübersicht oben alle genannt werden.

Die Variablen sollen (1) die **Unabhängigkeit der Justiz** reflektieren, (2) die **Unparteilichkeit der Gerichte**, (3) die **Sicherheit der Eigentumsrechte**, (4) die (mögliche) **Einmischung des Militärs**, (5) die **Rechtschaffenheit des Rechtssystems**, (6) das Ausmaß, in dem privatrechtliche **Verträge von Gerichten tatsächlich durchgesetzt** werden und (7) die **Beschränkungen**, die **beim Verkauf von Immobilien** zu berücksichtigen sind.

3 Geldpolitik und Preisstabilität

Die Grundvermutung lautet, dass eine geringe Inflationsrate bzw. eine stabile Währung die ökonomischen Freiheitsrechte der Individuen schützt, indem sie es ihnen ermöglicht, Geld als Wertauf-

Exhibit 1.1: The Areas and Components of the EFW Index

1 Size of Government: Expenditures, Taxes, and Enterprises

A General government consumption spending as a percentage of total consumption

B Transfers and subsidies as a percentage of GDP

C Government enterprises and investment

D Top marginal tax rate

i   Top marginal income tax rate

ii Top marginal income and payroll tax rates

2 Legal Structure and Security of Property Rights

A Judicial independence (GCR)

B Impartial courts (GCR)

C Protection of property rights (GCR)

D Military interference in rule of law and the political process (ICRG)

E Integrity of the legal system (ICRG)

F Legal enforcement of contracts (DB)

G Regulatory restrictions on the sale of real property (DB)

3 Access to Sound Money

A Money growth

B Standard deviation of inflation

C Inflation: Most recent year

D Freedom to own foreign currency bank accounts

4 Freedom to Trade Internationally

A Taxes on international trade

i   Revenues from trade taxes (% of trade sector)

ii Mean tariff rate

iii Standard deviation of tariff rates

B Regulatory trade barriers

i   Non-tariff trade barriers (GCR)

ii Compliance cost of importing & exporting (DB)

C Size of trade sector relative to expected

D Black-market exchange rates

E International capital market controls

i   Foreign ownership/investment restrictions (GCR)

ii Capital controls

5 Regulation of Credit, Labor, and Business

A Credit market regulations

i   Ownership of banks

ii Foreign bank competition

iii Private sector credit

iv Interest rate controls/negative real interest rates

B Labor market regulations

i   Minimum wage (DB)

ii Hiring and firing regulations (GCR)

iii Centralized collective bargaining (GCR)

iv Mandated cost of hiring (DB)

v   Mandated cost of worker dismissal (DB)

vi Conscription

C Business regulations

i   Price controls

ii Administrative requirements (GCR)

iii Bureaucracy costs (GCR)

iv Starting a business (DB)

v   Extra payments/bribes (GCR)

vi Licensing restrictions (DB)

vii Cost of tax compliance (DB)

GCR = *Global Competitiveness Report*; ICRG = *International Country Risk Guide*; DB = *Doing Business* (see Appendix 1 for bibliographical information).

SCHAUBILD 5.1: Die Komponenten des Indikators im Überblick

bewahrungsmittel zu nutzen, aber auch, indem sie die Individuen in die Lage versetzt, langfristige Tauschbeziehungen auf einer voraussehbaren Basis einzugehen. Damit ist der institutionenökonomische Bezug bereits genannt, nämlich die Reduktion von Unsicherheit. Die Gruppe Geld und Preisstabilität besteht aus vier Indikatoren.

Der erste misst die durchschnittliche **Wachstumsrate der Geldmenge** der letzten fünf Jahre abzüglich der potentiellen Wachstumsrate des realen Bruttosozialprodukts. Als „potentielle Wachstumsrate" wird hier die durchschnittliche Wachstumsrate der letzten zehn Jahre bezeichnet. Dem Indikator liegt die Auffassung zugrunde, dass ein Geldmengenwachstum, das sich deutlich vom Wachstum des Bruttosozialprodukts unterscheidet, zu Inflation bzw. Deflation führt. Beides gilt als unerwünscht. Inflation reduziert das Geldvermögen der Betroffenen und wird von den Autoren der Studie auch als „unrechtmäßige Beschlagnahmung von Eigentum" bezeichnet (1996, 3).

Der zweite Indikator gibt die **Schwankungsbreite der jährlichen Inflationsrate** über die letzten fünf Jahre an (gemessen als die Standardabweichung)

Definition ▬▬▬▬▬▬▬

Standardabweichung: Statistisches Maß für die Streuung der Werte einer Variablen um ihren Mittelwert.

Je stärker das Preisniveau in einem Land schwankt, desto schwieriger ist es für die Individuen, stabile Erwartungen zu bilden. Hohe Schwankungsbreiten haben deshalb eine schlechtere Bewertung zur Folge.

Mit dem dritten Indikator in dieser Gruppe wird die **aktuelle Inflationsrate** erfasst.

Der letzte Indikator in dieser Gruppe fragt sowohl danach, ob Bürger im Inland Bankkonten in anderen als der nationalen Währung führen können als auch danach, ob sie legal **Konten in anderen Ländern** unterhalten dürfen. Wenn dies der Fall ist, haben sie die Möglichkeit, die eigene Währung gegen fremde Währungen zu substituieren und damit die negativen Effekte einer instabilen Heimatwährung zumindest teilweise zu kompensieren. Diese Möglichkeit geht also mit einer positiven Bewertung einher.

4 Freiheit, mit Ausländern zu handeln

Die grundlegende Überlegung hinter den fünf Variablen, mit denen die Beeinträchtigungen der Außenhandelsfreiheit gemessen werden soll, lautet, dass es keinen Grund dafür gibt, den Bürgern die Aneignung von Tauschgewinnen zu erschweren oder sogar ganz zu untersagen, nur, weil diese über nationalstaatliche Grenzen hinweg realisiert werden sollen.

Operationalisiert wird diese Überlegung bei der ersten Variable durch die Höhe der **auf Außenhandel erhobenen Steuern** als Prozentsatz der Summe aus Ex- und Importen. Je höher die Steuer, desto schwieriger die Aneignung von Tauschgewinnen über nationalstaatliche Grenzen hinweg und desto geringer die ökonomischen Freiheitsrechte. In diesen Indikator fließen darüber hinaus noch die **durchschnittliche Steuerhöhe auf internationale Transaktionen** sowie die **Standardabweichung** dieses Steuersatzes ein.

Die zweite Variable besteht aus zwei Komponenten. Beurteilt wird einerseits, wie stark **nicht-tarifäre Handelshemmnisse** den grenzüberschreitenden Gütertausch verteuern und andererseits, wie teuer es ist, **Import- bzw. Exportregulierungen** zu befolgen.

Mit dem dritten Indikator wird die tatsächlich erreichte **Integration** eines Landes **in die Weltwirtschaft** in Beziehung gesetzt zu der Integration, die sich theoretisch ergeben würde, nach dem man die geographische Größe, die Größe der Bevölkerung sowie die geographische Lage des Landes berücksichtigt hat. Bleibt die tatsächlich erreichte Integration hinter der theoretisch ermittelten zurück, so gehen die Autoren der Studie davon aus, dass nicht-tarifäre Handelshemmnisse dafür verantwortlich gemacht werden können. Auch diese reduzieren den Umfang ökonomischer Freiheitsrechte.

Falls es Devisenbeschränkungen gibt, ist es für am Außenhandel interessierte Inländer meistens schwierig, sich die erforderlichen Devisen zu besorgen. Häufig bildet sich dann ein Schwarzmarkt für ausländische Devisen heraus. Je größer nun die **am Schwarzmarkt gezahlte Prämie** für eine Einheit einer ausländischen Währung, desto restriktiver die inländischen Devisenbestimmungen – und desto eingeschränkter die ökonomischen Freiheitsrechte.

Mit dem letzten Indikator wird schließlich gemessen, ob die Mobilität des Kapitals beschränkt wird. Benötigen Ausländer für Investitionen eine **besondere Erlaubnis** oder können Gewinne nur teilweise ins Heimatland transferiert werden, so wird dies negativ bewertet.

5 Regulierungsintensität von Kredit, Arbeit und Firmen.
Mit den drei Komponenten dieser Gruppe wird gefragt, in welchem Ausmaß Individuen Wahlhandlungen unbeeinträchtigt von Regierungsauflagen tätigen können. Dies gilt sowohl für Entscheidungen über die Produktion von Gütern als auch für Wahlhandlungen den Konsum betreffend. Gefragt wird, ob es Individuen in ihrer Eigenschaft als Marktteilnehmer sind, die letzten Endes entscheiden oder ob ihnen die Entscheidungen von Vertretern des Staates abgenommen werden.

In Bezug auf die **Regulierung des Kreditmarktes** wird nach den Eigentümern der Banken gefragt, nach dem Ausmaß, in dem sie ausländischen Wettbewerbern ausgesetzt sind und ob es staatliche Kontrolle von Zinshöhen gibt.

In Bezug auf die **Regulierung der Arbeitsmärkte** sind Einschränkungen der Tauschfreiheit z.B. in der Existenz eines Mindestlohnes, von Einstellungs- und Entlassungsvorschriften, aber auch in der Existenz einer Wehrpflicht zu sehen.

Der letzte Aspekt schließlich untersucht, wie stark der **Regierungseinfluss auf** das Management von **Firmen** ist. Es wird etwa berücksichtigt, wie teuer eine Firmengründung ist, aber auch, ob Unternehmen ihre Preise frei setzen können. Weiter wird berücksichtigt, ob Korruptionszahlungen erforderlich werden und wie kompliziert es ist, den Steuervorschriften eines Landes gerecht zu werden.

Bewertungsmethode

In die Studie sind Daten aus 141 Ländern für die 23 Indikatoren eingeflossen. Die Bestnote war jeweils die 10, die schlechteste Note die 0. Den Autoren der Studie war es wichtig, das Ergebnis so wenig wie möglich durch eigene Wertungen zu beeinflussen. Deshalb haben sie – falls vorhanden – auf operationalisierbare und objektiv ermittelbare Variablen zurückgegriffen. Wo das nicht möglich war, haben sie die Wertungen anderer (z.B. der Autoren des *Global Competitiveness Report* oder des *International Country Risk Guide*) genutzt.

Schaubild 5.2 ist ebenfalls der Ausgabe des Indikators für 2008 entnommen. Hier sind die berücksichtigten Länder nach dem für 2006 ermittelten Ausmaß der wirtschaftlichen Freiheitsrechte genannt.

Verglichen mit den Ergebnissen, die mit Hilfe von Demokratie als Indikator für individuelle Freiheitsrechte gewonnen wurden, sind die hier präsentierten Ergebnisse von einer überraschenden

8 Chapter 1: Economic Freedom of the World, 2006

Exhibit 1.2: Summary Economic Freedom Ratings, 2006

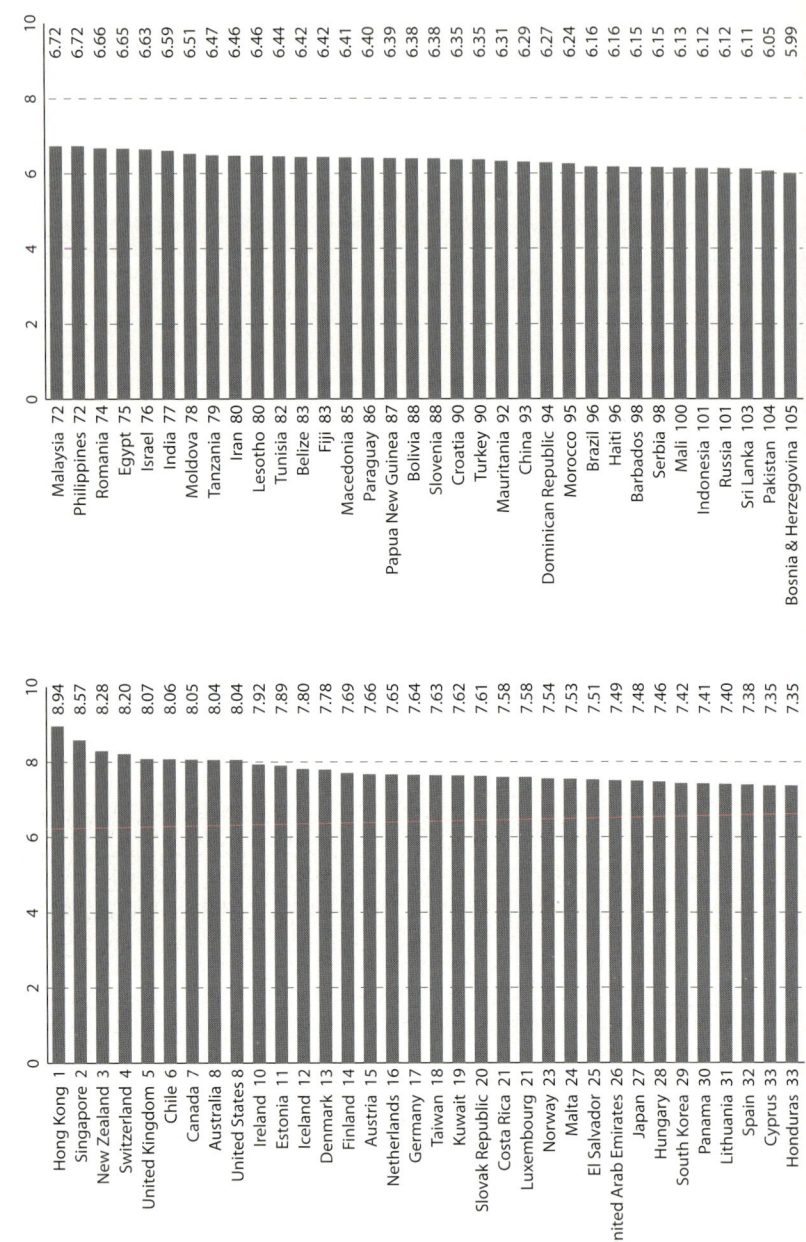

Schaubild 5.2: Die Länderreihenfolge des Indikators für das Jahr 2006

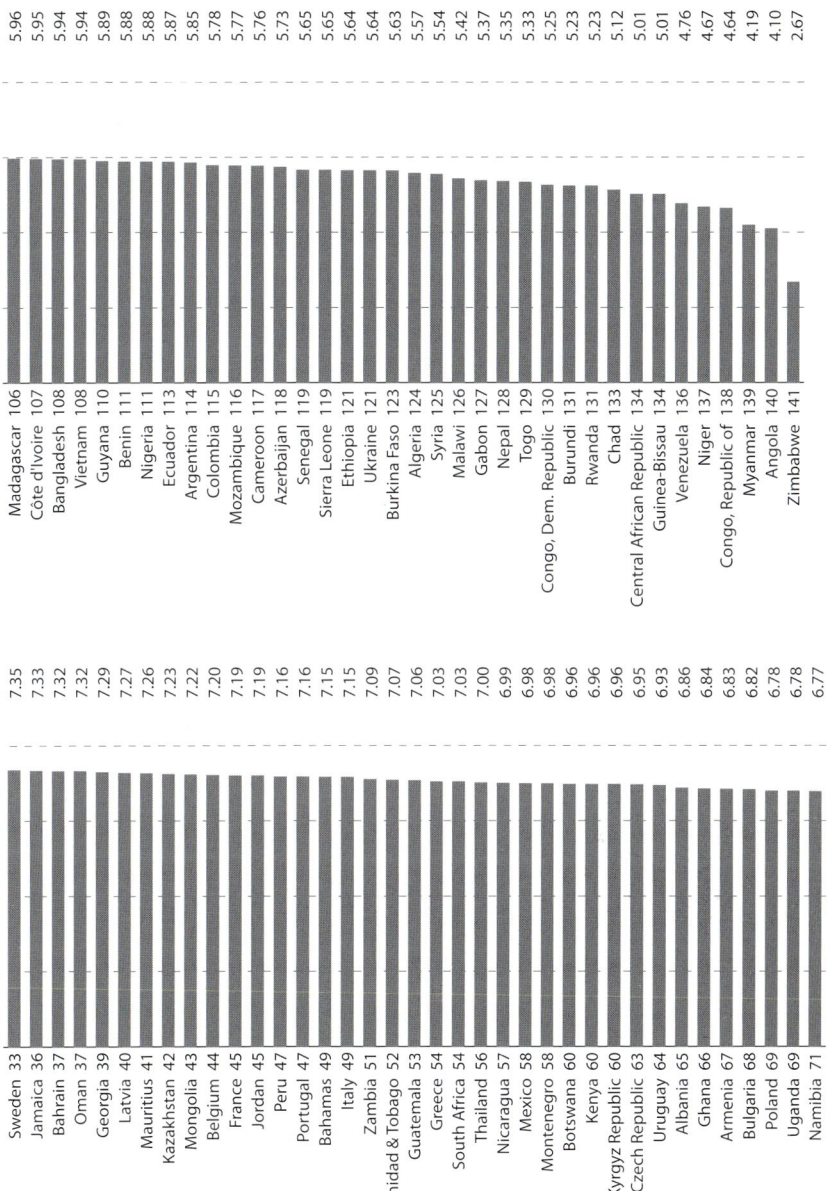

Top chart (right portion):

Country	Value
Madagascar 106	5.96
Côte d'Ivoire 107	5.95
Bangladesh 108	5.94
Vietnam 108	5.94
Guyana 110	5.89
Benin 111	5.88
Nigeria 111	5.88
Ecuador 113	5.87
Argentina 114	5.85
Colombia 115	5.78
Mozambique 116	5.77
Cameroon 117	5.76
Azerbaijan 118	5.73
Senegal 119	5.65
Sierra Leone 119	5.65
Ethiopia 121	5.64
Ukraine 121	5.64
Burkina Faso 123	5.63
Algeria 124	5.57
Syria 125	5.54
Malawi 126	5.42
Gabon 127	5.37
Nepal 128	5.35
Togo 129	5.33
Congo, Dem. Republic 130	5.25
Burundi 131	5.23
Rwanda 131	5.23
Chad 133	5.12
Central African Republic 134	5.01
Guinea-Bissau 134	5.01
Venezuela 136	4.76
Niger 137	4.67
Congo, Republic of 138	4.64
Myanmar 139	4.19
Angola 140	4.10
Zimbabwe 141	2.67

Bottom chart (left portion):

Country	Value
Sweden 33	7.35
Jamaica 36	7.33
Bahrain 37	7.32
Oman 37	7.32
Georgia 39	7.29
Latvia 40	7.27
Mauritius 41	7.26
Kazakhstan 42	7.23
Mongolia 43	7.22
Belgium 44	7.20
France 45	7.19
Jordan 45	7.19
Peru 47	7.16
Portugal 47	7.16
Bahamas 49	7.15
Italy 49	7.15
Zambia 51	7.09
Trinidad & Tobago 52	7.07
Guatemala 53	7.06
Greece 54	7.03
South Africa 54	7.03
Thailand 56	7.00
Nicaragua 57	6.99
Mexico 58	6.98
Montenegro 58	6.98
Botswana 60	6.96
Kenya 60	6.96
Kyrgyz Republic 60	6.96
Czech Republic 63	6.95
Uruguay 64	6.93
Albania 65	6.86
Ghana 66	6.84
Armenia 67	6.83
Bulgaria 68	6.82
Poland 69	6.78
Uganda 69	6.78
Namibia 71	6.77

Überraschend
eindeutige
Ergebnisse

Eindeutigkeit: Demnach ist die *absolute Höhe des Pro-Kopf-Einkommens positiv mit dem Ausmaß ökonomischer Freiheitsrechte korreliert.* Die Schaubilder 5.3 und 5.4 beruhen auf der aus Schaubild 5.2 bekannten Rangordnung.

> **Hinweis**
>
> Die Zerlegung einer Verteilung in gleich große Gruppen ergibt Quantile. Bei vier gleich großen Gruppen spricht man von Quartilen, bei fünf von Quintilen, bei zehn von Dezilen und bei 100 von Perzentilen

Die Länder wurden in vier gleich große Gruppen („Quartile") unterteilt und Schaubild 5.3 zeigt, dass es eine eindeutige Korrelation zwischen dem Ausmaß wirtschaftlicher Freiheitsrechte und dem **Pro-Kopf-Einkommen** gibt. Aus Schaubild 5.4 geht hervor, dass der Zusammenhang zwischen dem **Wachstum** des Einkommens und dem Ausmaß wirtschaftlicher Freiheitsrechte nicht ganz so eindeutig ist..

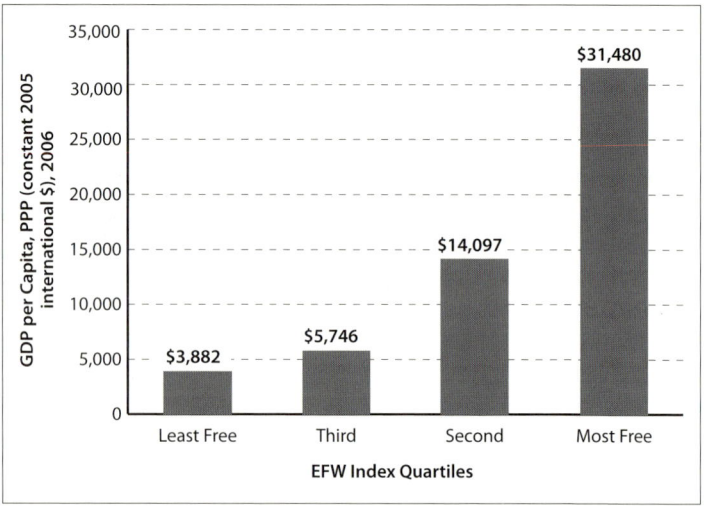

Schaubild 5.3: Ökonomische Freiheit und Pro-Kopf-Einkommen

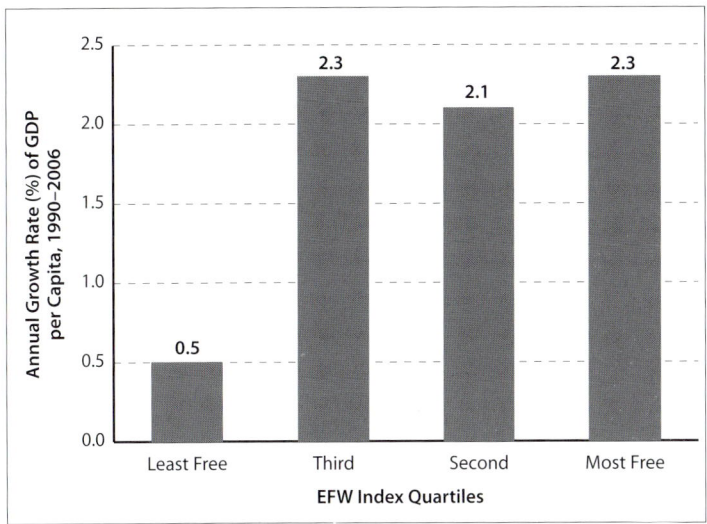

Schaubild 5.4: Ökonomische Freiheit und Einkommenswachstum

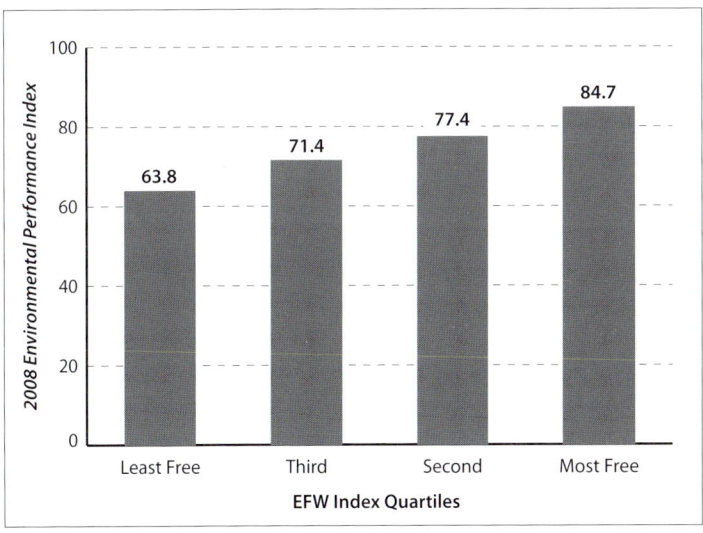

Schaubild 5.5: Ökonomische Freiheit und Umweltqualität

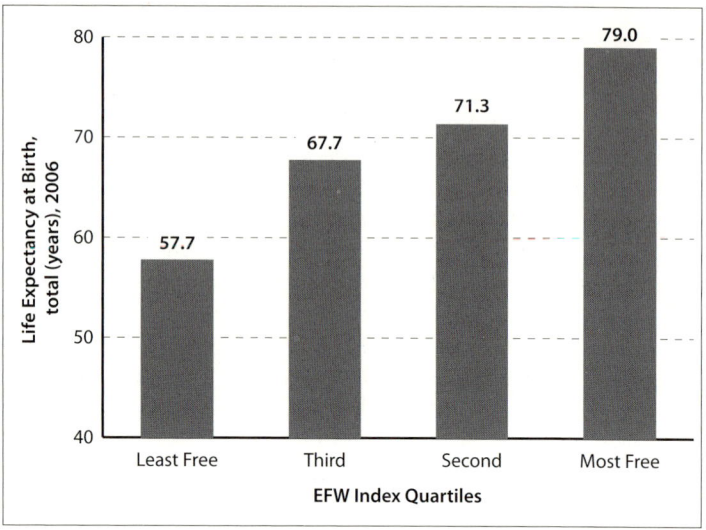

Schaubild 5.6: Ökonomische Freiheit und Lebenserwartung

Vor allem Nichtökonomen könnten jetzt einwenden, Einkommen und Wachstum würden überschätzt, viel wichtiger seien doch andere Größen wie etwa der **Schutz der Umwelt** oder die **Lebenserwartung**. Die Schaubilder 5.5 und 5.6 zeigen jedoch, dass es auch hier eindeutige Korrelationen mit dem Indikator wirtschaftlicher Freiheitsrechte gibt.

Die Autoren der Berichte zur Entwicklung ökonomischer Freiheitsrechte gehen davon aus, dass es sich *nicht nur* um *Korrelationen* handelt, *sondern* dass hier eine eindeutige *Kausalität*[9] vorliegt: Die Wachstumsraten sind in Ländern, in denen die ökonomischen Freiheitsrechte erweitert wurden, erst einige Jahre später angestiegen.

5.2.1.3 Wirtschaftspolitische Konsequenzen

Bei den gerade geschilderten Zusammenhängen drängen sich wirtschaftspolitische Forderungen geradezu auf: Solange ein ho-

---

9   Der Unterschied zwischen Korrelation und Kausalität wird im 5-Minuten-Minikurs Ökonometrie weiter unten erläutert.

hes Pro-Kopf-Einkommen als das zentrale Ziel der Wirtschaftspolitik akzeptiert wird und das Ausmaß ökonomischer Freiheitsrechte als ursächlich dafür betrachtet wird, liegt die Forderung nahe, ökonomische Freiheitsrechte zu fördern und damit eine **institutionenökonomisch fundierte Wachstumspolitik** zu betreiben. Diese Forderung wird im Umfeld der Autoren, die den ökonomischen Freiheitsindex veröffentlichen, tatsächlich auch erhoben. So schlagen GWARTNEY und HOLCOMBE (1997) vor, ökonomische Freiheitsrechte mit Hilfe einer entsprechenden Verfassung zu sichern. Sie machen eine Reihe von Vorschlägen, wie insbesondere Entwicklungsländer ökonomische Freiheitsrechte in Verfassungsregeln konkretisieren können. Nach eigenem Bekunden (ebd., 55) verfolgen sie damit das Ziel, den Schritt „von der Verfassungstheorie zur Ausarbeitung einer optimalen Verfassung" zu gehen. Die institutionenökonomische Relevanz dieser Vorschläge dürfte offenkundig sein, weil Freiheitsrechte – gleichviel, ob politischer, ziviler oder wirtschaftlicher Natur – ja auf der Regelebene gesichert werden sollen. GWARTNEY und HOLCOMBE bemerken zwar, dass rechtsstaatliche Verfassungen in vielen wirtschaftlich weniger entwickelten Ländern von Politikern relativ leicht missachtet werden können und dass die Verabschiedung einer formell Freiheitsrechte sichernden Verfassung somit keineswegs hinreichend für deren faktische Durchsetzung ist. Sie behaupten aber dennoch (ebd.), dass „eine Verfassung, die ökonomische Freiheit garantiert der erste Schritt zur Errichtung einer Nation ist, die ökonomisches Wachstum und Wohlstand genießt."

Mehr Freiheitsrechte für höheres Wachstum?

5.2.1.4 Kritik am Economic Freedom Index

Einige der kritikwürdigen Punkte, die im Zusammenhang mit dem Index ökonomischer Freiheitsrechte diskutiert werden können, sollen jetzt angesprochen werden. Dabei geht es primär um die **konzeptionellen Grundlagen** der Studie. Die Möglichkeit, dass hohe Wachstumsraten auch in nicht-demokratischen Ländern erzielbar sein sollen, bringt viele Anhänger, die an eine notwendige Beziehung zwischen Demokratie und Marktwirtschaft glauben, auf den Plan. Ein Argument lautet, dass Autokraten, selbst wenn sie ihren Bürgern sichere Eigentumsrechte zusichern wollen, nicht das notwendige Instrumentarium besitzen, dies glaubhaft zu tun. Da sie es ja sind, die ihre eigenen Dekrete wieder aufheben können, kann die Sicherheit ökonomischer Freiheitsrechte noch so stark proklamiert werden, die Bevölkerung wird sämtliche Proklamationen als unglaubwürdig empfinden. Hinzu tritt das Problem der glaubhaften Zusicherung über die Zeit, also auch über die Regierungszeit des jeweils regierenden Autokraten hinaus. Der Wechsel von Herrschern ist hier sehr häufig mit Machtkämpfen und mit einer Veränderung der Politik verbunden, was auch die Eigentumsrechte wieder in Gefahr bringen könnte. Oben haben wir jedoch gesehen, dass diese Probleme nicht nur in Autokratien, sondern auch in Demokratien relevant sind. Demokratiekritiker werden somit entgegnen, dass die Probleme zwar relevant seien, die höhere Lösungsfähigkeit von Demokratien aber zu belegen bleibe (wie zum Beispiel PRZEWORSKI und LIMONGI 1993, 53).

Dass der Zusammenhang zwischen Demokratie und Wirtschaftswachstum – anders als der zwischen ökonomischen Freiheitsrechten und Wirtschaftswachstum – nicht eindeutig ist, wurde bereits ausgeführt. Es sei jedoch darauf hingewiesen, dass sowohl Demokratie als auch ökonomische Freiheitsrechte bisher rein funktional betrachtet wurden, das heißt es wurde gefragt, ob Demokratie – oder ökonomische Freiheitsrechte – einem höheren Wirtschaftswachstum förderlich seien. Viele Beobachter werden jedoch den Standpunkt vertreten, dass die Bewertung von Demokratie und/oder Freiheitsrechten nicht allein nach funktionalen Kriterien erfolgen dürfe, weil Demokratie (und/oder Freiheitsrechte) einen Wert an sich darstellen. Von einigen Beobachtern wird sogar geunkt, dass der Versuch, individuelle Freiheitsrechte allein aufgrund der vermuteten Wachstumsvorteile einzurichten, bereits den Keim für ihre Missachtung enthielte, mit anderen Worten, dass Freiheitsrechte nur gesichert werden könnten, wenn man an Freiheit an sich bzw. Freiheit als Wert interessiert sei. Eine empirische Überprüfung dieser Hypothese dürfte jedoch mit großen Schwierigkeiten verbunden sein.

Definition

Tradeoff: das Abwägen zwischen Zielen, deren Zielerreichungsgrade negativ miteinander korreliert sind. Die höhere Qualität eines Gutes dürfte häufig mit höheren Produktionskosten einhergehen, so dass eine Abwägung zwischen den Zielen erforderlich wird

Aber: solange Demokratie, Freiheitsrechte und Wirtschaftswachstum sich nicht gegenseitig ausschließen (und dafür spricht im Moment eigentlich gar nichts), kann man alle drei als Wert betrachten, ohne sich mit einem *tradeoff* konfrontiert zu sehen.

Dennoch sind die konzeptionellen Probleme noch nicht endgültig gelöst:

(1) Welcher Umfang an Freiheitsrechten ist aus dieser – rein funktionalistischen – Freiheitssicht optimal? Eine *Maximierung von Freiheitsrechten* erscheint *nicht notwendig wohlstandsfördernd*; zudem ist unklar, was sie eigentlich bedeuten würde. So erfordert die Sicherung von Eigentumsrechten Ressourcen: Polizei, Staatsanwaltschaft und Gerichte müssen schließlich bezahlt werden. Eine minimale Steuerquote ist mit sicheren Eigentumsrechten folglich gar nicht kompatibel. Das gilt auch für die Bereitstellung von Kollektivgütern wie Transportnetzen. Ohne ein gut entwickeltes Straßennetz etwa dürfte hoher Wohlstand kaum zu erzielen sein. Die Autoren der Studie scheinen häufig der Vorstellung zu erliegen, dass es einen Gegensatz der Art Markt vs. Staat gebe und dass Staatshandeln *per se* ineffizient sei. Aus institutionenökonomischer Sicht ist diese Sichtweise zu simpel: wir haben gesehen, dass das Funktionieren des Marktes den Staat voraussetzt. Dass Staatsorgane nicht kostenlos funktionieren, ist eigentlich selbstverständlich. Wir haben auch gesehen, dass es Fälle gibt, in denen eine staatliche Bereitstellung (z.B. von technischen Normen und Standards, aber auch von Streitschlichtung) effizienter sein kann, selbst wenn eine private Bereitstellung dieser Güter möglich ist.

Für die weitere Forschung zum Zusammenhang zwischen ökonomischen Freiheitsrechten und Wirtschaftswachstum sind zudem folgende Aspekte interessant:

(2) Inwiefern ist die – glaubhafte – Zusicherung ökonomischer Freiheitsrechte nur eine notwendige, aber keine hinreichende Bedingung für Wirtschaftswachstum? Anders formuliert: könnte es nicht sein, dass so etwas wie eine Wettbewerbsgesinnung zumindest bei einem Teil der Bevölkerung hinzukommen muss, damit es tatsächlich zu höheren Wachstumsraten kommt? Dies käme also der stärkeren Berücksichtigung informeller Faktoren gleich. Einige erste Hinweise für ihre Relevanz werden in Abschnitt 5.3 genannt.

(3) Bisher sind wir implizit davon ausgegangen, dass ökonomische Freiheitsrechte exogen gegeben seien. Aber sie sind natürlich Ergebnis kollektiver Wahlhandlungen. Zu fragen ist also, welche Variablen geeignet sein könnten, die Unterschiede in den Niveaus der (formal) verbürgten ökonomischen Freiheitsrechte zu erklären. Hier liegt also die Vermutung nahe,

dass die Fairness- bzw. Gerechtigkeitsvorstellungen – also wiederum die internen Institutionen – eine gewisse Rolle spielen könnten.

5.2.2   Von bi- zu multivariaten Zusammenhängen

Die Schaubilder oben haben den Index ökonomischer Freiheitsrechte mit jeweils einer anderen Größe (Einkommen, Wachstum, Umweltqualität und Lebenserwartung) in Beziehung gesetzt. Ein solcher so genannter bivariater (auf zwei Variablen beruhender) Zusammenhang lässt sich graphisch schön darstellen. Wir sollten uns von bivariaten Zusammenhängen allerdings auch nicht zu voreiligen Schlüssen hinreißen lassen. So dürfte z.B. das Wachstum einer Wirtschaft von einer Vielzahl anderer Faktoren bestimmt werden. Die Investitionsrate, die Wachstumsrate der Bevölkerung, die Inflationsrate und die internationale Verflechtung einer Wirtschaft sind nur einige der möglicherweise relevanten Faktoren. Um zu seriösen Aussagen zu gelangen, sind also multivariate Analysen, die den möglichen Einfluss mehrerer Variablen berücksichtigen, erforderlich. Einige multivariate Studien werden jetzt kurz präsentiert.

Ein 5-Minuten-Minikurs in Ökonometrie

In fünf Minuten können Sie natürlich nicht alles lernen, wofür Studenten in Statistik- und Ökonometriekursen oft mehrere Semester brauchen. Aber ein oder zwei Grundgedanken der Ökonometrie – der Teildisziplin, die sich mit der Messung ökonomischer Größen beschäftigt – verstanden zu haben, ermöglicht Ihnen, die zentralen Einsichten dieser wichtigen Teildisziplin zu verstehen.

Nehmen wir an, wir hätten für 30 Studenten Informationen sowohl über ihr Körpergewicht als auch über ihre Körpergröße. Wir wären dann in der Lage, für jeden Studenten einen Punkt zu zeichnen, der die jeweilige Kombination zwischen Körpergröße und –gewicht reflektiert. Wir hatten bereits vorher vermutet, dass es eine positive Korrelation zwischen Größe und Gewicht geben könnte. Bei Betrachtung der Punktwolke erhärtet sich unsere Vermutung. Wir sind jetzt daran interessiert zu wissen, mit wie viel zusätzlichem Körpergewicht wir rechnen müssen, wenn ein beliebig herausgegriffener Student nicht 170, sondern

180 cm lang ist. Um das zu ermitteln, zeichnen wir zunächst eine Gerade durch die Punktwolke. Für das Zeichnen dieser Gerade hat sich eine recht einfache Regel durchgesetzt: sie wird so gezeichnet, dass die Summe der quadrierten Abweichungen zwischen den tatsächlich existierenden Punkten und den auf der gerade liegenden Punkten minimal ist. Dies wird auch *Methode der kleinsten Quadrate* genannt bzw. auf englisch „*Ordinary Least Squares*". Auch die Abkürzung OLS werden sie in ökonomischen Fachpublikationen häufig sehen.

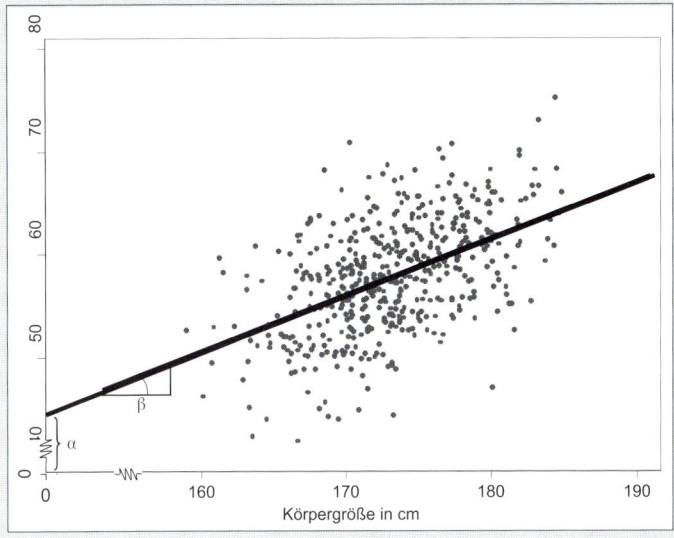

Algebraisch können Sie den gerade beschriebenen Zusammenhang so ausdrücken:

$$y = \alpha + \beta x + \varepsilon$$

Y ist die abhängige Variable, in unserem Beispiel also das Körpergewicht eines Studenten. Dies kann aber auch die Höhe des Einkommens, die Wachstumsrate usw. sein. X ist die erklärende Variable, in unserem Beispiel also die Körpergröße. Dies kann aber auch die Qualität der Institutionen oder der Umfang ökonomischer Freiheitsrechte sein. Wofür wir uns primär interessieren, ist der Wert von β, der ja die Steigung der Geraden angibt. β informiert darüber, wie sich eine Veränderung von x in y niederschlägt. Nun ist es allerdings unrealistisch, davon auszugehen, dass das Körpergewicht allein von der Körpergröße bestimmt wird (bzw. das Wirtschaftswachstum allein von ökonomischen Freiheitsrechten). Der Knochenbau (oder die Investitionstätigkeit) könnte ein weiterer wichtiger Faktor sein. Wir können ihn integrieren, indem wir die Gleichung erweitern zu:

$$y = \alpha + \beta x + \gamma K + \varepsilon$$

Wir können den Zusammenhang jetzt zwar nicht mehr so einfach mittels eines zweidimensionalen Diagramms wiedergeben, dürften aber die Präzision unserer Schätzung erhöht haben. Die Bedeutung der beiden anderen griechischen Buchstaben wurde bisher noch nicht erwähnt: α bezeichnet das, was Sie in der Schule als „y-Achsenabschnitt" kennen gelernt haben. Nicht jede Gerade muss ja durch den Ursprung verlaufen; ein positives α zeigt z.B. an, dass es bei einem Wert von o der x-Variable immer noch ein positives y gibt. ε schließlich wird von Ökonometrikern als „Störterm" bezeichnet und enthält alle Abweichungen, die nicht mit Hilfe der explizit berücksichtigten Variablen erklärt werden können.

Zum Abschluss noch ein Wort zum Lesen ökonometrischer Ergebnistabellen. Nach dem Blick auf die Zahl der Beobachtungen (es sollten immer so viele wie möglich sein) empfiehlt sich auch ein Blick auf das so genannte Bestimmtheitsmaß, das häufig mit „R^2" ausgedrückt wird. Es gibt – grob vereinfacht gesprochen – an, wieviel Prozent der Unterschiede in den beobachteten y-Werten mit Hilfe der in einer Gleichung aufgenommenen erklärenden Variablen (hier also x und K) „erklärt" werden können. Erklärt steht hier in Anführungsstrichen, weil sich mit Hilfe der skizzierten Verfahren nichts über eine Kausalität sagen lässt (wird y von x verursacht – oder ist es vielleicht andersrum?), sondern sie lediglich eine Korrelation identifizieren.

Wir haben oben gesehen, dass sich der Index ökonomischer Freiheiten aus 23 Variablen zusammensetzt. Nehmen wir an, ein Politiker wollte handeln, um die Wachstumsrate seines Landes zu erhöhen. Dann wäre ein so breit angelegter Indikator wenig nützlich. Folglich haben sich Autoren einiger Studien die Frage gestellt, welche Variablen eine große Wachstumswirkung haben – und welche eher vernachlässigbar sind.

CARLSSON und LUNDSTRÖM (2002) kommen zum Ergebnis, dass nur die Gruppe zur Rechtsstruktur und der Sicherheit privater Eigentumsrechte sämtliche Robustheitstests überlebt und die Freiheit, ausländische Währungen zu nutzen zumindest in die Nähe kommt. Alle weiteren Indikatoren überleben ernsthafte multivariate Schätzungen nicht. Mit einem anderen Verfahren gelangt JUSTESEN (2008) zur Aussage, dass lediglich beim Umfang der Regierungs- und Regulierungstätigkeit ein eindeutiger Zusammenhang nachgewiesen werden könne: je umfassender die Regierungseingriffe, desto geringer – unter sonst gleichen Bedingungen – die beobachtbaren Wachstumsraten.

Schätzungen gelten als robust, wenn kleine Veränderungen der Umweltbedingungen nicht zur Insignifikanz der Ergebnisse führen

Die Ergebnisse einiger anderer Studien   5.2.3

CLAGUE, KEEFER, KNACK und OLSON (1995) haben einen einfachen objektiven Indikator entwickelt, mit dem sie die Sicherheit von Eigentums- und Verfügungsrechten abbilden wollen: Ihr Indikator beruht auf der Überlegung, dass *Akteure es vorziehen, Bargeld zu halten, wenn sie befürchten, dass Banken ihre Verträge nicht halten, Konkurs machen etc.* Genau genommen stellt der Indikator also auf die Erwartungen der Wirtschaftssubjekte in Bezug auf einen wirtschaftlich relevanten Handlungsaspekt ab. Je sicherer die Eigentumsrechte, desto mehr Akteure werden bereit sein, das zu halten, was die Autoren „**vertragsintensives Geld**" nennen. Dies ist Geld, das Instrumente einschließt, an denen andere Parteien – wie etwa Banken – beteiligt sind. CLAGUE et al. (1995) operationalisieren vertragsintensives Geld mit den Geldmengenkonzepten M_1 und M_2 und definieren vertragsintensives Geld durch den Zusammenhang $(M_2 - M_1)/M_2$.

Objektiver Indikator zur Sicherheit von Eigentumsrechten

Definition

M1 ist die Summe aus Bargeld und Sichteinlagen (inländischer Nichtbanken bei inländischen Banken), M2 ist die Summe aus M1 und Termineinlagen (inländischer Nichtbanken bei inländischen Banken) mit Laufzeiten von weniger als vier Jahren.

Die Autoren zeigen, dass es *ökonomisch (und statistisch) signifikant mit Investitionen korreliert* ist und zwar auch, wenn die Wirkungen von Inflation, Realzinsen und anderen Investitionsdeterminanten berücksichtigt werden. Der große Vorteil dieses Indikators ist, dass er für eine Vielzahl von Jahren für eine Vielzahl von Ländern zur Verfügung steht. Das unterscheidet ihn von elaborierteren Indikatoren, die oft nur mit hohem Aufwand (oder gar nicht) für vergangene Jahre ermittelt werden können.

HENISZ (2000) beschäftigt sich mit der Fähigkeit von Regierungen, sich an die von ihnen selbst verabschiedeten Regeln zu binden. Der Grundgedanke seines Indikators ist denkbar einfach:

Zahl der Vetospieler als Indikator

je größer die Zahl der (politischen) Akteure, die einer Regeländerung zustimmen müssen, desto weniger wahrscheinlich sind unvorhergesehene Regeländerungen. Regeländerungen sind trotz einer hohen Zahl von Kammern bzw. Vetospielern jedoch möglich, solange die Mitglieder dieser Kammern ähnliche Präferenzen haben, also etwa derselben Partei angehören. Dies berücksichtigt Henisz bei seinem Indikator insofern, als dass er nach der tatsächlichen Verteilung der Präferenzen fragt. Dieser Indikator enthält also sowohl institutionelle als auch nicht-institutionelle (Politik-) Bestandteile: nämlich die formale Struktur der Gewaltenteilung in einem Land einerseits und die politischen Mehrheiten in den verschiedenen Kammern andererseits. Der vermutete Wirkungsmechanismus sieht so aus: je höher die Zahl der Vetospieler, desto höher die Rechtssicherheit, desto mehr Investitionen finden statt und desto mehr Wachstum steht am Ende. Henisz kommt zum Ergebnis, dass sein Indikator nicht nur einen statistisch, sondern auch einen ökonomisch signifikanten Effekt auf die Wachstumsraten hat.

Kritisch könnte in Bezug auf diesen Indikator angemerkt werden, dass Henisz davon ausgehen muss, dass Spieler, die der Verfassung gemäß über Vetokompetenz verfügen, diese auch *de facto* besitzen. Es muss nicht besonders betont werden, dass viele formell unabhängige Gerichte oder Notenbanken *de facto* keineswegs unabhängig sind. Zudem sagt dieser Indikator ja nichts über die inhaltliche Ausgestaltung von Institutionen aus. Glaubwürdigkeit des Regierungshandelns ist aber vermutlich keine hinreichende Bedingung für Wirtschaftswachstum, sondern allenfalls eine notwendige. In einem politischen System mit einer hohen Zahl von Vetospielern und einer geringen institutionellen Qualität sind jedoch auch Verbesserungen nur schwer durchzusetzen, genau weil es eine hohe Zahl von Vetospielern gibt. Implizit muss Henisz also von formal wohlstandsfördernden Institutionen ausgehen.

Subjektive Indikatoren

Wir kommen damit zu den Studien, in denen **subjektive Daten** genutzt werden. Knack und Keefer (1995) nutzen Informationen, die für potentielle ausländische Investoren angeboten werden. Die haben ja ein Interesse daran, das Risiko, das mit Auslandsengagements verbunden ist, abschätzen und über verschiedene Länder miteinander vergleichen zu können. Diese Daten werden vom *International Country Risk Guide* (ICRG) gesammelt und angeboten und beinhalten mehrere Dimensionen der Sicherheit von Eigentums- und Verfügungsrechten wie etwa die Rechtsstaatlichkeit, das Risiko, enteignet zu werden, Nichtanerkennung von Verträgen durch Regierungen, das Ausmaß von Korruption innerhalb der Regierung sowie die Qualität der Bürokratie. Knack und Keefer (1995) zeigen, dass der ICRG Index *statistisch signifi-kant mit Wachstum korreliert* ist.

Brunetti, Kisunko und Weder (1998) argumentieren, dass subjektive Unsicherheitsindikatoren objektiven überlegen seien. Lokale Unternehmer zu befragen, halten sie für besser als konkurrierende Ansätze, bei denen ausländische Investoren befragt werden, weil das Verhalten der lokalen Unternehmer ja entscheidend für die wirtschaftliche Entwicklung eines Landes ist. Die Autoren haben mehr als 2500 Unternehmer in weniger entwickelten Ländern befragt und etwa 200 Unternehmer in OECD-Mitgliedstaaten. Insgesamt sind in ihre Untersuchung Daten aus 58 Ländern eingeflossen. Die Teilindikatoren „Sicherheit von Personen und Eigentumsrechten" und „Vorhersehbarkeit der Gesetzgebung" sind am engsten mit Wirtschaftswachstum korreliert, während die Teilindikatoren „Korruption", „wahrgenommene politische Instabilität" und „Vorhersehbarkeit juristischer Durchsetzung" am ehesten mit den beobachtbaren Investitionsraten korrelieren.

Wir haben jetzt einige Ansätze kennen gelernt, die zu belegen scheinen, dass der Inhalt von Institutionen und (oder) ihre Glaubwürdigkeit wichtige Variablen zur Erklärung von Wirtschaftswachstum sind. Natürlich bleibt eine Vielzahl von Fragen offen. So weisen Chong und Calderón (2000) darauf hin, dass die Kausalität nicht notwendigerweise nur von Institutionen auf Wirtschaftswachstum lauten muss, sondern möglicherweise auch eine Kausalität in die andere Richtung vorliegen könnte: hier wäre ein hohes Wirtschaftswachstum dann ursächlich für hohe institutionelle Qualität. Die bisher vorgestellten Studien haben sich auf die Analyse externer Institutionen bzw. deren Durchsetzung konzentriert. Im folgenden Abschnitt geht es um die Relevanz, die interne Institutionen für Wachstum und Entwicklung einer Gesellschaft möglicherweise haben.

Institutionen oder Politik?   5.2.4

Versuche, die Relevanz von Institutionen für das Wachstum ganzer Volkswirtschaften zu schätzen, sind noch relativ jung. Erst seit Mitte der 1990er Jahre werden mehr und mehr Datensätze zur Verfügung gestellt, die das Ziel haben, die Qualität von Institutionen über Ländergrenzen hinweg miteinander vergleichbar zu machen. Dass die Datensätze unterschiedlich gut geeignet sind, Institutionenqualität zu reflektieren, versteht sich fast von selbst. Vor einiger Zeit haben einige Wissenschaftler (Glaeser et al.

Politiken nicht mit Institutionen verwechseln

2004) eine Art „Generalangriff" gegen diese Schätzungen veröffentlicht: Sie argumentieren, dass viele dieser Studien nicht die Wirkung von Institutionen schätzten, sondern die Wirkungen unterschiedlicher Politiken. Das Argument der Autoren lautet etwa, dass Institutionen über die Zeit ja relativ konstant sein müssten und die Regelkomponente der Institutionen Politiker in ihrem Verhalten beschränken müsste. Viele Studien aber würden auf Indikatoren beruhen, die von Jahr zu Jahr stark schwanken würden. Dies sei ein eindeutiges Indiz dafür, dass sie überhaupt nicht – langfristig gültige – Institutionen, sondern – kurzfristig orientierte – Politiken messen würden. Die Kritik von GLAESER et al. ist in vielerlei Hinsicht überzogen, aber ihr Hinweis darauf, doch bitte die Qualität der gewählten Institutionenindikatoren zu überprüfen, erscheint mehr als berechtigt.

5.3 Die Relevanz interner Institutionen für Wachstum und Entwicklung

Zum Zusammenhang zwischen internen Institutionen und Wachstum und Entwicklung liegen noch weniger empirische Studien vor als zum Zusammenhang zwischen externen Institutionen und wirtschaftlicher Entwicklung. Wir nehmen das zum Anlass, zunächst einige theoretische Überlegungen zu diesem Zusammenhang zu präsentieren. Sieht man vorerst einmal von Interdependenzen zwischen externen und internen Institutionen ab, so ist zu fragen, welche internen Institutionen wirtschaftlichem Wachstum förderlich sind.

Einige theoretische Überlegungen

Individuelle Einstellungen und Wachstum

Hier setzen wir zunächst bei **individuellen Einstellungen** an. Individuelle Einstellungen sind nicht identisch mit internen Institutionen, können mit ihnen jedoch eng verbunden sein. Es kann vermutet werden, dass die folgenden individuellen Einstellungen dem Wachstum förderlich sind:

(1) Der *einzelne Akteur ist verantwortlich für das Setzen seiner Ziele, die Wahl der zielführenden Mittel und für den jeweiligen Zielerreichungsgrad.* Ist ein großer Teil der Akteure dagegen überzeugt davon, dass individuelle Anstrengung irrelevant ist für das, was sie im Leben erreichen, und dass das Schicksal, Gott oder irgendein anderer Faktor entscheidend ist für das, was sie erreichen, so ist es schwierig, sich eine blühende Wirtschaft mit vielen Unternehmern und hohen Wachstumsraten vorzustel-

len. Ohne diese Überzeugung ist die Einführung privater Eigentumsrechte nur schwer vorstellbar, unterliegt ihnen doch der Versuch, die Folgen individueller Handlungen spezifischen Individuen zuzurechnen, nämlich den Eigentümern der Handlungs- und Verfügungsrechte. Private Eigentumsrechte sorgen ja nicht nur dafür, dass die jeweiligen Eigentümer das Recht auf die Erträge aus Nutzung und Verkauf von Gütern haben, sondern auch, dass sie die Verantwortung für ihr Eigentum haben (etwa die Rinderherde, die den Weizen eines Getreidebauern zertrampelt).

(2) Ökonomisch *besonders erfolgreiche Individuen haben eher Vorbildcharakter,* als dass ihnen ihr Erfolg missgönnt wird. Das bedeutet, dass die wahrgenommene Ungleichheit in den wirtschaftlichen Ergebnissen akzeptiert wird (solange sie rechtmäßig zustande gekommen ist). Darüber hinaus kann Neid mitunter sogar positive Folgen haben, nämlich dann, wenn er den Neidischen als Anreiz dient, es den Beneideten gleichzutun.

(3) Akteure sind *sowohl geographisch als auch sozial mobil.* Geographische Mobilität ist ein Vorteil, weil sie die produktive Kombination mit anderen – immobilen – Faktoren ermöglicht. Diese Einstellung sollte auch von den immobilen Mitgliedern einer Gesellschaft geteilt werden. Wenn sie nämlich eine Aversion gegen Fremde haben – z.B. weil deren Zuzug den Wettbewerbsdruck erhöht und möglicherweise zu niedrigeren Löhnen führt -, kann eine geringere Faktormobilität resultieren, die theoretisch mögliches Wachstum unrealisiert lässt. Soziale Mobilität bedeutet nicht nur, dass Leute auf-, sondern auch, dass sie absteigen können. Wenn Menschen, die auf der sozialen Leiter nach oben gestiegen sind, als Vorbilder betrachtet werden, dürfte dies zu höheren Wachstumsraten führen, falls Nachahmungseffekte damit verbunden sind. Akteure, die auf der sozialen Leiter abgestiegen sind, sollten optimalerweise nicht stigmatisiert werden, weil dies zu mehr Risikoaversion und weniger Unternehmertum führt.[10]

(4) Wenigstens ein Teil der Bevölkerung verhält sich innovativ. *Innovatives Verhalten* ist nicht nur auf der Produktions-, sondern auch auf der Konsumseite möglich. Die Forschung spricht

---

[10] Von TOCQUEVILLE (1840/1985, 274) stammt die Schilderung einer Gesellschaft, in der sozialer Abstieg nicht mit einer Stigmatisierung einhergeht: „Die Amerikaner, die aus der kaufmännischen Verwegenheit eine Tugend machen, können die Kühnen auf keinen Fall verdammen. Daher zeigt man in Amerika eine eigentümliche Nachsicht mit dem Bankrotteur: seine Ehre wird durch solch ein Unglück nicht berührt."

hier auch von „Konsumpionieren". Sie sind erforderlich, weil die Diffusion neuer Produkte sonst kaum vorstellbar ist.

(5) Große Teile der Bevölkerung zeigen *keine militante Aversion gegen Unbekanntes*. Dies bezieht sich genauso auf ausländische Investoren wie auf ausländische Arbeitnehmer, aber auch auf ausländische Produkte.

(6) Große Teile der Bevölkerung sind bereit zu akzeptieren, dass einige von ihnen es *mit scheinbar unproduktiven Tätigkeiten* wie Finanzdienstleistungen *zu großem Reichtum* bringen.

(7) Große Teile der Bevölkerung teilen einige *Sekundärtugenden* wie Ehrlichkeit, Pünktlichkeit usw. Wenn man bei einer einfachen Transaktion mit einem Fremden die vernünftige Erwartung haben kann, dass man nicht übers Ohr gehauen wird, dann senkt das offenbar die Transaktionskosten.

Natürlich gibt es auch in Ländern mit hohem Pro-Kopf-Einkommen und hohen Wachstumsraten viele Menschen, die diese Einstellungen nicht teilen. Ihre praktisch allgemeine Verbreitung kann folglich keine notwendige Bedingung für die hohen Wachstumsraten der industrialisierten Länder sein. Umgekehrt scheint es jedoch notwendig zu sein, dass Akteure mit den gerade skizzierten Einstellungen nicht daran gehindert werden, sich diesen Einstellungen entsprechend zu verhalten. Anders formuliert: es mag nicht unbedingt erforderlich sein, dass die skizzierten Einstellungen von entsprechenden Institutionen unterstützt werden, sondern nur, dass es keine Institutionen gibt, die diejenigen schlechter stellen, die sich ihnen gemäß verhalten. Dies sind einige provisorische Überlegungen zum Thema. Sie müssten weitergeführt werden. So wäre z.B. zu fragen, ob es einen gewissen Mindestprozentsatz einer Bevölkerung gibt, der die gerade skizzierten Einstellungen teilen sollte, damit es zu einem nachhaltigen Wirtschaftswachstum kommen kann.

Im zweiten Kapitel haben Sie PUTNAMS (1993) Analyse zur Qualität lokaler Regierungen in Abhängigkeit von der jeweils lokal ermittelten Neigung zu kooperativem Verhalten kennen gelernt. PUTNAMS in Bezug auf Italien ermittelte Analyse lautete ja, dass die *de facto* Qualität von Institutionen erklärt werden kann mit dem Umfang dessen, was wir heute Zivilgesellschaft nennen. LA PORTA, LOPEZ-DE-SILANES, SHLEIFER und VISHNY (1997) haben sich die Frage gestellt, ob diese Ergebnisse allgemeine Gültigkeit haben, also über die Fallstudie Italien hinaus verallgemeinerbar sind. Die Neigung zu kooperativem Verhalten wird von ihnen abgebildet durch das Ausmaß von Vertrauen, dass Akteure anderen Akteuren entgegenbringen. Dabei haben die Autoren Daten

aus der *World Values Survey* genutzt, die sowohl in den frühen
1980er und den frühen 1990er Jahren bei jeweils über 1000 Menschen in über 40 Ländern durchgeführt wurde. La Porta et al.
(ebd.) zufolge sind die Wirkungen von Vertrauen sowohl statistisch signifikant als auch quantitativ bedeutsam für die Leistung
einer Volkswirtschaft. Von daher scheint es durchaus möglich,
Putnams Ergebnisse zu verallgemeinern. Der nächste logische
Untersuchungsschritt besteht dann darin, nach der Ursache von
Vertrauen zu fragen, mit anderen Worten, Vertrauen zu endogenisieren. Die Autoren der Studie machen genau das. Wie im ersten Kapitel beschrieben, vermutet Putnam, dass hierarchische
Organisationen – speziell die katholische Kirche – der Herausbildung von Vertrauen und reziproker Kooperation hinderlich sind.
La Porta *et al.* (ebd.) operationalisieren die Relevanz hierarchischer
Organisationen – speziell der Religion –, indem sie den Prozentsatz der Bevölkerung messen, der einer hierarchisch organisierten
Religion angehört, zu denen sie die katholische Kirche, die orthodoxe Kirche und den Islam zählen. Sie zeigen (ebd., 336f.), dass
„bei konstant gehaltenem Einkommen Länder mit hierarchischer
organisierten Religionen weniger effiziente Rechtssysteme, mehr
Korruption, schlechter funktionierende Verwaltungen, höhere
Raten der Steuerhinterziehung, einen geringeren Umfang an der
Beteiligung ziviler Aktivitäten und Berufsverbänden, eine geringere Bedeutung großer Unternehmen, schlechtere Infrastruktur
und eine höhere Inflation haben."

> *Vertrauen ist wachstumsförderlich...*

> *Aber wovon hängt Vertrauen ab?*

Dass eine einzige Variable eine solche umfassende Erklärungskraft haben soll, dürfte selbst Agnostiker und eingefleischte Kritiker der katholischen Kirche überraschen. Deshalb nur wenige
Worte der Kritik:

> *Kritik*

(1) Eine Religion entweder als vertikal oder horizontal einzuordnen,
könnte als übermäßige Vereinfachung bekrittelt werden. Die
hier erfolgende Zuordnung ist natürlich entscheidend für die
Ergebnisse. Sie dürfte nicht in jedem Fall unumstritten sein.

(2) Eine Vielzahl horizontal organisierter freiwilliger Assoziationen mit einer hohen Mitgliederzahl dürfen keineswegs als
hinreichend für die Sicherung von Rechtsstaatlichkeit und Demokratie interpretiert werden. Ein blühendes Vereinswesen
während der Weimarer Republik hat Hitler nicht verhindert.

(3) Der Zusammenhang zwischen kollektivistischen Einstellungen und Regierungshandeln bedarf weiterer Forschung,
schließlich sind sowohl Vereine als auch Staaten bzw. deren
Regierungen kollektive Akteure. Eine grundsätzliche kritische
Einstellung dazu könnte also nicht nur mit einer Distanz zum

Handeln von Regierungen einhergehen, sondern auch von Vereinen – und folglich geringe Mitgliederzahlen zur Folge haben.

5.4 Zur Relevanz des Verhältnisses zwischen externen und internen Institutionen für Wachstum und Entwicklung

Im zweiten Abschnitt dieses Kapitels haben wir gesehen, dass adäquate externe Institutionen mit hohen Wachstumsraten einhergehen, im dritten Abschnitt, dass plausible Argumente und die wenige verfügbare empirische Evidenz dafür zu sprechen scheinen, dass es auch eine positive Korrelation zwischen adäquaten internen Institutionen und Wirtschaftswachstum gibt. Zu den Wirkungen des Verhältnisses zwischen externen und internen Institutionen auf die Wachstumsraten gibt es bisher praktisch keine Untersuchungen.

Eine Studie von Feld und Voigt (2003) kann jedoch genutzt werden, um erste Hinweise zu bekommen. Die Autoren fragen in dieser Studie danach, wie unabhängig die Justiz eines Landes ist und zwar sowohl entsprechend den formalen Gesetzen (*de jure*) als auch tatsächlich (*de facto*). Sie vermuten, dass ein hohes Maß an Unabhängigkeit zu mehr Rechtssicherheit bei den Wirtschaftssubjekten führt, was u.a. zu mehr Investitionen und höherem Wirtschaftswachstum führen müsste. Empirisch zeigt sich, dass die *de jure*-Unabhängigkeit der Justiz nicht signifikant mit Wachstum und Wohlstand korreliert ist, während das für die *de facto*-Unabhängigkeit der Fall ist. Das bedeutet also, dass es nicht hinreichend ist, ein hohes Maß an Unabhängigkeit formell zu versprechen, sondern dass es darauf ankommt, die Versprechen umzusetzen. In der Studie wird nicht untersucht, wie man Unterschiede zwischen *de jure* und *de facto* Justizunabhängigkeit erklären kann. Die Autoren vermuten jedoch, dass die internen Institutionen einer Gesellschaft hier eine wichtige Rolle spielen, insbesondere die Fähigkeit einer Gesellschaft, das Kollektivgut Opposition bei Bedarf spontan produzieren zu können.

5.5 Offenen Fragen

Die Wachstumstheorie ist traditionell davon ausgegangen, dass Wirtschaftswachstum allein durch Rückgriff auf die Faktoren Arbeit und Kapital erklärt werden kann, die neuere Wachstumstheorie berücksichtigt immerhin noch die mögliche Rolle von Humankapital – und damit indirekt die Qualität des Bildungssystems eines Landes. Aber grundsätzlich gilt, dass innerhalb dieser Theorie die Qualität der Institutionen eines Landes, also z.B. die Abgrenzung der ökonomischen Freiheitsrechte, keine Auswirkungen auf die Wachstumsrate einer Volkswirtschaft hat. Institutionenökonomen vermuten, dass es weder physisches Kapital noch Humankapital an sich sind, die Wachstum induzieren, sondern deren Kombination mit Institutionen. In der Sprache der Wachstumstheorie: Institutionen dürften ihre Wirkung primär über die so genannte totale Faktorproduktivität entfalten.

Derzeit entwickelt sich über die hier zitierten Veröffentlichungen hinaus eine ganze Literatur, die sich mit diesen Fragen beschäftigt. So wird u.a. gefragt, ob die Rechtstradition eines Landes (operationalisiert durch die Frage, ob sich das Land der *Common Law* oder der *Civil Law*-Tradition zurechnen lässt) relevant ist für die Qualität der Finanzmärkte heute (z.B. LA PORTA, LOPEZ-DE-SILANES, SHLEIFER und VISHNY 1998, 1999). Ein anderer Literaturstrang beschäftigt sich mit der Frage, unter welchen Bedingungen „importierte Rechtsordnungen" im Importland tatsächlich implementiert werden und positive Wirkungen auf die wirtschaftliche Entwicklung haben (z.B. PISTOR 2002).

Eine andere Forschungsrichtung behauptet dagegen, dass die geographischen Bedingungen eines Landes sein Wachstum langfristig determinieren. Dazu gehören die Frage, ob ein Land über einen Zugang zu einem Hafen verfügt oder von Land umschlossen ist, ob die Geographie den Transport von Gütern, aber auch von Menschen innerhalb des Landes zu geringen Kosten erlaubt, ob das Klima bestimmte lebensbedrohliche Krankheiten begünstigt, ob es gleichmäßig und berechenbar ist und so fort. Ein Vertreter dieser Richtung ist JEFFREY SACHS (z.B. MCARTHUR und SACHS 2001). Die Argumente gegen diese Forschungsrichtung werden von RODRIK und Ko-Autoren (2004) unter der Überschrift „*Institutions Rule*" zusammengefasst.

Fragen

1. Diskutieren Sie Vor- und Nachteile subjektiver Daten im Vergleich zu objektiven Daten.

2. Überlegen Sie sich weitere Anknüpfungspunkte, die zur Gliederung verschiedener Datensets, mit denen die institutionelle Qualität in verschiedenen Ländern verglichen werden soll, genutzt werden können.

3. Versuchen Sie, einige Mechanismen zu nennen, über die die Regierungsform Demokratie auf die Wachstumsaussichten einer Wirtschaft wirken kann.

4. Warum wäre eine „Maximierung" wirtschaftlicher Freiheitsrechte vermutlich nicht wohlstandsfördernd? Beschäftigen Sie sich auch mit der Frage, was mit einer „Maximierung" überhaupt gemeint sein könnte.

5. Zeigen Sie, dass die weite Verbreitung von Sekundärtugenden wie Ehrlichkeit, Pünktlichkeit etc. transaktionskostensenkend wirken kann.

Literatur

Die wichtigsten Indikatoren und die Probleme bei ihrer Konstruktion werden gut verständlich von OCHEL und RÖHN (2008) dargestellt. Fast alle in der Übersicht genannten Indikatoren sind im Netz verfügbar. Der *Economic Freedom Index* enthält einen Anhang, in dem eine Auswahl von Veröffentlichungen genannt wird, die die Daten des Indikators für eigene Forschungsfragen nutzen. Beispielhaft sei hier nur DE HAAN und STURM (2000) genannt, die sich kritisch mit Einzelaspekten des *Economic Freedom Index* beschäftigen.

Im Zusammenhang mit dem Weltentwicklungsbericht 2005 (*A Better Investment Climate for Everyone*) hat die Weltbank ihre *Investment Climate Surveys* begonnen, bei denen 30.000 Unternehmer in mehr als 50 Ländern befragt werden. Sie stellen einen reichen Fundus an subjektiven Indikatoren dar.

Die Debatte, ob Demokratie zu höherem Wachstum führt oder ob – umgekehrt – ein hohes Wachstum zu einer Nachfrage nach Demokratie führt, ist 1959 von SEYMOUR MARTIN LIPSET begonnen worden. Eine gut verständliche Übersicht stammt von SUNDE (2006). Eine Kritik an der von GLAESER et al. (2004) vorgenommenen Kritik zum Zusammenhang zwischen Institutionen und Wachstum findet sich in VOIGT (2009b)

VOIGT (1993, wiederabgedruckt 2001) ist ein Versuch, die relativen Wachstumsaussichten einiger mittel- und osteuropäischer Transformationsstaaten allein auf Basis der in den jeweiligen Ländern gültigen Einstellungen bzw. internen Institutionen, so wie sie in Abschnitt 5.3 genannt wurden zu prognostizieren. PARK und VOIGT (2009) argumentieren, dass Normen und Einstellungen sowohl direkte (z.B. via Arbeitsethos) als auch indirekte (z.B. über die Qualität der formalen Institutionen) Wachstumseffekte haben können und weisen dies empirisch mit Hilfe einer ländervergleichenden Studie nach.

Die umfangreichste Untersuchung über Funktion und Wirkung des Neides stammt von HELMUT SCHOECK (1966).

TEIL III:

DIE ENTWICKLUNG VON INSTITUTIONEN
ÖKONOMISCH ERKLÄREN

Zur Erklärung des Wandels externer 6 Institutionen

6.1 Einleitung

Kapitel sechs und sieben bilden den dritten Teil dieses Buches. In den Kapiteln zwei bis vier sind wir davon ausgegangen, dass Institutionen – sowohl externe als auch interne – gegeben sind und haben gefragt, welche Konsequenzen sie für das Handeln der Akteure haben. Im letzten Kapitel haben wir dann schließlich versucht, die unterschiedlichen Konsequenzen verschiedener Sets von Institutionen für Wachstumsraten und andere wirtschaftlich relevante Indikatoren auf der Ebene ganzer Volkswirtschaften – der makroökonomischen Ebene also – zu ermitteln. Wir haben somit versucht, bestimmte Ergebnisse unter Rückgriff auf Institutionen zu erklären; Institutionen haben hier also die Funktion des *Explanans*.

Explanans: Erklärende Variable

In den Kapiteln sechs und sieben fragen wir etwas Anderes: Kann die ökonomische Theorie genutzt werden, um die Entstehung und den Wandel von Institutionen zu erklären? Hier sind die Institutionen also nicht mehr gegeben. Stattdessen wird jetzt gefragt, welche Interessen und Mechanismen zu Entstehung und Wandel von Institutionen führen können. Hier haben Institutionen also die Funktion des *Explanandum*. Dass wir uns dabei zunächst mit Entstehung und Wandel externer Institutionen beschäftigen und uns erst im zweiten Schritt den internen Institutionen zuwenden, hat lediglich pragmatische Gründe – zum ersten Thema liegen einfach mehr Arbeiten vor als zum zweiten. Wäre man an einer chronologisch orientierten Reihenfolge der einzelnen Kapitel interessiert, so spräche vermutlich viel dafür, die beiden Kapitel in umgekehrter Reihenfolge zu präsentieren. Eine Vielzahl von Institutionen dürften zunächst als interne Institutionen entstanden sein, bevor sie durch explizite kollektive Entscheidungen auch zu externen Institutionen gemacht wurden.

Explanandum: Zu erklärende Variable

Die Erklärung des Wandels und der Entstehung von Institutionen schließt auch Fragen ein, die sich mit ganzen Sets von Institutionen beschäftigen, die in einem sachlichen Zusammenhang zueinander stehen und in ihrer Gesamtheit eine Staats- oder Regierungsform ausmachen. Dazu gehören z.B.

folgende Fragen: Wie entstehen und wie ändern sich Autokratien? Unter welchen Bedingungen entstehen Rechtsstaaten? Unter welchen Bedingungen Demokratien? Wie können wir den Übergang von Autokratien zu Rechtsstaaten erklären? Wie den von Rechtsstaaten zu Autokratien? Wann kommt es zu (erfolgreichen) Revolutionen? Über all diese Fragen wissen wir erstaunlich wenig. Der Grund dafür dürfte aber weniger die Unfruchtbarkeit des ökonomischen Ansatzes sein, als vielmehr die Tatsache, dass sich Ökonomen erst seit Kurzem mit diesen Fragen beschäftigen. Auf den ersten Blick mögen diese Fragen

Unter welchen Bedingungen entstehen demokratische Rechtsstaaten?

tatsächlich ein wenig abgehoben erscheinen. Andererseits dürfte ihre Relevanz nach einem kurzen Augenblick des Nachdenkens leicht nachvollziehbar sein, schließlich war die demokratische Staatsform über die gesamte Menschheitsgeschichte hinweg die große Ausnahme, die überwältigende Mehrheit aller Menschen hat in autokratisch organisierten Staaten gelebt. Im letzten Kapitel haben wir gesehen, dass der Umfang ökonomischer Freiheitsrechte in unmittelbarem Zusammenhang mit Einkommen und Wachstum zu stehen scheint. Die Fragen sind also auch wirtschaftlich relevant. Seit den 1990er Jahren beobachten wir umfassende Transformationsprozesse in Mittel- und Osteuropa, aber auch in anderen Teilen der Welt. Denken Sie z.B. an die Demokratisierungsprozesse in Ostasien und in Lateinamerika. Um den Politikern dieser Staaten fundierte Empfehlungen geben zu können, müssen wir zunächst gesichertes Wissen über die Funktionsbedingungen der verschiedenen Staatsformen, aber auch über die Schwierigkeiten beim Übergang von einer Form zur anderen haben.

Das Kapitel ist wie folgt gegliedert: Im nächsten Abschnitt diskutieren wir die „naive" Theorie der Entstehung von Eigentumsrechten. Abschnitt drei ist einer Theorie gewidmet, die weniger naiv ist, weil in ihr polit-ökonomische Prozesse explizit berücksichtigt werden. Der vierte Abschnitt ist nicht mehr nur einer bestimmten Gruppe von Institutionen gewidmet – nämlich solchen, die sich mit Eigentumsrechten beschäftigen –, sondern den institutionellen Aspekten ganzer Regierungsformen, also etwa Autokratien und Rechtsstaaten. Im fünften Abschnitt wird die Vorstellung eines Wettbewerbs der Institutionen kurz vorgestellt, die in den letzten Jahren gerade auch in Deutschland intensiv diskutiert worden ist. Abschnitt sechs schließlich stellt den Versuch dar, die Elemente zu benennen, die von einer allgemeinen Theorie institutionellen Wandels berücksichtigt werden müssten.

Entstehung und Wandel von Eigentumsrechten – eine naive Theorie   6.2

In diesem Abschnitt konzentrieren wir uns zunächst auf Versuche, Entstehung und Wandel einer ganz bestimmten Gruppe von Institutionen zu erklären, die für wirtschaftliche Entwicklung allerdings von zentraler Bedeutung sein dürften – den Eigentumsrechten nämlich. **Eigentumsrechte** existieren nicht *per se*, ganz gleich wie sie ausgestaltet sind, ob es also private oder kollektive Eigentumsrechte gibt. Private Eigentumsrechte implizieren, dass ein Eigentümer einen Anspruch darauf hat, andere von der nichterwünschten Nutzung seines Gutes auszuschließen. Bei einem Verstoß benötigt er eine dritte Partei, die ihm zu seinem Recht verhelfen kann. Wir wollen zunächst davon ausgehen, dass eine Eigentumsordnung Ergebnis einer expliziten Setzung ist und weiter davon, dass ein Verstoß gegen die Eigentumsordnung von Vertretern des Staates sanktioniert wird.

Nehmen wir an, dass ein Staat existiert und dass eine grundsätzliche Entscheidung für private Eigentumsrechte gefallen ist. Dennoch ist dann noch immer eine Vielzahl von Detailfragen zu klären. Zunächst erscheint es plausibel (und harmlos) davon auszugehen, dass die Vertreter des Staates bei der Detailabgrenzung der Eigentumsrechte daran interessiert sind, sie so abzugrenzen, dass die privaten Wirtschaftssubjekten möglichst viele nutzensteigernde Tauschgeschäfte durchzuführen können. Je besser es den Wirtschaftssubjekten (wirtschaftlich) geht, desto höher wird das Bruttoinlandsprodukt und desto höher sind unter sonst gleichen Bedingungen die Steuereinnahmen.

Verschiedene Eigentumsrechtsökonomen haben seit den 1960er Jahren verschiedene Ansätze veröffentlicht, mit denen die Entstehung von Eigentumsrechten erklärt werden soll. Wir stellen hier zunächst den Ansatz von HAROLD DEMSETZ (1967) vor, den EGGERTSSON (1990, 249ff.) der „**naiven Theorie der Eigentumsrechte**" zurechnet. In den Modellen dieses Theoriezweigs wird darauf verzichtet, den politischen Prozess und konfligierende Interessen der Beteiligten explizit zu modellieren.

Eigentumsrechte als Ergebnis eines Internalisierungsprozesses

Der zentrale Gedanke von DEMSETZ (1967) lässt sich in einem Satz zusammenfassen: (Private) *Eigentumsrechte entwickeln sich, wenn die Internalisierung von Externalitäten mit Netto-Nutzengewinnen möglich ist.* Entstehung und Wandel von Eigentumsrechten können also mindestens zwei Ursachen haben:

(1) Die **Externalitäten** aus bestimmten Tätigkeiten haben sich im Zeitablauf **verändert**.

(2) Eine **Internalisierung** ist aufgrund technischen Fortschritts **zu geringeren Kosten** als bisher **möglich**.

DEMSETZ erläutert seine Hypothese unter Rückgriff auf die Entstehung privater Eigentumsrechte unter den Labrador-Indianern in Kanada. Zunächst wurden Biber dort nur für den Eigenverbrauch gejagt; die Indianer haben sich von ihnen ernährt und ihre Pelze genutzt. Dann stieg die Nachfrage nach Biberpelzen und die Indianer hatten somit Anreize, Biber nicht nur für den Eigenverbrauch zu jagen. Das damit verbundene **Allmende-Problem** ist Ihnen bereits bekannt: individuell ist es für die Indianer rational, solange Biber zu jagen, bis die für die Pelze gezahlten Preise die Kosten der Jagd gerade noch decken. Kollektiv ist diese Lösung nicht zwingend rational, denn hier muss es darum gehen, den diskontierten Gegenwartswert der Biberpopulation zu maximieren. Das kann bedeuten, dass heute weniger Biber gejagt werden, um die Biberpopulation vor der Ausrottung zu schützen oder auch, um morgen eine größere Biberpopulation jagen zu können.

Solange es keine exklusiven Rechte an Teilen der Biberpopulation gab, hatten Jäger Anreize, negative Externalitäten zu „produzieren", also mehr Biber zu jagen, als kollektiv rational gewesen wäre. Eine Internalisierung war hier möglich, weil die Kosten der Errichtung privater Eigentumsrechte – z.B. in Form von Zäunen – geringer waren als die erwarteten Vorteile daraus. Eigentumsrechte hätten hier auch bei unveränderten Biberpreisen, aber gesunkenen Zaunpreisen (technischer Fortschritt) entstehen können. DEMSETZ vergleicht die Entwicklung der kanadischen Eigentumsrechte mit denen der Indianer im Südwesten der USA. Dort gab es keine Tiere mit einer ähnlichen kommerziellen Bedeutung; dort waren Weidetiere wichtig, die große Flächen benötigten. Weil eine Einzäunung keinen Nutzenzuwachs versprach, ist es also auch nicht zu ihr gekommen.

Kritik   Sie sehen, dass DEMSETZ den *politischen Prozess nicht modelliert*: Die Frage, wie es den Labrador-Indianern gelang, das Problem kollektiven Handelns zu überwinden, wird genauso wenig thematisiert wie die Frage, welche Anreize die damalige Regierung hatte, die Schaffung privater Eigentumsrechte voranzutreiben. Implizit liegen dieser Theorie (mindestens) zwei problematische Annahmen zugrunde:

(1) Regierungen sind benevolent, sie haben also einen Anreiz, Eigentumsrechte effizient abzugrenzen;

(2) politische Transaktionskosten sind null.

Entstehung und Wandel von Eigentumsrechten –   **6.3**
Berücksichtigung polit-ökonomischer Faktoren

In seinem 1981 erschienenen Buch *Structure and Change in Economic History* entwickelt DOUGLASS NORTH eine Theorie des Staates, in der die Tauschbeziehungen zwischen Vertretern des Staates und Bewohnern eine zentrale Rolle spielen. Er beginnt mit einer paradoxen Beobachtung: *einerseits ist die Existenz des Staates notwendige Bedingung für Wachstum, andererseits ist der Staat auch die Quelle wirtschaftlichen Niedergangs.* Bereits hier sehen wir, dass NORTH über die naive Theorie zur Entstehung von Eigentumsrechten hinausgeht, denn der Staat bringt immer wieder **ineffiziente Eigentumsrechte** hervor, mit denen das Wachstumspotenzial einer Gesellschaft nicht voll ausgeschöpft werden kann. NORTH beabsichtigt mit seiner Theorie, die **Entstehung ineffizienter Eigentumsrechte zu erklären.**

Warum sind Eigentumsrechte häufig so ineffizient abgegrenzt?

NORTH definiert einen **Staat** als eine *Organisation mit einem komparativen Vorteil bei der Anwendung von Gewalt, die sich über ein geographisches Gebiet erstreckt, dessen Grenzen durch die Fähigkeit definiert werden, Bewohner zu besteuern* (1981, 21). Hinter der Definition steht die Überlegung von der überragenden Wichtigkeit von Eigentumsrechten. Mit ihnen ist das Recht verbunden, andere von der Nutzung auszuschließen. Eine Organisation, die einen komparativen Vorteil bei der Anwendung von Gewalt hat, befindet sich folglich in einer Position, Eigentumsrechte zu spezifizieren und durchzusetzen. Zentrale Voraussetzung für produktiven Gütertausch im Inland ist es, räuberische Eindringlinge vom eigenen Territorium fernzuhalten. Dies gilt seit langem als eine zentrale Aufgabe des Staates.

NORTH glaubt, alle Erklärungstheorien zur Existenz des Staates in eine von zwei Gruppen einteilen zu können: Entweder handelt es sich um **Vertragstheorien** (*à la* HOBBES) oder um **Ausbeutungstheorien** (*à la* MARX).

Vertragstheorie versus Ausbeutungstheorie

> **Hinweis**
>
> Vertragstheorien beruhen auf der Vorstellung, dass Gesellschaften sich qua Vertrag darauf einigen, wie sie zusammenleben wollen; Ausbeutungstheorien dagegen auf der Vorstellung, dass Teile der Gesellschaft sich auf Kosten anderer Gruppen besser stellen (sie „ausbeuten").

Der zentrale Gedanke der Vertragstheorie *à la* HOBBES ist mit ökonomischen Vorstellungen kompatibel: Alle Mitglieder einer Gesellschaft können sich besser stellen, wenn sie den Zustand der Anarchie, in dem das Leben ärmlich, hässlich, roh und kurz ist, verlassen und sich stattdessen einem Herrscher unterwerfen, dessen Kompetenzen gleichwohl beschränkt sind – qua Vertrag. Hobbes nimmt an, dass die physischen Fähigkeiten der Mitglieder einer Gesellschaft nicht so unterschiedlich verteilt sind, dass es einem einzigen – oder einigen wenigen – Gesellschaftsmitglied möglich wäre, anderen seine Bedingungen zu oktroyieren, also aufzuzwingen. Marx dagegen geht nicht nur davon aus, dass die gemeinsamen Interessen verschiedener gesellschaftlicher Gruppen („Klassen") zu gemeinschaftlichem Handeln führen, sondern auch davon, dass in jeder historischen Epoche eine Klasse in der Lage war, sich auf Kosten der anderen Klassen zu bereichern. Im Kapitalismus etwa die Kapitalisten auf Kosten der Arbeiterklasse.

North zufolge haben *beide Theoriegruppen Vor- und Nachteile.* Die Vertragstheorien konzentrieren sich auf die Vorteile, die sich aus dem ursprünglichen Vertrag ergeben, ignorieren aber die Analyse der Interaktionssituationen danach. Die Ausbeutungstheorien hingegen konzentrieren sich zu stark auf die Ausbeutungsmöglichkeiten derjenigen, die den Staat kontrollieren und vernachlässigen darüber die Vorteile, die aus der Existenz des Staates resultieren.

Das von North entwickelte Modell beruht auf der Annahme, dass alle Individuen Nutzenmaximierer sind und hat drei Eigenschaften:

(1) Der Staat tauscht eine Reihe von Dienstleistungen (Schutz, Gerechtigkeit) gegen Einkünfte. Weil die Produktion von Schutz und Gerechtigkeit **steigenden Skalenerträgen**

> **Hinweis**
>
> Von steigenden Skalenerträgen reden Ökonomen, wenn die Produktionsmenge verdoppelt werden kann, ohne dass die Menge der erforderlichen *Inputs* verdoppelt werden muss.

  unterliegt, kann der Staat diese Dienstleistungen zu Preisen anbieten, die niedriger sind als die Kosten, die den Nachfragern bei Eigenerstellung entstehen würden.

(2) Der Staat bzw. seine Vertreter versuchen, wie ein **diskriminierender Monopolist** zu handeln und versuchen also, verschiedene Gruppen nach ihrer jeweiligen Zahlungswilligkeit zu besteuern, um die Staatseinnahmen zu maximieren.

(3) Bei der Maximierung unterliegt der Staat bzw. seine Vertreter einer **Restriktion**: es gibt andere Staaten, aber auch Individuen

innerhalb des von ihnen kontrollierten Gebietes, die bereit wären, die von ihnen bereitgestellten Dienstleistungen anzubieten. Je enger die verfügbaren Substitute, desto mehr sind Vertreter des Staates in ihrem Handeln beschränkt.

Die von den Regierenden angebotenen Dienstleistungen beinhalten u.a. auch die Spezifizierung der Eigentumsrechte. Die Regierenden verfolgen das *Ziel, ihre Einkünfte zu maximieren* und grenzen die Eigentumsrechte folglich entsprechend ab. Weiter haben sie das Ziel, für *möglichst geringe Transaktionskosten* zu sorgen, um ein möglichst hohes Sozialprodukt zu induzieren, was wiederum mit höheren Steuereinnahmen für den Staat verbunden ist. NORTH zufolge bedeutet das, dass der Staat eine Reihe von Kollektivgütern bereitstellen wird.

Aus diesen beiden Zielen leitet NORTH (1981, 24f.) drei Implikationen ab:

(1) Die *beiden Ziele sind nicht vollständig kompatibel.* Maximierung der eigenen Einkünfte und Maximierung des gesellschaftlichen Produkts können zu widersprüchlichen Abgrenzungen führen.

(2) Spezifikation und Durchsetzung von Eigentumsrechten machen es erforderlich, dass die Regierenden Teile ihrer Macht an Agenten delegieren. Dies bedeutet, dass das *Prinzipal-Agent-Problem*, das Sie aus dem dritten Kapitel kennen, auch hier *relevant* wird.

(3) Die von der Regierung angebotenen Dienstleistungen haben *unterschiedlich verlaufende Angebotskurven*; zumindest einige dürften den typischen U-förmigen Verlauf haben.

> **Hinweis**
>
> U-förmige Angebotskurve: Zunächst sinken die Durchschnittskosten der Bereitstellung (etwa, weil die Fixkosten auf mehr Mengeneinheiten verteilt werden), aber von einer bestimmten Menge an steigen sie wieder (etwa, weil es immer schwieriger wird, qualifizierte Arbeitskräfte zu finden).

Die Kostenkurve für militärischen Schutz spiegelt die jeweils verfügbare Militärtechnik. Durch technischen Fortschritt ergeben sich somit Konsequenzen für den „optimalen" geographischen Umfang des Staates. Für ihn gilt, dass die Kosten der letzten bereitgestellten Schutzeinheit gerade den Steuereinnahmen entsprechen, die das letzte geschützte Individuum an den Herrscher entrichtet.

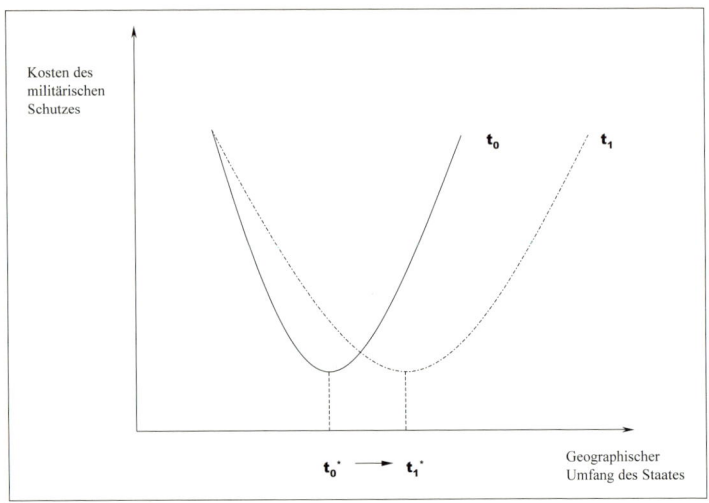

Schaubild 6.1: Optimaler geographischer Staatsumfang in Abhängigkeit von den Kosten des militärischen Schutzes

Aus dem einfachen statischen Modell folgen zwei Beschränkungen des Herrschers: eine **Wettbewerbsbeschränkung** und eine **Transaktionskostenbeschränkung**. *Beide Beschränkungen führen häufig zu ineffizienten Eigentumsrechten.* Die Wettbewerbsbeschränkung sorgt dafür, dass diejenigen Gruppen einer Gesellschaft, die sich zu relativ geringen Kosten einen anderen Herrscher suchen können, nicht verprellt werden. Anders formuliert: der Herrscher hat ein Interesse daran, sie möglichst gut zu stellen, um sie als Steuerzahler nicht zu verlieren, unabhängig davon, was das für die Effizienz der Eigentumsrechtsstruktur bedeutet. Die Transaktionskostenbeschränkung kann ebenfalls zu ineffizienten Eigentumsrechten führen. Für das Volkseinkommen mögen wettbewerblich verfasste Märkte am förderlichsten sein. Weil die aber mit großen Problemen für den Herrscher einhergehen können, etwa die Aktivitäten zu messen und zu besteuern, haben viele Herrscher es häufig vorgezogen, Monopollizenzen zu vergeben.

Für viele Herrscher ist die Vergabe von Monopolen attraktiv

Die Schlussfolgerungen und offenen Fragen seines Modells hängt NORTH an der Beobachtung auf, dass kollektives Handeln auch in solchen Situationen häufig zu beobachten ist, in denen Ökonomen ein weit verbreitetes Trittbrettfahrer-Verhalten prognostizieren würden. Die aus seiner Theorie ableitbaren Aussagen fasst er so zusammen:

(1) Die Stabilität von Staaten kann u.a. erklärt werden mit der Schwierigkeit, das Problem kollektiven Handelns zu überwinden.

(2) Institutioneller Wandel wird primär von Regierenden und nicht von den Regierten ausgehen, da letztere ja nicht in der Lage sind, das Trittbrettfahrerproblem zu lösen.

(3) Revolutionen werden Palastrevolutionen sein, also nicht auf der Straße entstehen. Bei solchen Revolutionen wird der bisherige Herrscher gegen ein anderes Mitglied der Herrscherclique ausgetauscht.

(4) Wenn der Herrscher der Agent einer Gruppe oder Klasse ist, dann wird es Nachfolgeregeln geben, um die Wahrscheinlichkeit eines gewaltsamen Wechsels nach dessen Tod zu reduzieren.

Abschließend fordert NORTH eine Theorie der Ideologie, um erklären zu können, unter welchen Umständen das Problem kollektiven Handelns gelöst wird und unter welchen Umständen es nicht zu kollektivem Handeln kommt.

Ideologie

Der Fremdwörterduden beschreibt Ideologie u.a. als „an eine soziale Gruppe, eine Kultur o.ä. gebundenes System von Weltanschauungen, Grundeinstellungen und Wertungen..." Für NORTH sind Ideologien der Schlüssel zum Verständnis menschlichen Handelns. In *Structure and Change in Economic History* (1981, 48) beschreibt er Ideologien als „intellektuelle Anstrengungen, um Verhaltensmuster von Individuen und Gruppen zu rationalisieren." Drei Funktionen von Ideologien sind ihm besonders wichtig:

(1) Sie sind ein Ökonomisierungsinstrument, mit denen Individuen Entscheidungskosten reduzieren.

(2) Sie sind unlösbar mit moralischen und ethischen Urteilen über Fairness verknüpft.

(3) Sie werden geändert, wenn sie nicht mit den Erfahrungen von Individuen übereinstimmen.

In der Zwischenzeit hat NORTH in verschiedenen Publikationen immer wieder betont, wie wichtig das Verständnis von Ideologien für die Erklärung menschlichen Handelns sei (z.B. in NORTH 2005).

Wir sehen ganz deutlich, was die in 6.2 vorgestellte naive Theorie von der hier vorgestellten Theorie unterscheidet: NORTH liefert überzeugende *Argumente dafür, dass Herrscher Anreize haben, Eigentumsrechte nicht effizient abzugrenzen.*

6.4 Zur Erklärung des Wandels von Regierungsformen

6.4.1 Vorbemerkungen

Ökonomen sind lange Zeit davon ausgegangen, dass ihre Aussagen unabhängig von der jeweils realisierten Regierungsform gültig seien. Erst in den 1950er Jahren begannen einige Ökonomen zu fragen, ob man politische Prozesse mit Hilfe des ökonomischen Ansatzes erklären könne. So entstand die **ökonomische Theorie der Politik** (im Original *Public Choice* Theorie genannt). Dieses neue Programm breitete sich zuerst vor allem in den USA aus. Vor diesem Hintergrund ist es verständlich, wenn seine Vertreter zunächst unterschiedliche institutionelle Ausgestaltungen demokratischer Systeme untersuchten. Es wurde anfänglich fast durchgehend davon ausgegangen, dass die grundlegenden Regeln eines Regimes (a) gegeben seien und es sich (b) um Spielregeln für eine Demokratie handele.

Aber bereits 1962 veröffentlichten JAMES BUCHANAN und GORDON TULLOCK ihre Monographie *The Calculus of Consent*, die als Geburtsstunde der **Konstitutionenökonomik** verstanden werden kann. In diesem Forschungsprogramm werden die grundlegenden Regeln nicht mehr als gegeben unterstellt, sondern es wird angenommen, dass Gesellschaften auch die grundlegenden – konstitutionellen – Regeln, unter denen sie leben wollen, setzen und verändern können. In den folgenden Jahren blieb dieses Programm überwiegend normativ, seine Vertreter waren also damit beschäftigt, bestimmte Regeln bzw. ganze Regelsysteme (Verfassungen) zu legitimieren. Der positive Zweig der Konstitutionenökonomik ist viel jünger. Erst seit einigen Jahren wird systematisch gefragt, ob Ökonomen etwas zur Erklärung der Wahl und des Wandels von Regierungsformen beitragen können. Wir können hier natürlich keinen Überblick über dieses schnell wachsende Forschungsprogramm liefern (VOIGT 2009c bietet eine Übersicht).

Transformationsansätze ohne Institutionen **6.4.2**

Die bisherigen Veröffentlichungen, in denen versucht wird, die Transformation von Regierungsformen zu erklären, können in zwei Gruppen unterteilt werden: solche, in denen Institutionen eine Rolle spielen, und solche, in denen das nicht der Fall ist. **„Institutionenlose" Transformationstheorien** können z.B. beruhen auf

– dem **Selbstinteresse der Herrscher.** McGuire und Olson (1996) ist ein solcher Ansatz. Die beiden Autoren beschäftigen sich mit der Frage, was die optimale Ausbeutungsrate eines Herrschers ist. Eine landläufige Vorstellung von Autokraten lautet ja, dass sie versuchen werden, möglichst hohe Steuern zu erheben und dass sie keine Anreize haben, die eingetriebenen Steuergelder einzusetzen, um Kollektivgüter zu produzieren. McGuire und Olson zeigen nun, dass die Anreize rationaler Autokraten damit nicht korrekt beschrieben sind. Sie beginnen mit umherziehenden Banditenbanden, so wie sie im alten China existierten. Rationale Bandenführer haben Anreize, sich mit ihrer Bande an einem Ort niederzulassen, um die Einwohner des Dorfes vor Überfällen zu schützen. Die haben dadurch höhere Anreize, mehr zu produzieren, weil sie ja eine höhere Chance haben, die von ihnen produzierten Güter auch zu konsumieren (und nicht beraubt zu werden). Das führt nicht nur zu einer Erhöhung des Einkommens, sondern auch zu einer Ausweitung der Steuerbasis. Ist der geforderte Steuersatz zu hoch, so wird es teurer, sich anzustrengen, um ein höheres Einkommen zu erzielen (die Opportunitätskosten der Arbeit steigen). Rationale Autokraten werden also keineswegs versuchen, den Steuersatz zu maximieren. Hat die Bereitstellung von Kollektivgütern – wie Ökonomen in der Regel ja behaupten – tatsächlich einkommenssteigernde Effekte, so werden rationale Autokraten ihr Einkommen aus der Besteuerung der Subjekte auch nicht vollständig in ein schickes Schloss stecken, sondern damit auch Kollektivgüter bereitstellen, um die Steuerbasis weiter zu erhöhen.

> Rationale Autokraten optimieren Steuersatz (und maximieren ihn nicht)

Ein zentraler Gedanke des Modells von McGuire und Olson kann mit Hilfe der so genannten **Laffer-Kurve** verdeutlicht werden. Diese Kurve wurde zu Ehren von Arthur Laffer benannt, der sie erstmals 1974 auf einer Serviette skizziert haben soll. Die Fiskalpolitik von US-Präsident Ronald Reagan war an ihr orientiert. Auf ihr werden die gesamten Steuereinnahmen des Staates in Abhän-

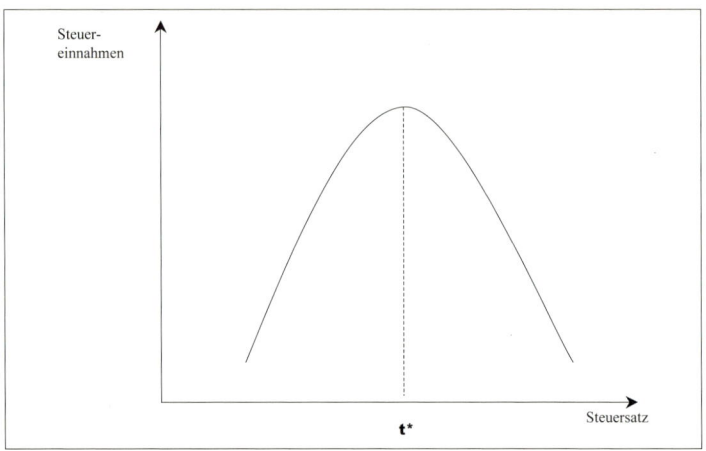

Schaubild 6.2: Zum Zusammenhang zwischen Steuersatz und Steuereinnahmen (die „Laffer"-Kurve)

gigkeit vom jeweils gültigen Steuersatz aufgetragen. Rechts von t* sinken die Einnahmen, obwohl der Steuersatz weiter erhöht wird.

„Institutionenlose" Transformationstheorien können auch beruhen auf

– **Bevölkerungswachstum.** USHER (1989) ist daran interessiert zu erklären, warum man lange Zeit eine pendelartige Bewegung zwischen Anarchie und Despotismus, also einer Gewalt- und Willkürherrschaft, beobachtet hat. Er argumentiert, dass ein hohes Bevölkerungswachstum zu einer Verarmung der Bauern führt, was auch bedeutet, dass die jeweiligen Despoten ihnen weniger wegnehmen können. Die Verarmung führt zu einem Bevölkerungsrückgang, der mit einem höheren „Pro Kopf-Einkommen" einhergeht und damit Anreize schafft, Bandit zu werden, also zu versuchen, den Bauern Teile ihrer Ernte zu stehlen. Die Existenz zahlreicher Banditen bedeutet aber, dass wir es mit der Staatsform der Anarchie zu tun haben.

Schließlich können „institutionenlose" Transformationstheorien auch auf

– **Umweltfaktoren** beruhen. MOSELLE und POLAK (2001) fragen, wie die Wahrscheinlichkeit, dass es überhaupt zur Entstehung von Staaten kommt, erklärt werden kann. Diese Wahrscheinlichkeit war in unterschiedlichen Regionen der Welt unterschiedlich hoch. Sie argumentieren, dass Staatenlosigkeit in ungeschützten Ebenen und Steppen wahrscheinlicher ist als in hügeligen oder fruchtbaren Gegenden, weil die ersten schwer zu verteidigen sind. Mit diesem Ansatz erklären MOSELLE und POLAK, warum es im vorkolonialen Afrika ein so geringes Maß von Staatlichkeit gab.

Transformationsansätze mit Institutionen 6.4.3

Damit kommen wir zur zweiten Gruppe von Ansätzen, also solchen, in denen Institutionen explizit berücksichtigt werden.

- BARZEL (1997) diskutiert die **Rolle des Parlaments** als Instrument für Autokraten, um sich glaubhaft zu binden. Könige, die sich in einer stabilen Position wähnten, hätten Anreize gehabt, einen Teil ihrer Kompetenzen freiwillig an ein Parlament zu delegieren. Sie konnten damit ihre Versprechen glaubhafter machen, das Eigentum ihrer Subjekte nicht zu konfiszieren. Dieser Aufsatz beschäftigt sich also mit einer Möglichkeit, das *Dilemma des starken Staates* zu reduzieren, das Sie aus dem vierten Kapitel kennen.

- SUTTER (1995) beschäftigt sich mit den Schwierigkeiten, einen Übergang von einem autoritären zu einem nicht-autoritären Regime institutionell zu sichern. Geht man davon aus, dass eine Transformation potenziell wohlstandserhöhend wirkt, Revolutionen aber mit der Verschwendung von Ressourcen einhergehen, dann sind andere Transformationspfade wie z. B. ausgehandelte Transformationspakte überlegen. SUTTER spricht von einem „**Bestrafungsdilemma**", das die neue (nicht-autoritäre) gegenüber der alten (autoritären) Regierung hat: Vor der Übernahme der Regierungsgeschäfte hat sie Anreize, den alten Herrschern Straffreiheit zuzusichern, sobald sie aber im Amt ist, kann es zu Forderungen aus der Bevölkerung kommen, die alten Autokraten zu bestrafen. Weil diese das antizipieren, haben sie Anreize, sich so lange wie möglich gegen eine Transformation zu wehren. Daraus folgt, dass eine *optimale Politikregel gegenüber Diktatoren zeitinkonsistent* ist (dieses Problem ist Ihnen aus dem vierten Kapitel bekannt, wo Sie es bei der Diskussion politischer Konjunkturzyklen kennengelernt haben). Um potenzielle Diktatoren davon abzuhalten, zu versuchen, tatsächlich Diktator zu werden, muss man ihnen eine drastische Strafe androhen. Sobald ein Diktator an der Macht ist – und die Gesellschaft ihn möglichst schnell wieder loswerden will –, würde man ihm gern Straffreiheit zusichern können, um ihm Anreize zu geben, ein nicht-autoritäres Regime an die Macht zu lassen.

Sie haben gemerkt, dass die hier vorgestellten Ansätze ganz unterschiedliche Aspekte der Transformation von Staats- bzw. Regierungsformen beleuchten. Eine umfassende Theorie der Transformation wurde hier nicht vorgestellt, weil sie bisher nicht verfügbar ist. Im nächsten Abschnitt wenden wir uns einem Ansatz zur Erklärung des institutionellen Wandels etwas ausführlicher zu, weil der in den letzten Jahren vor allem in Deutschland intensiv diskutiert wurde.

6.5   Institutioneller Wandel durch Wettbewerb der Institutionen?

Seit einigen Jahren führt das Stichwort vom „Wettbewerb der Institutionen" insbesondere in Deutschland zu hitzigen Debatten. Obwohl die grundlegende Vorstellung zumindest bis zu KANT und MONTESQUIEU zurückverfolgt werden kann, gilt unter Ökonomen ein Aufsatz von CHARLES TIEBOUT aus dem Jahre 1956 als Auslöser einer umfassenden Literatur. Die Grundvorstellung ist sehr einfach: *Nicht nur die Anbieter traditioneller Güter befinden sich im Wettbewerb, sondern auch die Anbieter von Kollektivgüterbündeln.* Unter Ökonomen wurde die Vorstellung zunächst in Bezug auf föderal verfasste Staaten diskutiert, in denen die Gliedstaaten sich im Wettbewerb untereinander befinden. Inzwischen wurde die Vorstellung jedoch ausgedehnt auf Nationalstaaten, deren Regierungen sich im Wettbewerb um (knappe) mobile Ressourcen befänden. Hier werden die Eigentümer mobiler Ressourcen als Nachfrager nach einer institutionellen Umgebung interpretiert, die es ihnen erlaubt, Erträge auf ihr eingesetztes Kapital zu erwirtschaften.

Auch Regierungen befinden sich im Wettbewerb

In Deutschland wird die Debatte über dieses Konzept so hitzig geführt, weil sich zwei unterschiedliche Lager gegenüberstehen: auf der einen Seite diejenigen, die sich vom Wettbewerb der Institutionen eine effektivere Kontrolle der Regierenden erhoffen, die durch diesen Wettbewerb gezwungen werden, den Präferenzen der Regierten mehr Beachtung zu schenken als bisher (z.B. STREIT 1995). Auf der anderen Seite befinden sich diejenigen, die befürchten, ein Wettbewerb der Institutionen könne zu einem *race to the bottom* führen: wenn Kapital immer dorthin wandert, wo die höchsten Erträge zu erwarten sind, dann könnten Staaten gezwungen werden, kostenträchtige Regulierungen (wie Umweltauflagen) zu reduzieren, aber auch Umverteilungsmaßnahmen (Sozialpolitik) zurückzufahren (z.B. SINN 1997; dazu auch MUELLER 1998).

Aber schauen wir uns die von den beiden Seiten genutzten Argumentationsfiguren etwas genauer an. In Anlehnung an ALBERT O. HIRSCHMAN (1970) wird der Abzug mobiler Ressourcen aus einer Jurisdiktion häufig als *„exit"* bzw. **„Abwanderung"** bezeichnet. Weiter wird unterstellt, dass *exit* zu Popularitätsverlust der Regierung führe und sie deshalb Anreize habe, das bereitgestellte Kollektivgüterbündel so anzupassen, dass es zum Nettozufluss mobiler Ressourcen komme. Wird davon ausgegangen, dass ausländische Direktinvestitionen als Folge der Globalisierung heute viel leichter möglich sind als noch vor einigen Jahren, so mag bereits der Einsatz des anderen von HIRSCHMAN genannten Mechanismus' – *„voice"* bzw. **„Widerspruch"** – hinreichend sein, um eine Änderung des angebotenen Kollektivgüterbündels zu bewirken – und zwar, weil die *exit*-Drohung aufgrund der gesunkenen Mobilitätskosten glaubhafter geworden ist.

Anhänger des Konzepts vertreten darüber hinaus häufig die Hypothese, dass der Wettbewerb der Institutionen wohlfahrtssteigernd sei; durch ihn würden weniger effiziente Institutionen von effizienteren abgelöst. VIKTOR VANBERG (1992, 111) hat auf zwei Bedingungen hingewiesen, die seines Erachtens erfüllt sein müssen, damit institutioneller Wettbewerb wohlfahrtssteigernde Effekte hervorbringt. Erstens müsse gewährleistet sein, dass *potenziell wohlfahrtssteigernde Innovationen ausprobiert werden könnten und* es müsse eine hohe Wahrscheinlichkeit bestehen, dass sie *tatsächlich ausprobiert würden.* Zweitens müsse ein **Mechanismus der „selektiven Bewährung"** (*selective retention*) zuverlässig als fehler-eliminierender Mechanismus funktionieren, das heißt dass weniger effiziente Praktiken (Routinen, Werkzeuge) systematisch gegenüber effizienteren Praktiken eliminiert werden. Wer den Wettbewerb der Institutionen für wohlfahrtssteigernd hält, muss den Mechanismus benennen können, durch den „selektive Bewährung" funktionieren soll.

Bedingungen für wohlfahrtssteigernden Institutionenwettbewerb

Auf den ersten Blick mag die Analogie zwischen einem Güterwettbewerb und einem Wettbewerb in Bezug auf Kollektivgüterbündel überzeugend wirken. Hier sei nur auf *zwei Probleme der Analogie* hingewiesen:

Probleme der Analogie

(1) Gütereigenschaften
Güterwettbewerb findet über Individualgüter statt. Können sich Anbieter und Nachfrager auf einen Preis einigen und schließen sie einen Tauschvertrag, dann ist nutzensteigernder Tausch möglich. Der Wettbewerb der Institutionen bezieht sich dagegen auf Kollektivgüter, die zudem häufig immateriell sind. Individuelle Zahlungsbereitschaften sind nicht hinreichend für die tatsächliche Bereitstellung eines Gutes. Über das tatsächlich bereitgestellte **Kollektivgüterbündel** finden kollektive Wahlhandlungen statt. Sobald hierbei von der Einstimmigkeitsregel in Bezug auf alle Einzelgüter, die später das Kollektivgüterbündel ausmachen, abgewichen wird, ist nicht auszuschließen, dass ein Kollektivgut für einige Individuen ein **kollektives „Schlecht"** ist und sei es nur, weil sie für seine Bereitstellung zahlen müssen, ohne es jemals zu nutzen.

Der Hinweis auf die *exit*-Möglichkeit ist hier nur bedingt relevant, da ähnliches ja auch in anderen Jurisdiktionen gilt. Dies wäre anders, wenn man sich sein individuelles Kollektivgüterbündel als Menü aus verschiedenen Angeboten zusammenstellen könnte (Vorstellungen in diese Richtung werden entwickelt von FREY und EICHENBERGER 1999).

(2) Präferenzkommunikation
Der Terminologie von HIRSCHMAN folgend lautet eine allgemeine Vorstellung, dass die Präferenzen der Nachfrager den Anbietern über *exit* bzw. *voice* kommuniziert werden. Wenn im Güterwettbewerb einige Nachfrager einem Anbieter den Rücken kehren, dann ist diese Abwanderung für den Anbieter interpretationsbedürftig, weil der Nachfrager ja keinen Grund nennt, sondern ein anonymes Verfahren wählt. Die im Wettbewerb der Institutionen mittels *exit* erzeugten Signale dürften jedoch ungleich interpretationsbedürftiger sein. Das institutionelle Angebot ist schließlich nur ein Faktor für die erwarteten Investitionserträge (der seinerseits jedoch wiederum aus einer Vielzahl von Elementen besteht). Für eine Investitionsentscheidung dürften aber viele nicht-institutionelle Faktoren eine Rolle spielen – mit der Zahl der potenziellen Konsumenten und ihrer Kaufkraft seien hier nur zwei genannt.

Widerspruch verspricht nur dann Aussicht auf Erfolg, wenn er kollektiv erfolgt. Akteure, die eine Verschlechterung des bereitgestellten Kollektivgüterbündels beobachten, werden nur dann etwas dagegen unternehmen, wenn sie in der Lage sind, das **Problem kollektiven Handelns** (OLSON 1965) zu überwinden.

Zur Organisierbarkeit von Konsumenten- und Produzenteninteressen: Das Problem kollektiven Handelns

Im vierten Kapitel hatten wir am Beispiel eines Deichs gesehen, dass sein Bau auf Basis freiwilliger Beiträge derjenigen, die sich durch seine Existenz besser stellen, eher unwahrscheinlich ist. Jeder Akteur hofft, dass die Summe der freiwilligen Beiträge der anderen Akteure hoch genug ist, so dass es zum Deichbau kommt, ohne dass man selbst einen Beitrag zur Verfügung stellen muss. Da aber alle Akteure so räsonieren, dürfte es folglich nicht zur Bereitstellung von Kollektivgütern durch Private kommen. Nun beobachten wir aber, dass es bestimmten Gruppen dennoch gelingt, das Problem kollektiven Handelns zu überwinden. Olson (1965) beschreibt, in welchen Situationen die Überwindung gelingen kann:

(1) Wenn **gleichzeitig noch ein Privatgut** bereitgestellt wird, in dessen Genuss man nur kommt, wenn man sich an der Bereitstellung des Kollektivguts beteiligt. Gewerkschaften z.B. stellen ein Kollektivgut bereit, das man auch konsumieren kann, ohne Gewerkschaftsmitglied zu sein, verbesserte Löhne und Arbeitsbedingungen zum Beispiel. Aber Gewerkschaften stellen häufig auch private Güter wie Versicherungs- und Beratungsleistungen bereit, deren Konsum ausschließlich den Mitgliedern vorbehalten ist. Sind diese privaten Güter attraktiv, kann es sich lohnen, Mitglied zu werden – und sich damit an den Kosten der Bereitstellung des öffentlichen Gutes zu beteiligen.

(2) Es besteht **Zwangsmitgliedschaft**. Dann können Sie in einer Firma nur Arbeitnehmer werden, wenn Sie Gewerkschaftsmitglied sind (so genannter *closed shop*). Dies ist m.E. jedoch kein überzeugendes Argument für die (erstmalige) Überwindung des Problems des kollektiven Handelns, sondern eher für eine Vorkehrung, mit deren Hilfe die nachhaltige Existenz einer bereits bestehenden Organisation gesichert werden kann. Eine Zwangsmitgliedschaft setzt einen gesetzgeberischen Akt bzw. ein Abkommen mit dem Arbeitgeber voraus. Um sie institutionell zu vereinbaren, muss die Gewerkschaft das Problem kollektiven Handelns nicht nur bereits irgendwie überwunden haben, sondern muss über eine beträchtliche Stärke verfügen, denn sonst wären Gesetzgeber bzw. Arbeitgeber nicht willens, einer Zwangsmitgliedschaft zuzustimmen.

(3) **Geringe Zahl potenzieller Beteiligter**: Es ist unmittelbar einsichtig, dass der Deichbau leichter gelingen wird, wenn nur fünf Bauern als Beitragende in Frage kommen, als wenn es 500 Beitragende sind. Wenn sich nur einer von fünf Bauern sperrt, können ihn die anderen vier viel leichter sanktionieren, als wenn 100 Bauern von 400 zahlenden Bauern sanktioniert werden müssten.

Die letzte Erwägung führt zu folgender allgemeiner Aussage: Es besteht eine asymmetrische **Organisierbarkeit von Interessen**. **Produzenteninteressen** sind demnach **leichter zu organisieren als Konsumenteninteressen**. Neben der Zahl potenzieller Beteiligter mögen auch die jeweils relevanten Beträge eine Rolle spielen: Für einen Bauern kann die Subventionierung der Milchproduktion lebenswichtig sein; Konsumenten wissen häufig nicht einmal, dass die Milch ohne den Einsatz der verschiedenen Instrumente der EU-Agrarpolitik billiger wäre.

Die **asymmetrische Organisierbarkeit** von Interessen führt dazu, dass immer nur ganz bestimmte Präferenzen mittels Widerspruch artikuliert werden. Das heißt oft, dass Institutionen so verändert werden, wie es von den organisierten Akteuren vorgeschlagen bzw. gefordert wird. Zu behaupten, der Wettbewerb der Institutionen führe dazu, dass Politiker sich enger an „die" Präferenzen der Bürger gebunden fühlten, erscheint problematisch, weil es „die" Präferenzen der Bürger möglicherweise gar nicht gibt.

Schließlich kann nicht ausgeschlossen werden, dass Abwanderung und Widerspruch **gegensätzliche Signale** hervorbringen. Im Vergleich zum Güterwettbewerb sind die durch den Wettbewerb der Institutionen hervorgebrachten Signale ungleich interpretationsbedürftiger. Aufgrund der Kombination von Kollektivguteigenschaft und asymmetrischer Organisierbarkeit von Interessen ist eher zweifelhaft, ob die Konsumentenpräferenzen (hier abgegrenzt im herkömmlichen Sinn) dabei besonders deutlich kommuniziert werden. Anders formuliert: *Die Ausübung der exit-Option ist keineswegs hinreichend, um auf eine Verschlechterung des Kollektivgüterbündels schließen zu können. Andererseits ist die Abwesenheit von Widerspruch kein hinreichender Indikator dafür, dass die Nachfrager mit der Qualität des bereitgestellten Kollektivgüterbündels zufrieden sind.*

Einige Bestandteile einer allgemeinen Theorie   6.6

Vorbemerkungen   6.6.1

In den Abschnitten zwei bis vier haben wir einige Ansätze vorgestellt, die sich mit Teilaspekten des Wandels externer Institutionen beschäftigen. Ziel dieses Abschnitts ist es, einige weitere Teilaspekte vorzustellen und dann – zusammenfassend – die Elemente vorzustellen, die eine allgemeine Theorie institutionellen Wandels unseres Erachtens berücksichtigen müsste. Eine allgemein akzeptierte Theorie zu dieser Frage liegt noch nicht vor, folglich kann sie hier auch nicht vorgestellt werden.

Zunächst sei noch einmal darauf hingewiesen, dass zur Änderung externer Institutionen in der Regel ein **expliziter kollektiver Entscheidungsprozess** erforderlich ist. In demokratisch verfassten Staaten ist das am offensichtlichsten, hier ist zumindest eine parlamentarische Mehrheit erforderlich. Ihr dürften in vielen Fällen die Bemühungen von Interessengruppen vorausgehen, die bestimmte institutionelle Änderungen fordern. Wir betonen diesen Aspekt hier so, weil er für den Wandel interner Institutionen i.d.R. nicht zutrifft – der Wandel interner Institutionen kann vom Parlament nicht sinnvoll beschlossen werden.

Innerhalb des ökonomischen Ansatzes ist institutioneller Wandel unter Rückgriff auf individuelles Handeln zu erklären. Damit eine Erklärung überzeugend ist und keinen *ad hoc*-Charakter hat, müssen wir jeweils zeigen, dass die entsprechenden Akteure Anreize hatten, so und nicht anders zu handeln. Ansonsten würden wir der Gefahr eines **funktionalistischen Trugschlusses** unterliegen (ELSTER 1984, 28 ff.).

Definition

Funktionalistischer Trugschluß: unzulässige direkte Verknüpfung zwischen der gesellschaftlichen Funktion einer Institution und ihrer Entstehung.

Der Versuch, diesen Trugschluss zu vermeiden, führt unmittelbar zu der Frage, welche Rolle individuellem Handeln bei der Entstehung und beim Wandel von Institutionen zukommt.

Die Entscheidungssituation eines jeden Akteurs, der unter irgendeinem Set externer Institutionen lebt, kann sehr schematisch mit Hilfe der folgenden 2 x 2- Matrix beschrieben werden.

Tabelle 6.1: Individuelle Entscheidungssituation in Bezug auf die Wahl externer Institutionen

		Ebene der Spielzüge	
		Sich an Institutionen halten	Sich nicht an Institutionen halten
Ebene der Spielregeln	Keine institutionellen Änderungen nachfragen	α	γ
	Institutionelle Änderungen nachfragen	β	δ

Hier sind zwei Ebenen kombiniert worden, die von Vertretern der Konstitutionenökonomik gern getrennt werden:

> **Hinweis**
>
> Konstitutionenökonomen unterscheiden zwischen Spielregen („*choice of rules*") und Spielzügen („*choice within rules*").

die Ebene der **Spielzüge**, auf der man sich entweder an die (gegebenen) Institutionen halten oder gegen sie verstoßen kann, und die Ebene der **Spielregeln**, auf der man andere Institutionen nachfragen kann oder eben nicht. Natürlich wäre es interessant, in der Lage zu sein, Vorhersagen darüber anstellen zu können, unter welchen Bedingungen wir mit welcher Art von Verhalten rechnen können. Auch wenn wir nicht in der Lage sind, das jeweilige Verhalten – und damit institutionellen Wandel – konkret zu prognostizieren, so können wir doch argumentieren, dass sechs Faktoren eine wichtige Rolle spielen dürften:

Determinanten institutionellen Wandels

(1) Die **beschränkte Rationalität** der Akteure.
(2) Das **Problem kollektiven Handelns**.
(3) Die **Pfadabhängigkeit** institutionellen Wandels.
(4) Sie steht in engem Zusammenhang zum Phänomen **politischer Transaktionskosten**.
(5) Wir gehen davon aus, dass diese Elemente dazu führen, dass sich die **relative Macht der relevanten Akteure** in den Institutionen einer Gesellschaft widerspiegelt.
(6) Andererseits könnten auch die **Gerechtigkeitsvorstellungen** großer Bevölkerungsteile relevant sein.

Diese Aspekte werden in den folgenden Absätzen jeweils kurz behandelt.

Satisfizierendes Handeln   6.6.2

Das Konzept der beschränkten Rationalität haben wir bereits in der Einleitung kennen gelernt. In Zusammenhang mit diesem Konzept hat HERBERT SIMON (1955) auch eine Hypothese über die Zielfunktion beschränkt rationaler Akteure eingeführt. Er nimmt an, dass sie nicht mehr versuchen, ihren Nutzen in jeder möglichen Situation zu maximieren, sondern dass sie „**satisfizieren**", das heißt sich damit zufrieden geben, ein bestimmtes Anspruchsniveau zu erreichen. Solange dieses Niveau erreicht wird, hat der Akteur keinen Grund, sein Verhalten zu ändern. Hat er sich bisher institutionenkonform verhalten, so haben wir also zunächst weder damit zu rechnen, dass er gegen gültige Institutionen verstößt noch damit, dass er veränderte Institutionen nachfragt. Notwendige Bedingung dafür, von in eine der anderen Zellen zu wechseln, ist eine spürbare Unterschreitung des bisherigen Anspruchsniveaus.

Das Problem kollektiven Handelns   6.6.3

Satisfizierendes Handeln ist aber nicht der einzige Grund dafür, warum es nicht nach jeder Nutzenniveaureduzierung zu einer umfassenden Nachfrage nach institutionellen Änderungen kommt. Institutionen sind Kollektivgüter, ihre Wirkung entfalten sie, weil sie für eine Vielzahl von Akteuren gültig sind. Von einer Änderung einer Institution würde nicht nur eine Person profitieren, sondern eine Vielzahl anderer, die ähnliche Präferenzen haben. Sie wissen inzwischen, dass jeder Akteur deshalb darauf hofft, dass die – kostenträchtige – Nachfrage nach geänderten Institutionen von anderen nachgefragt wird und man selbst *darauf spekuliert, die Trittbrettfahrerposition einnehmen zu können.*

Definition

Trittbrettfahrer: Akteure, die ein Gut nutzen, ohne sich an den Kosten seiner Bereitstellung zu beteiligen

Da dies das Kalkül jedes Akteurs ist, können wir nicht davon ausgehen, dass kollektives Handeln regelmäßig zustande kommt, selbst wenn es für die beteiligten Akteure vorteilhaft wäre. Eine Gruppe unzufriedener Akteure, der es nicht gelingt, das Problem kollektiven Handelns zu überwinden und institutionelle Änderungen nachzufragen, kann weiter in α verbleiben, mitunter aber auch zu γ wechseln, also gegen die jeweils gültigen Institutionen verstoßen.

6.6.4 Die Pfadabhängigkeit institutionellen Wandels

Definition

Pfadabhängigkeit: Vorstellung, dass Geschichte relevant ist, weil Entscheidungen heute von den Entscheidungen gestern beeinflusst werden

Bisher ist das Konzept der **Pfadabhängigkeit** in der Ökonomik vor allem genutzt worden, um die Diffusion konkurrierender Techniken zu erklären. Douglass North (1990, 92-104) schreibt dem Konzept allerdings auch bei der Analyse institutionellen Wandels außerordentlich große Bedeutung zu und hält eine Analogie zwischen konkurrierenden Techniken und Institutionen mit geringen Modifikationen für möglich (eine ausführliche Analyse der Analogiefähigkeit findet sich in Kiwit und Voigt 1995, 127-38). Im Mittelpunkt der ursprünglichen Analyse stand die Möglichkeit, dass sich Techniken durchsetzen, die von Beobachtern als weniger effizient eingeschätzt werden als konkurrierende Techniken (z.B. Arthur 1989). Dafür sind so genannte **Netzwerkeffekte** entscheidend: bei ihnen steigt der Nutzen der Teilnehmer an einem Netz mit der Zahl anderer Nutzer. Der einzige Mensch auf dieser Welt mit einem Fax-Gerät zu sein, dürfte nur wenig Nutzenzuwachs bringen. Je mehr Personen ein solches Gerät besitzen, desto höher ist mein Nutzen daraus. Hat ein bestimmter technischer Standard bereits eine gewisse Verbreitung erfahren, so dürfte es für Anbieter mit konkurrierenden – und möglicherweise effizienteren – Standards aufgrund der Netzwerkeffekte schwierig sein, sich am Markt durchzusetzen. Als Beispiel hierfür wird häufig die Konkurrenz unterschiedlicher Videokassettenstandards (VHS *vs.* Betamax und Video 2000) genannt.

Von Vertretern des Konzeptes der Pfadabhängigkeit wird häufig behauptet, dass sich eine Technik durchsetzen könne, die als ineffizient bewertet wird und zudem von konkurrierenden, besseren Techniken ohne staatliches Handeln nicht zu verdrängen ist. Insofern könne eine reine Marktlösung zu langandauernden Ineffizienzen führen. Wenn das Konzept auch auf Institutionen angewandt werden kann und die Funktion von Institutionen darin besteht, Erwartungssicherheit zu erhöhen und damit letztlich einen höheren Wohlstand zu ermöglichen, dann würde Pfadabhängigkeit in diesem Kontext bedeuten, dass Institutionen entstehen und überleben können, ohne Wachstum und Entwicklung förderlich zu sein.

Ist institutioneller Wandel pfadabhängig, so sind aber auch Situationen denkbar, in denen es gar nicht möglich wäre, effektiven institutionellen Wandel herbeizuführen, selbst wenn die geänderten Institutionen theoretisch viel effizienter zu sein scheinen. PAUL DAVID (1994, 218f.) schreibt:

Zitat

„... Institutionen dürften viel weniger formbar sein als Technologien und das Ausmaß von Vielfalt, das sich aus Rekombinationen existierender Elemente ergibt, dürfte in Bezug auf Technologien viel höher sein als in Bezug auf Institutionen. Weil institutionelle Strukturen starrer und weniger flexibel bei der Anpassung an geänderte Umstände sind, schaffen sie Anreize, sich um die Änderung der externen Umgebung zu kümmern... Weil das Ausmaß impliziten Wissens (*tacit knowledge*[1]), das für das effiziente Funktionieren komplexer sozialer Organisationen benötigt wird, viel größer ist als für technologische Systeme, sind institutionelles Wissen und die darin enthaltenen Problemlösungstechniken gefährdet, wenn Organisationen zusammenbrechen oder von Konkurrenten übernommen und ‚reformiert‘ werden.“

Im *technischen Bereich* können **hohe Fixkosten** eine positive Rückkopplung folgender Form begründen: Eine *höhere Nachfrage führt zu geringeren Stückkosten, die geringere Preise bewirken, die wiederum zu höherer Nachfrage führen.* Der Versuch einer direkten Übertragung dieser Kettenreaktion in den institutionellen Bereich ist aber

Probleme der Analogie

---

[1]   Der Begriff *tacit knowledge* stammt von MICHAEL POLANYI (1952/1998). Allgemein soll er darauf hinweisen, dass Wissen in unser Handeln einfließt, ohne dass wir in der Lage wären, dieses Wissen vollständig offenzulegen. Benutzt man den Begriff in Bezug auf Institutionen, so soll damit darauf hingewiesen werden, dass Institutionen als Strukturierungslösungen wiederkehrender Interaktionssituationen ebenfalls Wissen enthalten, das niemand vollständig zu artikulieren in der Lage ist. Werden Institutionen einfach abgeschafft, geht mit ihnen auch das in ihnen enthaltene Wissen verloren.

äußerst problematisch. So würde die direkte Analogie nach hohen Kosten der Errichtung von Institutionen fragen, und danach, ob diese zu sinkenden „Stückkosten" bei der institutionellen Bindung eines weiteren Individuums führen würden, was wiederum die „Nachfrage" nach diesen Institutionen steigern würde. Eine Pfadabhängigkeit dieser Art ist jedoch im institutionellen Bereich nicht zu erkennen[2]. Hohe Fixkosten mögen zwar die Errichtung von Institutionen erschweren, da sie ein Problem kollektiven Handelns aufwerfen, führen aber nicht zu einer Pfadabhängigkeit der institutionellen Entwicklung im Sinne sich selbst verstärkender Mechanismen. Während Pfadabhängigkeit im technischen Bereich als sich selbst verstärkendes und damit dynamisches Phänomen beschrieben wird, stellen hohe Kosten der Errichtung von Institutionen eher ein statisches Phänomen dar. Das Beharrungsvermögen einer bestimmten Institution erwächst hier nicht etwa daraus, dass sie sich selbst verstärken würde, sondern aus einem Problem kollektiven Handelns bei der Errichtung konkurrierender Institutionen. Damit sind aber *Kosten der Errichtung als Prüfkriterium einer Pfadabhängigkeit im institutionellen Bereich nicht geeignet.*

Hohe Fixkosten müssen sich aber nicht ausschließlich auf die Errichtung von Institutionen beziehen. Wir haben in der kleinen Tabelle oben ja zwei Ebenen getrennt, nämlich (a) den Marktprozess innerhalb unveränderter Institutionen und (b) die Veränderung von Institutionen selbst. Es muss daher überprüft werden, ob hohe Fixkosten bei den Handlungen anfallen, die als Folge der institutionellen Anreize im Marktprozess getätigt werden. Damit **Folgeinvestitionen**, die auf der Marktprozessebene getätigt werden, eine Pfadabhängigkeit der institutionellen Entwicklung begründen können, müssen zwei Voraussetzungen erfüllt sein. (1) Die Investitionen, die im Vertrauen auf den Fortbestand bestimmter Institutionen vorgenommen werden, werfen unter einem geänderten institutionellen Rahmen geringere Erträge ab. Dies bedeutet, dass Ressourcen nicht oder nur unter Verlust anders verwendet werden können. Wir ersetzen daher den Begriff der Fixkosten durch den der spezifischen Investitionen[3]. Mit Pfadab-

---

[2]   NORTH (1990, 94 f.) sieht eine solche direkte Übertragung offenbar als unproblematisch an. Er bemerkt hierzu nämlich nur: „There are large initial setup costs when the institutions are created de novo as was the U.S. Constitution in 1787" (ebd., 95). Damit bleibt aber die wesentliche Frage unbeantwortet: Ziehen hohe Kosten der Errichtung von Institutionen die gleichen Konsequenzen nach sich wie hohe Fixkosten konkurrierender Techniken?

[3]   Das Konzept spezifischer Investitionen ist Ihnen aus dem dritten Kapitel ja bereits bekannt. Allerdings wird es hier etwas anders genutzt als von WILLIAM-

hängigkeit wäre beim institutionellen Wandel dann um so eher zu rechnen, je mehr spezifische Investitionen im Vertrauen auf die Fortexistenz der Institutionen jeweils getätigt wurden. (2) Damit ein Widerstand der von einer potenziellen institutionellen Änderung negativ Betroffenen überhaupt sinnvoll sein kann, muss die Existenz einer Instanz vorausgesetzt werden, die bewusst Einfluss auf die Gestaltung von Institutionen nehmen kann und damit als Adressat für die Betroffenen in Frage kommt.

Politische Transaktionskosten   **6.6.5**

Wenn man politische Märkte analog zu traditionellen Gütermärkten modellieren kann, dann liegt eine Frage nahe: Wenn das COASE-Theorem auf Gütermärkten sicherstellt, dass sich immer die effizientere Nutzung knapper Güter durchsetzt (wie wir in Kapitel zwei gesehen haben), dann müsste doch gelten, dass es auch auf politischen Märkten immer zur Wahl der effizienten Politiken bzw. Institutionen kommt?

> **Hinweis**
>
> Zur Erinnerung: Das COASE-Theorem gilt nur, wenn Eigentumsrechte eindeutig definiert sind und Transaktionskosten gleich null sind

Wir hatten allerdings bereits in Kapitel zwei gesehen, dass das COASE-Theorem nur gilt, wenn es durchsetzbare Eigentumsrechte gibt und die Transaktionskosten vernachlässigbar gering sind. Diese beiden Bedingungen gelten auch in Bezug auf politische Märkte – und sie dürften noch seltener erfüllt sein als auf traditionellen Gütermärkten.

Transaktionskosten sind Kosten der Nutzung des Marktes. Politische Transaktionskosten sind – entsprechend – Kosten der Nutzung des „politischen Marktes". Bindende Absprachen zu treffen dürfte auf politischen Märkten oft schwieriger sein als auf

---

SON. Während dieser nämlich das Konzept heranzieht, um die **Herausbildung** bestimmter *governance* Strukturen zu begründen, bestimmt im vorliegenden Fall das Ausmaß spezifischer Investitionen – also das Ausmaß, in dem Ressourcen nicht oder nur unter Verlust anders verwendet werden können – mit darüber, welche **Beschränkungen** institutionellem Wandel entgegenstehen können. Die Blickrichtung ist also genau entgegengesetzt. Siehe zu diesem Unterschied auch KNIGHT (1992, 33).

traditionellen Gütermärkten; bereits die Abgrenzung des Tausch-
geschäfts dürfte häufig schwierig sein. Hinzu kommt, dass im
Falle eines Vertragsbruchs unklar ist, ob es eine Instanz gibt, an
die sich die Seite wenden kann, die sich übervorteilt glaubt. Es
spricht also viel dafür, dass politische Transaktionskosten sehr
relevant sind. Sie beschränken damit die Möglichkeiten, den *status
quo* zu ändern und haben insofern eine stabilisierende Wirkung.
Von TWIGHT (1992) stammt die Hypothese, dass die Höhe politischer Transaktionskosten von Politikern bewusst manipuliert
wird, um Opposition in Bezug auf bestimmte Politikentschei-
dungen klein zu halten. *Politische Transaktionskosten stabilisieren
sowohl ineffiziente wie auch effiziente Institutionen.* ACEMOGLU (2003)
argumentiert deshalb, dass die Entstehung und Veränderung von
Institutionen besser unter Rückgriff auf die relative Macht der
relevanten Akteure erklärt werden kann. Dies führt uns direkt
zum nächsten Aspekt.

6.6.6 Die relative Macht der relevanten Akteure

Wir haben bisher einige Faktoren kennen gelernt, die eher gegen
einen schnellen und umfassenden institutionellen Wandel sprechen. Um institutionellen Wandel erklären zu können, wird man
also damit beginnen, die Interessen der Beteiligten zu identifizieren. Man wird fragen, wie gut sie organisiert sind, welche Ressourcen sie nutzen können, über welche Strategien sie verfügen
usw. Ändert sich die Relevanz bestimmter Gruppen im Zeitablauf, so ist davon auszugehen, dass sich auch die Ausgestaltung
der Institutionen ändert. Institutionen haben Verteilungswir-
kungen. Gruppen, deren Relevanz für die Erstellung des Sozial-
produkts gestiegen und denen es gelungen ist, das Problem kollektiven Handelns zu überwinden, werden über kurz oder lang
eine Änderung der Institutionen fordern, die ihren Interessen
besser entspricht als die derzeit gültigen Institutionen.

Dies sei anhand eines historischen Beispiels verdeutlicht. Im
alten Rom wurde die Militärstrategie im sechsten vorchristlichen
Jahrhundert geändert. Bis dahin war die Kavallerie, die vom Adel
gestellt wurde, der einzig relevante Faktor. Dann aber wurde die
Phalanx eingeführt, was zu einer Stärkung der Infanterie führte.
Die aber wurde von einfachen Leuten gestellt, die am politischen
Entscheidungsprozess Roms bisher nicht beteiligt waren. Es kam
zu den **Ständekämpfen**, weil dem Plebs zusätzliche Lasten aufge-
bürdet wurden (wie der Militärdienst), ohne dass diesen zusätz-

licher Nutzen gegenübergestanden hätten (wie etwa politische Mitbestimmung). Aufgrund ihrer gestiegenen relativen Macht waren sie dann in der Lage, eine Reihe institutioneller Änderungen durchzusetzen (weitere Beispiele finden sich in VOIGT 1999, 128-37; ACEMOGLU und ROBINSON 2005 mit einem sehr ähnlichen Ansatz).

Die Relevanz von Gerechtigkeitsvorstellungen   6.6.7

Die bisher erläuterten Bestandteile einer ökonomischen Theorie zur Erklärung des Wandels externer Institutionen haben die **Nachfrageseite** in den Vordergrund gerückt. Stets ging es um die Fähigkeit der potenziellen Nutznießer einer institutionellen Änderung, relevante Nachfrage zu entfalten. Für ein vollständigeres Bild ist es jedoch erforderlich, auch die Anreize der **Angebotsseite** zu berücksichtigen. In einer Demokratie haben politische Unternehmer Anreize, den Präferenzen auch nicht-organisierter Wähler nachzuspüren und entsprechende Gesetze anzubieten. In diesem Zusammenhang dürften Gerechtigkeits- bzw. Fairnessvorstellungen großer Bevölkerungsteile eine wichtige Rolle spielen. Aus empirischen Erhebungen (KINDER und KIEWIT 1981) ist bekannt, dass viele Bürger ihre Wahlentscheidung nicht nach dem damit unmittelbar für sie erwarteten (monetären) Vorteil treffen, sondern danach, ob Gruppen, die ihnen wichtig sind, fair bzw. gerecht behandelt werden. Das erklärt, warum auch Beamte – die ja nicht arbeitslos werden können – für eine Partei stimmen, die sich ihrer Meinung nach besonders um die Belange der Arbeitslosen kümmert. Das aber ist ein Anreiz für Politiker, Gerechtigkeitsvorstellungen sehr ernst zu nehmen.

Institutioneller Wandel wird von Nachfrage- und Angebotsseite beeinflusst

Eine knappe Zusammenfassung   6.6.8

Fassen wir die bisherigen Überlegungen zusammen:
1. Institutionen sind einer kritischen Überprüfung nicht generell entzogen, sondern werden dann in Frage gestellt, wenn eine positive Anspruchsdiskrepanz beim Individuum besteht, die auf die ökonomischen Folgen einer einzelnen Regel oder eines Regelsystems zurückgeführt wird.
2. Die Stabilität von Institutionen dürfte umso höher sein, je weniger es den Individuen gelingt, das Problem kollektiven Handelns bei der Änderung von Institutionen zu überwinden.

3. Investitionen, die im Vertrauen auf die Fortexistenz bestimmter Institutionen getätigt wurden, können zu Opposition gegen institutionellen Wandel führen.
4. Je höher die politischen Transaktionskosten, desto weniger institutionellen Wandel erwarten wir.
5. Trotz einiger stabilisierender Elemente, die den *status quo* stärken, spricht einiges dafür, dass Änderungen in der relativen Macht gesellschaftlicher Gruppen sich langfristig in entsprechend geänderten Institutionen widerspiegeln.
6. Andererseits haben Politiker auch ein Interesse daran, die Gerechtigkeitsvorstellungen breiter Bevölkerungskreise in ihrer Gesetzgebung zu berücksichtigen, weil das wahlentscheidend sein kann.

6.7 Offene Fragen

Bei der Lektüre dieses Kapitels haben Sie gemerkt, dass es eine Vielzahl von Ansätzen gibt, deren Verfasser versuchen, bestimmte Aspekte der Entstehung und des Wandels externer Institutionen zu erklären. Ein einheitlicher Ansatz, der sowohl traditionelle polit-ökonomische Überlegungen (Relevanz von Macht), aber auch die spezifischen institutionenökonomischen Annahmen (beschränkte Rationalität, Relevanz interner Institutionen, hier in Gestalt von Gerechtigkeitsvorstellungen) integriert, ist bisher nicht vorhanden. Eine zentrale offene Frage lautet also, ob es gelingt, einen solchen integrierten Ansatz zu schaffen.

Eine Vielzahl weiterer Fragen drängt sich ebenso auf: wird es Ökonomen gelingen, eine ökonomische Theorie der System-Transformation zu schaffen? Inwieweit wird das Entwicklungspotenzial eines Landes tatsächlich von seiner Vergangenheit beeinflusst? Inwieweit sind andererseits aber auch Pfadwechsel möglich?

Fragen

1. Eine Theorie als „naiv" zu bezeichnen, ist kein Kompliment. Erläutern Sie, warum man die von DEMSETZ (1967) vorgelegte Theorie zur Entstehung von Eigentumsrechten auch als „naive Theorie" bezeichnet.

2. Erläutern Sie, inwiefern die von NORTH vorgelegte Theorie zur Entwicklung von Eigentumsrechten die einfache Dichotomie zwischen Vertragstheorien à la Hobbes und Ausbeutungstheorien *à la* MARX überwindet.

3. Warum können in der Theorie von NORTH die Maximierung der eigenen Einkünfte und die Maximierung des gesamtwirtschaftlichen Produkts aus Sicht der Regierenden zu widersprüchlichen Abgrenzungen führen?

4. Welchen Wettbewerbsbeschränkungen unterliegt ein Herrscher im Modell von NORTH? Welchen Transaktionskostenbeschränkungen unterliegt er? Inwiefern begünstigen beide Beschränkungen die Schaffung ineffizienter Eigentumsrechte?

Literatur

VOIGT (2001) ist eine aktuelle Einführung in das Forschungsprogramm der positiven Konstitutionenökonomik.

TULLOCK (1987) ist eine der ersten Monographien zur ökonomischen Theorie der Autokratie. Sie enthält eine Vielzahl von empirischen Beispielen, ohne diese jedoch systematisch zu einer Theorie zusammenzuführen. WINTROBE (1998) ist eine solche Theorie, die auf der Anwendung einfachen ökonomischen Instrumentariums beruht.

Die Veröffentlichungen von MANCUR OLSON über den Übergang von der Anarchie zur Autokratie haben zu einer Reihe weiterer Aufsätze geführt, z.B. von NISKANEN (1997). MOSELLE und POLAK (2001) unterscheiden zwischen Anarchie, organisiertem Banditentum und dem Ausbeutungsstaat. In direktem Gegensatz zu OLSON argumentieren sie (ebd., 5), dass der „unbridled predatory state is likely to reduce the welfare of the populace relative to anarchy and organized banditry."

Das Selbstinteresse der Herrscher wird auch in einem Aufsatz von KIRSTEIN und VOIGT (2006) thematisiert. Die Autoren gehen davon aus, dass Versprechen, sich in Zukunft in einer ganz bestimmten Art und Weise zu verhalten, nicht glaubhaft sind, wenn es sich um die grundlegendste Regelebene – die Verfassung – handelt. Sie argumentieren, dass Abmachungen auf dieser Ebene nur dann eine Chance haben, implementiert zu werden, wenn sie im Interesse aller Beteiligten sind – und zwar nicht nur im Augenblick des Vertragsschlusses, sondern auch, wenn es darum geht, die Versprechen tatsächlich umzusetzen. Die Autoren identifizieren bestimmte Parameterkonstellationen, unter denen sich weder ein Diktator noch die von ihm Regierten besser stellen können, in dem sie unilateral von den gemachten Versprechen abweichen.

Das Konzept der Pfadabhängigkeit in seiner traditionellen Anwendung wird kritisch (und sehr kurzweilig) diskutiert von LIEBOWITZ und MARGOLIS (1989). LEIPOLD (1996) setzt sich kritisch mit der Anwendung des Konzepts auf die Erklärung des institutionellen Wandels durch NORTH (1992) und KIWIT und VOIGT (1995) auseinander.

Mit den Determinanten der Größe von Staaten beschäftigen sich ALESINA und SPOLAORE (2005). Eine ausführliche Analyse politischer Märkte mit Hilfe des Transaktionskostenansatzes hat DIXIT (1996) verfasst.

7 Zur Erklärung des Wandels interner Institutionen

7.1 Einleitung

Im letzten Kapitel haben wir uns mit der Frage beschäftigt, ob das Instrumentarium ökonomischer Analyse genutzt werden kann, um Aussagen zu Entstehung und Wandel externer Institutionen zu machen. Wir haben einige Elemente identifiziert, die dabei vermutlich genutzt werden können. In diesem Kapitel geht es um die Frage, ob Ökonomen etwas zur Erklärung von Entstehung und Wandel interner Institutionen beitragen können. Im letzten Kapitel haben wir die Rolle expliziter kollektiver Wahlhandlungen für Entstehung und Wandel externer Institutionen betont. Auch interne Institutionen vom Typ 4 (bei denen die Überwachung durch Organisationen erfolgt) können durch kollektive Wahlhandlungen geändert werden. Wir werden uns hier nicht weiter mit dem Wandel von internen Institutionen vom Typ 4 beschäftigen, weil die im letzten Kapitel erarbeiteten Faktoren vermutlich auch für eine Erklärung ihres Wandels relevant sind. Institutionen vom Typ 1 sind Lösungen reiner Koordinationsspiele. Sofern jegliches Konfliktelement fehlt, kann man sich eine ungeplante Entstehung und eine hohe Stabilität der einmal entstandenen Institutionen leicht vorstellen. Wir wenden uns in diesem Kapitel deshalb lieber den *hard cases*, den schwierig zu erklärenden Entstehungsprozessen zu und fragen, ob wir in der Lage sind, etwas zur Erklärung der Entstehung von Institutionen der Typen 2 und 3 aus ökonomischer Sicht beizutragen.

Es geht hier nicht um Versuche, die Entstehung einzelner Institutionen zu erklären.[4] Stattdessen wird gefragt, ob wir **Mechanismen** identifizieren können, die zur Entstehung von Institutionen führen. Der bisher erreichte *Forschungsstand* hierzu ist eher *unbefriedigend*. In einem Übersichtsaufsatz von 1989 will JON ELSTER (1989b) nicht ausschließen, dass die Entstehung von Normen – die ja in einem engen Zusammenhang zu internen Institutionen der Typen 2 und 3 stehen – auf Zufall beruht. Das ist nichts

Lassen sich Mechanismen der Entstehung von Institutionen identifizieren?

---

[4]   Die israelische Sozialphilosophin EDNA ULLMANN-MARGALIT (1977, 8) hat Versuche, die Entstehung spezifischer Institutionen erklären zu wollen, einmal als genauso unsinnig bezeichnet wie den Versuch, die Entstehung eines bestimmten Witzes erklären zu wollen.

Tabelle 7.1: Typen interner und externer Institutionen

Regel	Art der Überwachung	Institutionenkategorie	Beispiel
1. Konvention	Selbstüberwachung	Intern vom Typ 1	Grammatikalische Regeln der Sprache
2. Ethische Regel	Imperative Selbstbindung	Intern vom Typ 2	Dekalog, kategorischer Imperativ
3. Sitte	Spontane Überwachung durch andere Akteure	Intern vom Typ 3	Gesellschaftliche Umgangsformen
4. Formelle private Regel	Geplante Überwachung durch andere Akteure	Intern vom Typ 4	Selbstgeschaffenes Recht der Wirtschaft
5. Regel positiven Rechts	Organisierte staatliche Überwachung	Extern	Privat- und Strafrecht

Quelle: Kiwit und Voigt, 1995

Anderes als eine andere Ausdrucksweise dafür, dass wir bisher keinen allgemeinen Mechanismus kennen – wir es also schlicht nicht wissen.

Wir gehen wie folgt vor: Zunächst werden die Begriffe Werte und Normen definiert und ihre Beziehung zum hier genutzten Institutionenbegriff erläutert. Die Problematik der Entstehung von Normen wird sodann in der Terminologie der Ökonomik präsentiert (Abschnitt 7.2). Einige der in der Literatur diskutierten Hypothesen zur Entstehung von Normen werden in Abschnitt 7.3 kurz präsentiert und kritisch bewertet. Der vierte Abschnitt ist der Diskussion möglicher wirtschaftspolitischer Konsequenzen gewidmet.

Das Problem in ökonomischer Terminologie 7.2

Institutionen der Typen 2 und 3 liegen Werte bzw. Normen zugrunde. Eine ethische Selbstbindung setzt Vorstellungen über das richtige Handeln genauso voraus wie eine Institution vom Typ 3, denn bei ihr wird Handeln, das nicht mit diesen Sollens-Vorstellungen kompatibel ist, ja durch Dritte sanktioniert. Zunächst erscheint es somit erforderlich, Werte und Normen zu definieren. Unter Werten werden hier in Anlehnung an die *International Encyclopedia of the Social Sciences* (2007) „.... Konzepte des Wünschbaren (verstanden), die unsere Wahlhandlungen beeinflussen.... Werte sind nicht dasselbe wie Verhaltensnormen. **Werte** sind

Definition Werte

Werte ≠ Normen

Standards des Wünschbaren, die unabhängiger von spezifischen Situationen sind. Ein einziger Wert mag der Referenzpunkt für viele spezifische Normen sein; eine bestimmte Norm kann die gleichzeitige Anwendung einiger verschiedener Werte repräsentieren." So ist Gerechtigkeit ein Wert, der sich in einer Vielzahl von konkreteren Normen wieder findet, etwa für die gerechte Aufteilung eines Kuchens, dem (gerechten) Umgang von Eltern mit ihren Kindern, dem (gerechten) Umgang von Unternehmern mit ihren Mitarbeitern oder auch für die (gerechte) Benotung von Klausuren durch Professoren.

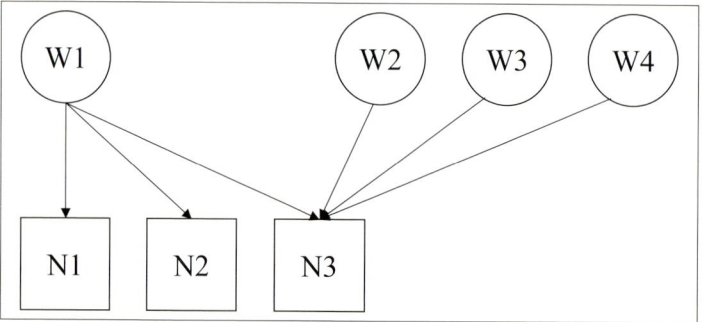

Schaubild 7.1: Ein Wert kann Referenzpunkt für mehrere Normen, eine Norm die gleichzeitige Anwendung mehrerer Werte repräsentieren

Homo oeconomicus und Normen

Häufig heißt es, normenkonformes Verhalten sei nicht mit den traditionellen Vorstellungen vom *homo oeconomicus* kompatibel. Ein *homo oeconomicus* maximiere in jedem Augenblick seinen Nutzen, die Beachtung von Normen könnte jedoch zu einem geringeren Nutzenniveau führen und sei deshalb nicht mit dem Verhaltensmodell der Ökonomik kompatibel. Ersetzen wir den *homo oeconomicus* durch **Zweckrationalität** und normkonformes Verhalten durch **Wertrationalität**, dann kann man das bereits bei MAX WEBER (1921/1990, 13) nachlesen: „Vom Standpunkt der Zweckrationalität aus aber ist Wertrationalität immer, und zwar je mehr sie den Wert, an dem das Handeln orientiert wird, zum absoluten Wert steigert, desto mehr: *irrational*, weil sie ja um so weniger auf die Folgen des Handelns reflektiert, je unbedingter allein dessen *Eigenwert* (...) für sie in Betracht kommt." (Hervorhebung im Original) Jemand, der ausschließlich mit dem Zweck isst, satt zu werden, wird primär auf die Kalorienzahl seiner Nahrung achten. Wenn Ratten, Kühe, Schweine, Pferde oder Hunde kalorienreich sind, ist es folglich zweckrational, sie zu vertilgen. Haben Ratten, Kühe, Schweine, Pferde oder Hunde aber einen Eigenwert, dann wird man sie nicht so ohne Weiteres vertilgen und zwar je weniger, desto höher der Eigenwert ist. Das kann im Extremfall sogar bedeuten, dass man bereit ist, vor Hunger zu sterben.

Die Beschäftigung mit Werten und Normen spielt bei den Soziologen traditionell eine viel größere Rolle als bei den Ökonomen.

Definition

Homo Sociologicus: Verhaltensmodell der Soziologie. Extrem vereinfacht gesprochen ein Wesen, das versucht, in seinem Handeln den Rollenerwartungen gerecht zu werden, die von der jeweils relevanten Referenzgruppe an es herangetragen werden.

Dennoch ist die traditionelle Soziologie mit ihrem *homo sociologicus* kein viel versprechender Ort, um Erklärungen für die Entstehung von Normen zu finden, weil die funktionale Soziologie sich zwar mit den Rollen beschäftigt, die Individuen von der Gesellschaft zugewiesen werden, die Normen selbst aber als exogen gegeben unterstellt werden. Ihre Entstehung zu erklären ist aber genau unser Ziel.

Allerdings hat sich in den letzten Jahrzehnten innerhalb der Soziologie ein konkurrierender Ansatz entwickelt, den man auch als *rational choice*-Soziologie bezeichnen könnte und der mit der Ökonomik das Paradigma der rationalen Wahlhandlungen teilt. JAMES COLEMAN war einer ihrer führenden Vertreter. In seinen *Foundations of Social Theory* (1990) zeigt er, dass das Vorhandensein von *Externalitäten eine notwendige Bedingung für die Entstehung von Normen* ist. COLEMAN schreibt (1987, 140): „Die zentrale Annahme ist, dass Normen entstehen, wenn Handlungen externe Effekte haben, einschließlich den Extremfällen von Kollektivgütern oder Kollektivärgernissen. Normen entstehen dann, wenn es schwierig ist, Märkte zu schaffen oder wenn Transaktionskosten hoch sind." Normen strukturieren soziale Interaktionen. Wenn soziale Interaktionen aber keine Effekte auf Dritte haben (also nicht mit Externalitäten verbunden sind), dann bedarf es auch keiner Normen.

Externalitäten als Voraussetzung für Entstehung von Normen

Andererseits dürften ausgeschlafene Wissenschaftler in der Lage sein, fast jeder Handlung bzw. jeder Interaktion irgendeine Art von Externalität zuzuschreiben. Wenn das zutreffend ist, kön-

... die fast immer
erfüllt sein dürfte

nen Normen zur Strukturierung fast aller Interaktionssituationen
entstehen. Die notwendige Bedingung wäre praktisch überall erfüllt und würde noch keine Separierung von Situationen erlauben,
in denen die Entstehung von Normen denkbar erscheint und solchen, in denen sie undenkbar erscheint. Was man also zunächst
benötigt, ist ein Verfahren, mit dem man zuverlässig ermitteln
kann, ob Externalitäten von den Betroffenen – und nicht irgend-
welchen wissenschaftlichen Beobachtern – als solche (und als
gravierend) wahrgenommen werden.

Ein Beispiel

Von LITTLECHILD und WISEMAN (1986, 166) stammt ein schönes
Beispiel, wie unterschiedlich Externalitäten wahrgenommen bzw.
konstruiert werden können: „Stellen Sie sich verschiedene Wege
vor, wie argumentiert werden könnte, dass das Rauchen einer
Person A negative Wirkungen auf einen Nichtraucher B haben
könnte:

a) Bs Gesundheit wird negativ beeinflusst, dafür gibt es überwältigende empirische Evidenz.

b) Auch wenn es solche Evidenz nicht gibt, könnte B lediglich
   glauben, dass seine Gesundheit durch den Raucher A negativ
   beeinflusst werden.

c) B könnte sich einfach durch den Tabakrauch gestört fühlen.

d) B könnte sich Sorgen über die Wirkung des Rauchens auf die
   Gesundheit von A machen.

e) B könnte sich Sorgen über die Wirkung des Rauchens auf die
   Zufriedenheit einer dritten Person C machen, die dem Rau-
   cher A ausgesetzt ist, oder auf die Zufriedenheit einer dritten
   Person D, die ein Freund oder Verwandter von A ist und sich
   Sorgen um ihn macht.

f) B könnte sich verletzt fühlen, weil er glaubt, dass A gar nicht
   bemerkt, wie stark seine Umgebung leidet, weil er raucht."

Das Beispiel zeigt, wie unterschiedlich eine Situation interpretiert
werden kann und wie viele Möglichkeiten der Zuschreibung von
Externalitäten in einer so alltäglichen Situation wie der hier beschriebenen konstruiert werden können.

Sanktionsbereit-
schaft für
normabwei-
chendes Verhalten

Neben der Existenz von Externalitäten nennt COLEMAN die *individuelle Bereitschaft, normabweichendes Verhalten zu sanktionieren*
als eine weitere Bedingung für das Entstehen von Normen. Ist
eine Sanktionierung durch eine Vielzahl von Personen möglich,
so stellt sie ein Kollektivgut dar. Viele haben ein Interesse daran,
dass norminkonformes Verhalten sanktioniert wird. Sie ziehen es
allerdings vor, wenn andere sanktionieren, da das für sie selbst
nicht mit Kosten verbunden ist. Es ist also zu klären, wie das

Trittbrettfahrer-Problem gelöst werden kann. COLEMAN selbst beschreibt dieses Problem als ein Kollektivgutproblem zweiter Ordnung. Diese Erkenntnis ist zwar wichtig, stellt aber selbst noch keine Erklärung dar, sondern lediglich eine präzise Beschreibung des Problems.

Kollektivgutproblem zweiter Ordnung

In einem Aufsatz von 1986 nennt ROBERT AXELROD u.a. **Meta-Normen** – Normen, nach denen norminkonformes Verhalten sanktioniert werden soll – als Lösung für dieses Kollektivgutproblem zweiter Ordnung. Ein Rekurs auf Meta-Normen löst das Problem jedoch offensichtlich nicht, sondern transferiert es lediglich auf eine andere Ebene, denn es müsste ja wieder gezeigt werden, wie das kollektive Sanktionierungsproblem auf der Meta-Ebene gelöst wird und so weiter. Man endet folglich in einem **infiniten Regress**. Die Sanktionierung durch Dritte ist jedoch nicht die einzige Möglichkeit, die Einhaltung von Normen zu sichern. Die Internalisierung der Norm beim Akteur selbst ist eine weitere Möglichkeit, die unten aufgegriffen wird. Oder in der hier gewählten Sprache: zu erklären ist nicht nur die Herausbildung eines Sanktionsmechanismus bei internen Institutionen vom Typ 3, sondern auch der Internalisierungsprozess, der zu internen Institutionen vom Typ 2 führt.

infiniter Regress

Hypothesen zur Entstehung von Normen   7.3

Die gerade skizzierten Bedingungen sind im Wesentlichen eine Formulierung des Problems in ökonomischer Terminologie, enthalten aber an sich noch keinen Erklärungsansatz. Deshalb werden jetzt einige Erklärungsversuche knapp skizziert: zunächst der Ansatz der evolutorischen (Spiel-)Theorie, dann der Ansatz eines erweiterten *homo oeconomicus* und schließlich ein eigener Ansatz, der vorhandene Theorie-Elemente von HUME über WEBER bis hin zu HAYEK und LEWIS aufgreift und eine Art Syntheseversuch darstellt.

Evolutionstheoretische Erklärungen   7.3.1

Anders als die traditionelle Spieltheorie versucht die evolutionäre Spieltheorie, ohne anspruchsvolle Annahmen hinsichtlich der Rationalität der handelnden Akteure auszukommen. Den Vertretern evolutorischer Ansätze geht es allerdings auch gar nicht um die Erklärung individueller Wahlhandlungen, sondern darum, *das*

Erklärung des
Überlebens kon-
kurrierender
Verhaltens-
strategien

Überleben konkurrierender Verhaltensstrategien zu erklären. Stellen wir uns vor, in einer Situation könne entweder die Strategie „Lügen" oder die Strategie „die Wahrheit sagen" angewandt werden. Vertreter der evolutorischen Spieltheorie fragen jetzt nach den Überlebenswahrscheinlichkeiten dieser Strategien. Die Akteure sind hier nicht mehr als Personen interessant, sondern nur noch als Träger bestimmter Strategien. *Rationalität* wird definiert als die *Maximierung der Überlebenswahrscheinlichkeit bestimmter Strategien.* Diejenigen, die tatsächlich überleben, müssen sich dann so verhalten haben, als ob sie genau dieses Ziel rational verfolgt hätten (ALCHIAN 1950; FRIEDMAN 1953). Dabei sind Argumente, die sich auf genetische Evolution beziehen, eher selten; folglich wird man das Argument, dass wir (genetisch determiniert) als Lügner oder Nichtlügner auf die Welt kommen, nur selten finden. In Bezug auf unsere Fragestellung wäre ein Rückgriff auf genetische Argumente auch nur wenig hilfreich, weil diese kaum in der Lage sein dürften, die großen beobachtbaren Unterschiede in den Normen verschiedener Gesellschaften zu erklären.

Definition
Rationalität in
evolutionstheore-
tischer Spiel-
theorie

Eine interessante Abschweifung

Eine sehr interessante Ausnahme stellt der von ROBERT FRANK (1988) eingeführte *commitment*-Ansatz dar. FRANK beschäftigt sich mit der Frage, wie Individuen potenziellen Tauschpartnern die Ernsthaftigkeit ihrer Absichten kommunizieren können (einen Spezialfall dieses Problems haben Sie bereits als „Dilemma des starken Staates" kennen gelernt). Verbale Versprechungen wie „Vertrauen Sie mir!" werden von Spieltheoretikern als *„cheap talk"* bezeichnet, weil jeder, der Interesse an einem Tausch hat, ein solches Versprechen fast ohne Kosten machen kann. FRANK argumentiert jetzt, dass Emotionen – also scheinbar vollkommen irrationale Lebensäußerungen – hohe strategische Relevanz haben können. Emotionen wie Ärger oder Schuld können anderen als Signal zur Einschätzung dafür dienen, was für eine Art von Mensch man ist. Wenn sie genetisch bedingt sind – und somit nicht einfach imitiert werden können –, dann können sie ein wertvoller Indikator zur Prognose über das Verhalten Anderer sein. Das *Problem glaubhafter Selbstbindung* würde somit verringert. Akteure können andere Akteure mit einer relativ hohen Zuverlässigkeit in „Kooperateure" bzw. „Nicht-Kooperateure" separieren. Dies eröffnet Kooperateuren die Möglichkeit, ihre Interaktionen vorwiegend mit anderen Kooperateuren abzuwickeln.

Statt auf Gene beziehen sich evolutionäre Ansätze häufiger auf

Definition

Meme: Ideen oder Gedanken, die sich über Kommunikation ausbreiten

„Meme" (DAWKINS 1989). Dabei handelt es sich um kulturelle Eigenschaften, die über Erinnerung und Nachahmung übertragen werden und sich ausbreiten. Von COLMAN (1982, 267; kein Schreibfehler! Es handelt sich also nicht um den oben zitierten berühmten Soziologen) wird der Begriff so beschrieben: „Ein Mem wird sich in einer Bevölkerung schnell ausbreiten, wenn es etwas an sich hat, das es in die Lage versetzt, die Aufmerksamkeit der Menschen besser als die vorhandenen Alternativen auf sich zu ziehen, genauso wie sich Keime ausbreiten, wenn sie in der Lage sind, menschliche Körper anzustecken." Mit der Analogie von den Keimen weist COLMAN auch darauf hin, dass die fittesten (die am besten angepassten) Meme nicht notwendigerweise die vorteilhaftesten für die Gesellschaft sind. In ihrem anthropologischen Ansatz zur Evolution von Normen benutzen BOYD und RICHERSON (1994) Meme, deren Diffusion sie sich genauso vorstellen wie die von Innovationen.

Definition

Normen: Meme, die Verhaltensstandards beeinflussen

Normen können dann definiert werden als die Meme, die Verhaltensstandards beeinflussen.

BOYD und RICHERSON (ebd.) beschreiben kulturelle Evolution als einen von drei Kräften getriebenen Prozess. Sie wird getrieben durch

Kulturelle Evolution als Prozess

(1) **unverzerrte Übertragung (***unbiased transmission***)** während der Kindheit von Akteuren. Darunter verstehen BOYD und RICHERSON, dass die Kinder dieselben Werte und Normen haben wie ihre Eltern. Solange Träger verschiedener Normen identische Geburtenraten haben, bleibt die Zusammensetzung der Bevölkerung unverändert.

(2) **verzerrte Übertragung (***biased transmission***).** Sie findet statt, wenn Kinder älter werden und mit anderen Werte- und Normensystemen in Kontakt kommen. Diese Art der Transmission wird also beeinflusst von den expliziten Wahlhandlungen der relevanten Akteure.

(3) **natürliche Auslese** (*natural selection*), die wie genetische Variation funktioniert.

Mit ihrem Ansatz versuchen die Autoren, eine Brücke zwischen zwei Ansätzen zu schlagen, die häufig als konkurrierend betrachtet werden, nämlich zwischen dem auf DARWIN zurückgehenden Ansatz genetischer Evolution und dem der kulturellen Evolution.

Verzerrte Übertragung beschreiben BOYD und RICHERSON dabei analog zur Diffusion von Innovationen. Genauso wie eine Person die Wahl hat, eine Innovation zu nutzen oder nicht, hat sie auch die Möglichkeit, sich für die Meme zu entscheiden, für die sie Präferenzen hat. Dies ist allerdings nicht kompatibel mit dem oben beschriebenen Diffusionsprozess von Memen. Unseres Erachtens ist die Vorstellung, dass Normen Gegenstand bewusster Wahlhandlungen sind nicht zweckmäßig bzw. unzutreffend: Normen haben nämlich selbst dann Einfluss auf unsere Nutzenposition, wenn wir sie individuell nicht akzeptieren oder sogar explizit ablehnen. Normen haben auch dann einen Einfluss auf unsere Nutzenposition, wenn wir überhaupt gar keine Wahlhandlungsmöglichkeit wahrnehmen. Die Analogie führt also in die Irre, weil die Nutzung von Innovationen Gegenstand bewusst wahrgenommener Wahlhandlungen ist, während das für Institutionen nicht gilt. Die sozialen Interaktionen, die zur Ausbreitung von Normen führen bleiben unthematisiert. Die Beschreibung genau dieser Prozesse sollte jedoch im Mittelpunkt einer Erklärung stehen. Der Ansatz bleibt aber auch unbefriedigend, weil er davon ausgehen muss, dass Individuen aus einem Pool von Memen diejenigen wählen können, die ihnen am meisten zusagen. Die Existenz eines Pools, aus dem gewählt werden kann, wird also einfach unterstellt, wie Meme aber überhaupt entstehen, wird nicht weiter thematisiert.

Kritik   Viele Vertreter evolutionärer Ansätze nutzen die evolutionäre Spieltheorie als Analyse-Instrument. Verglichen mit traditionelleren spieltheoretischen Ansätzen hat die evolutionäre Spieltheorie den Vorteil, nicht sehr anspruchsvolle Anforderungen an die Rationalität der Akteure zu stellen. Im Gegenteil: ein Vogel oder eine Ratte, die nach dem Versuch-und-Irrtums-Verfahren handeln, sind hinreichend für die Nutzung der Theorie. Dies kann jedoch auch als Nachteil interpretiert werden. Die menschliche Fähigkeit, konkurrierende Hypothesen im Kopf gegeneinander abzuwägen, Handlungsfolgen zu antizipieren usw. wird von diesen Ansätzen nicht berücksichtigt.

Erweiterungen des homo oeconomicus: Repetition oder Reputation als Erklärungsfaktor?

Im zweiten Abschnitt wurde der *homo oeconomicus* unter Verwendung der Zweckrationalität von anderen Verhaltensmodellen abgegrenzt und zwar mit einer eher eng verstandenen Zweckrationalität, die implizit davon ausging, dass Akteure versuchen, ihren Nutzen in jeder einzelnen Situation zu maximieren. Die menschliche Fähigkeit, einen Schritt zurückzugehen, um danach zwei Schritte nach vorn zu tun (*reculer pour mieux sauter*), wurde folglich nicht in Rechnung gestellt. Spieltheoretisch gesprochen bedeutet das aber auch, dass wir Lösungen wiederholter Spiele vernachlässigen. Wir haben aber bereits darauf hingewiesen, dass eine Wiederholung die Zahl möglicher Gleichgewichte immens erhöhen kann (Sie erinnern sich an das so genannte **Folk Theorem** aus dem vierten Kapitel). Das kann sogar gelten, wenn es nicht dieselben (zwei) Akteure sind, die wiederholt interagieren, es aber möglich ist, Information darüber, wie andere Akteure sich in vorherigen Runden des Spiels verhalten haben, kostengünstig und zuverlässig zu kommunizieren. Wir haben gesehen, dass **bedingte Kooperation** (zum Beispiel in Form von *tit for tat*) eine von vielen möglichen Gleichgewichtsstrategien wiederholter Spiele vom Gefangenendilemma-Typ ist. Falls Informationen über andere Spieler kostengünstig und zuverlässig kommuniziert werden können, kann defektierendes Verhalten die Reputation eines Akteurs zerstören und damit die Chancen reduzieren, dass er in Zukunft Tauschpartner finden wird. Folglich ist jeder Akteur gezwungen, die (einmaligen) Defektionsvorteile gegen die (wiederholt auftretenden) Nachteile abzuwägen, in der Zukunft keine Tauschpartner mehr zu finden.

Damit **Reputation** diese Wirkung entfalten kann, müssen jedoch drei Voraussetzungen erfüllt sein:

Voraussetzungen zur Wirkung von Reputation

(1) Der jeweilige „Fall" erzielt ein **Mindestmaß an Öffentlichkeit**, er ist nicht nur den direkt an der Interaktion Beteiligten bekannt;

(2) Die **Wahrnehmung der relevanten Fakten** wird von den meisten Beobachtern geteilt, das heißt sie nehmen die Situation **weitgehend identisch** wahr;

(3) Die relevanten Fakten werden ähnlich bewertet, was bedeutet, dass die **Normen**, die zur Bewertung der Situation herangezogen werden, von den meisten Beobachtern **geteilt** werden.

Das heißt aber auch, dass *Reputation nur dann verhaltenswirksam werden kann, wenn so etwas wie „Proto"-Normen bereits vorhanden*

Kritik

sind.[5] Wenn diese Überlegung richtig ist, bedeutet das allerdings auch, dass Reputation selbst nicht als Erklärung zur Entstehung von Normen taugt, sondern lediglich zur Erklärung normkonformen Verhaltens.

7.3.3 Ein synthetischer Erklärungsversuch

In den vorausgegangenen zwei Unterabschnitten wurden zwei Strategien vorgestellt, mit deren Hilfe Wissenschaftler versucht haben, die Entstehung von Normen zu erklären. Beide wurden relativ kritisch bewertet. In diesem Unterabschnitt soll ein dritter Erklärungsversuch gewagt werden. Für diesen Ansatz reklamieren wir keinerlei Urheberrechte. Er kann auch gelesen werden als ein synthetischer Ansatz, der zum Teil Jahrhunderte alte Erklärungen ganz verschiedener Denker integriert bzw. „synthetisiert".

7.3.3.1 Regelmäßiges Verhalten

Regelmäßigkeiten führen zu Erwartungen

Nehmen wir an, eine Person hat in ihrem Verhalten gegenüber anderen eindeutige **Regelmäßigkeiten** gezeigt, die dadurch ihrerseits Erwartungen über das zukünftige Verhalten dieser Person gebildet haben. Werden diese Erwartungen enttäuscht – und sind damit negative Externalitäten für die anderen Personen verbunden – so wird dies zu Verdruss führen und mit Ärger über die Person verbunden sein, die ihre Erwartungen enttäuscht hat. Wir nehmen also an, dass Akteure aufgrund bisher beobachteter Regelmäßigkeiten die Erwartung bilden, dass diese Regelmäßigkeiten in die Zukunft fortgeschrieben werden können. Anders formuliert, dass jemand, der in einer bestimmten Situation (z.B. α) bisher immer auf eine ganz bestimmte Art und Weise reagiert hat (z.B. α_x), auch in Zukunft mit α_x auf α reagieren wird. Die

Erwartungen erleichtern die zukünftige Koordination

Akteure *transformieren eine faktische Regelmäßigkeit somit zu einer normativen Erwartung, dass diese Regelmäßigkeit auch in Zukunft erfolgen solle,* weil ihnen das die Koordination ihrer Handlungen erleichtert. Gehen wir davon aus, dass Menschen ein grundsätzliches Bedürfnis haben, von anderen anerkannt zu werden, so kann dies sehr wohl ein Grund dafür sein, sich weiter an die Regel

---

5   Der Fremdwörterduden erklärt: „Proto... in Zusammensetzungen auftretendes Bestimmungswort mit der Bedeutung ‚erster, vorderster, wichtigster; Ur...'.‘‘

zu halten, die jetzt normative Qualität bekommen hat; selbst wenn sich einige Faktoren geändert haben, die ein anderes Verhalten sinnvoller erscheinen lassen.[6]

Diese Überlegung zur Entstehung von Normen kann mindestens bis zu DAVID HUME (1740/1990) zurückverfolgt werden. ROBERT SUGDEN (1986, 152) liefert eine moderne Interpretation dieser Überlegung: „Unser Wunsch, das Wohlwollen anderer zu erhalten, ist mehr als ein Mittel zu einem anderen Zweck. Es scheint ein grundlegender menschlicher Wunsch zu sein. Dass wir einen solchen Wunsch haben, ist vermutlich das Ergebnis biologischer Evolution."[7] Die Einführung einer grundsätzlich vorhandenen, dem Menschen offenbar innewohnenden Präferenz könnte als nicht zu rechtfertigender Abbruch des Verfahrens kritisiert werden. Dieses Vorgehen kann jedoch mit einem einfachen **kontrafaktischen Argument** plausibel gemacht werden. Unterstellen wir, es gebe zwei Gruppen von Menschen: die Mitglieder der ersten Gruppe verfügten über eine ihnen innewohnende Präferenz, von anderen (Gruppenmitgliedern) anerkannt werden zu wollen, während die Mitglieder der zweiten Gruppe nicht über eine solche Präferenz verfügten. Dies habe zur Folge, dass sich in der ersten Gruppe die für die Entstehung von produktiver Ordnung erforderlichen Normen herausbildeten, in der anderen dagegen nicht; etwa weil Ehrlichkeit in der ersten Gruppe weit verbreitet ist, während sie die große Ausnahme in der zweiten Gruppe darstellt. Über kurz oder lang wird die zweite Gruppe von Mitgliedern der ersten Gruppe verdrängt worden sein. Letzten Endes kommt also auch dieser Erklärungsversuch nicht ohne den Rekurs auf evolutionstheoretische Überlegungen aus.

Aber auch hier gilt, dass dieses Argument nicht zu weit getrieben werden darf: Zu groß sind die Unterschiede in den Normen verschiedener Gruppen, um Normen ausschließlich als Ergebnis

---

[6] Ganz ähnlich MAJESKI (1990, 276): „The first time a rule that eventually becomes a norm is invoked by an individual in the group it is *not* a norm. It is an individual contextually generated decision rule ... An individual rule becomes a norm when the application of the rule by other members of the social group is justified by appeal to the precedent application, or when the application is justified by the individual as the expected and/or appropriate behavior of a member of the group. Also, an individual rule becomes a norm when the rule is so established in the group that individuals perceive it to be the only plausible alternative."

[7] Ganz ähnliche Hypothesen werden auch von WEBER (1922/1985, 191f.), FRIEDRICH A. HAYEK (1973, 96), WILLIAM GRAHAM SUMNER (1906/1992, 358) und D. LEWIS (1969, 99) vertreten. Diese Gedanken können bis zur Nikomachischen Ethik des ARISTOTELES zurückverfolgt werden.

genetischer Disposition erklären zu können. Weiter bleibt zu be-rücksichtigen, dass der Kreis von Personen, bei denen man nach sozialer Akzeptanz strebt, offenbar sehr variabel ist. Es wäre also zu klären, von welchen Faktoren Art und Größe der Referenzgrup-pe abhängig sind (HOPPMANN 1990 spricht in diesem Zusammen-hang von „zwei Arten der Moral").

7.3.3.2 Interdependente Nutzenfunktionen

Es kann argumentiert werden, dass die (biologische) Evolution dafür gesorgt habe, dass der Nutzen Anderer als positives Argu-ment in unsere Nutzenfunktionen einfließt.

Definition

Interdependente Nutzenfunktion: Nutzenfunktion, bei der mein Nutzen auch vom Nutzen anderer determiniert wird.

Es erscheint somit sinnvoll, in ökonomischen Modellen mit inter-dependenten Nutzenfunktionen zu argumentieren, um die Ent-stehung von Normen zu erklären. Interdependente Nutzenfunk-tionen sind möglicherweise auch ein Ansatzpunkt, um zu erklären, warum scheinbar unbeteiligte Dritte bereit sind, norminkonfor-mes Verhalten zu sanktionieren, obwohl das Kosten verursacht. Wird der Nutzen einer Person Q durch das nicht-konforme Ver-halten einer Person P negativ beeinflusst und geht der Nutzen von Q als positives Argument in die Nutzenfunktion einer dritten Person R ein, so mag Person R unter bestimmten Bedingungen einen Anreiz haben, das nicht-konforme Verhalten von Person P zu sanktionieren.

Traditionell wird in der Ökonomik von nicht-interdependenten Nutzenfunktionen ausgegangen, bei denen der Nutzen Anderer irrelevant für mein Nutzenniveau ist. Geht es ihnen schlecht, lässt mich das vollkommen unberührt, es führt weder zu einer Redu-zierung meines Nutzenniveaus noch zu einer Verbesserung.

Gehen wir hingegen von interdependenten Nutzenfunktionen aus, so ist das Nutzenniveau von R hier nicht nur eine Funktion des ihm zur Verfügung stehenden Güterbündels p_R, sondern auch des einer anderen Person zur Verfügung stehenden Güterbündels p_Q.

$$U_R = f(\alpha p_R + \beta p_Q)$$

Traditionell wird unterstellt, dass β null ist, der Nutzen von R also nicht – weder positiv noch negativ – vom Nutzen des Q beeinflusst

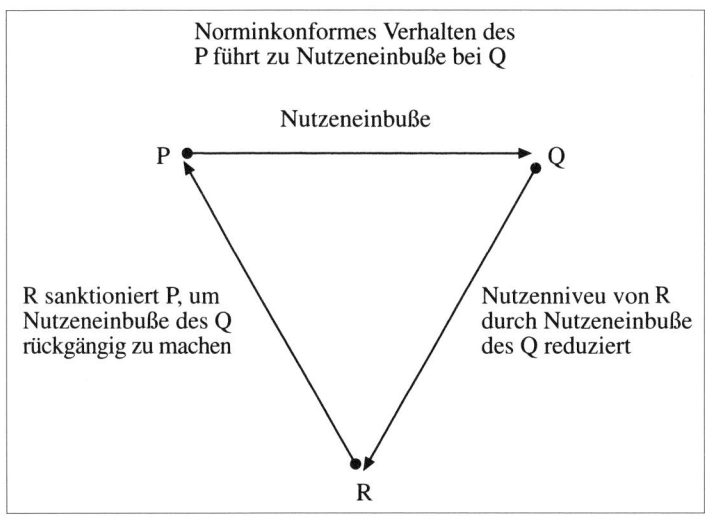

Schaubild 7.2: Mit interdependenten Nutzenfunktionen wird kostenträchtiges Sanktionsverhalten erklärbar

wird. Die Einführung interdependenter Nutzenfunktionen hat weit reichende Konsequenzen auch für den Sanktionsaspekt interner Institutionen: *kostenträchtige Sanktionen können jetzt erklärt werden*. Wenn zum Beispiel der Nutzen Ihres kleinen Bruders ein Argument Ihrer Nutzenfunktion ist, können Sie Ihren Nutzen möglicherweise erhöhen, wenn Sie den Spielpartner Ihres kleinen Bruders sanktionieren, der ihm gerade sein Spielzeug weggenommen hat. Innerhalb des Modells rationaler Wahlhandlungen würden Sie immer dann sanktionieren, wenn die Kosten der Sanktion geringer sind als der Nutzenzuwachs, den Sie erfahren, weil Ihr Bruder einen Nutzenzuwachs erfährt. Die Wahrscheinlichkeit, dass sanktioniert wird, hängt somit ab vom Gewicht, das der Nutzen Anderer in Ihrer Nutzenfunktion hat sowie von der Ihnen zur Verfügung stehenden Sanktionstechnik. Traditionell wird der *homo oeconomicus* als atomistisch bzw. isoliert agierender Nutzenmaximierer modelliert. Wenn es gelänge, die Bedingungen anzugeben, unter denen mit interdependenten Nutzenfunktionen zu rechnen ist, dann könnte eine adäquate Erweiterung des Konzepts helfen, die Entstehung der Sanktionskomponenten bei Institutionen vom Typ 3 zu erklären. Der Wechsel von nicht-interdependenten zu interdependenten Nutzenfunktionen kann durchaus damit gerechtfertigt werden, dass die Erklärungs- bzw. Prognose-

Interdependente Nutzenfunktionen mit weit reichenden Konsequenzen für Sanktionierung

kraft von Modellen mit ihrer Hilfe erhöht werden kann. Allerdings geht mit ihrer Einführung eine Vielzahl neuer Fragen einher. So ist z.B. zu klären, mit welchem Gewicht der Nutzen welcher Personen(gruppen) in meine Nutzenfunktion eingeht.

7.3.3.3 Kooperationsnormen

Das Folk-Theorem besagt, dass sich Kooperation bei wiederholten Spielen selbst bei einem relativ hohen Maß an Konflikt entwickeln kann. Das Ausmaß, in dem es verschiedenen Gruppen gelingt, tatsächlich zu kooperieren, variiert allerdings erheblich. Dahinter kann ein Lernprozess vermutet werden. *Je besser es Gruppen von Individuen gelingt, ihr Verhalten in einem Spiel mit keinem oder wenig Konflikt zu koordinieren, desto eher dürften sie in der Lage sein, schrittweise auch Spiele mit einem größeren Ausmaß an Konflikt zu lösen, in dem sie untereinander kooperieren.* Diese Hypothese stützt sich auf eine einfache Überlegung: Je größer der einem Spiel inhärente Konflikt, desto größer das Risiko, vom jeweiligen Gegenüber ausgebeutet zu werden. Aber wenn die Mitglieder einer Gesellschaft in der Lage sind, ein Spiel mit dem Konfliktgrad $\varkappa$ kooperativ zu lösen, dann dürfte die Wahrscheinlichkeit, in einem Spiel mit dem Konfliktgrad $\varkappa + \varepsilon$ zu kooperieren höher sein als in dem Fall, in dem die Gesellschaft bereits das erste Spiel nicht kooperativ gelöst hat (AXELROD 1970 enthält ein Konfliktmaß für Spiele).

Lernen als neuer Aspekt (margin note)

Die gerade skizzierte Hypothese besagt, dass die *Entwicklung von Normen pfadabhängig* sein könnte. Die Wahrscheinlichkeit, dass es in einer bestimmten Situation zur Entstehung und Durchsetzung einer Kooperationsnorm kommt, hängt auch davon ab, ob es den Mitgliedern einer Gesellschaft zuvor gelungen ist, andere Interaktionssituationen kooperativ zu lösen. Die Hypothese kann uns auch daran erinnern, den kognitiven Aspekt nicht zu vernachlässigen. Zwei für einen außenstehenden Beobachter scheinbar identische Situationen können von den Beteiligten in ganz unterschiedlicher Weise rekonstruiert werden; der resultierende Konfliktgrad mag unterschiedlich hoch sein und damit auch die Wahrscheinlichkeit, das Spiel kooperativ zu lösen.

Pfadabhängigkeit bei der Entwicklung von Normen? (margin note)

Die hier skizzierte Hypothese zur Entstehung von Normen weist große Gemeinsamkeiten auf mit einer von der israelischen Sozialphilosophin EDNA ULLMANN-MARGALIT (1977, 121-127) vorgestellten Erklärung. Sie diskutiert das so genannte **„Hirschjagd-Spiel"** (*stag hunt game*) als ein Spiel, dessen Konfliktgrad zwischen reinen Koordinationsspielen und dem Gefangenendilemma liegt

Das Hirschjagd-Spiel (margin note)

und argumentiert, dass das Gefangenendilemma in ein Hirsch-jagdspiel transformiert werden kann, falls es „erstens eine allge-meine Erwartung gibt, dass die Handlungen der Akteure durch Gewohnheit stabilisiert werden und zweitens, dass es einen güns-tigen Anfangspunkt gibt, bei dem es irgendwie zu anfänglicher Kooperation gckommen ist" (ebd., 124).

Die Geschichte, die dem Spiel zu seinem Namen verholfen hat, kann knapp so erzählt werden: Um einen Hirsch zu fangen, ist die Kooperation mehrerer (hier zweier) Jäger erforderlich. Einer versperrt dem Hirsch mögliche Fluchtwege und treibt ihn in die Enge, was es dem Zweiten ermöglicht, den Hirsch zu erlegen. Wenn die beiden Jäger jedoch nicht auf diese Weise miteinander kooperieren, gehen sie allerdings auch nicht leer aus. Jeder ist in der Lage, allein einen Hasen zu fangen. Natürlich ziehen sie den Hirsch einem Hasen vor. Allerdings ist es immer noch besser, einen Hasen mit nach Hause zu bringen, als gar nichts. Das ist der Fall, wenn der jeweils andere Jäger einen Hasen fängt, man selbst aber weiter auf seine Kooperation zählt. Die Auszahlungs-matrix des Spiels sieht so aus (der erste Wert in den Zellen steht wieder für die Auszahlung des Zeilenwählers, der zweite für die Auszahlung des Spaltenwählers):

Matrix 7.1: Das Hirschjagd-Spiel

	S_1 (Hirsch)		S_2 (Hase)	
Z_1 (Hirsch)	3	3	0	2
Z_2 (Hase)	2	0	2	2

Anders als das Gefangenendilemma hat dieses Spiel keine domi-nante Strategie, das heißt die optimale Handlung des Zeilenwäh-lers (Z) hängt von der Handlung des Spaltenwählers (S) ab – und umgekehrt. Es hat zwei symmetrische Nash-Gleichgewichte in reinen Strategien, nämlich (Z_1, S_1) und (Z_2, S_2). Auf den ersten Blick sollte es ohne große Probleme möglich sein, vom nicht-ko-operativen Gleichgewicht (Z_2, S_2) zum kooperativen Gleichge-wicht (Z_1, S_1) zu wechseln, da sich beide Jäger dadurch ja besser stellen. Allerdings ist jeder Jäger für dieses Gleichgewicht auf die Kooperation des Anderen angewiesen, während er bei der nicht-kooperativen Strategie auf jeden Fall eine Auszahlung von 2 (bzw. einem Hasen) erhält. In seiner Diskussion des Spiels interpretiert BINMORE (1994, 120-25) Spieler, denen es gelungen ist, ihr Verhal-ten auf (Z_1, S_1) zu koordinieren, als *Spieler, die gelernt haben, sich gegenseitig zu vertrauen.*

Das Hirschjagd-Spiel im Original

Das gerade beschriebene Spiel geht auf den Genfer Philosophen JEAN-JACQUES ROUSSEAU (1755/1998) zurück. Im zweiten Teil seiner „Abhandlung über den Ursprung und die Grundlagen der Ungleichheit unter den Menschen" kann man es so lesen (ebd., 77): „Solchermaßen konnten die Menschen unmerklich eine grobe Vorstellung von gegenseitigen Verpflichtungen und dem Vorteil, der darin lag, sie zu erfüllen, gewinnen – aber nur, soweit es das gegenwärtige und spürbare Interesse erfordern mochte; denn die Voraussicht galt ihnen nichts, und weit davon entfernt, sich mit einer fernen Zukunft zu befassen, dachten sie nicht einmal an den folgenden Tag. Handelte es sich darum, einen Hirsch zu jagen, so fühlte jeder sehr wohl, daß er hierfür treulich auf seinem Posten bleiben mußte; kam aber zufällig ein Hase in Reichweite eines von ihnen vorbei, so darf man nicht bezweifeln, daß er diesen ohne Bedenken verfolgte und es ihn, wenn er seine Beute erjagt hatte, sehr wenig kümmerte, daß er seine Genossen die ihrige verfehlen ließ."

Unser Argument lautet, dass es Spielern genau dann leichter fallen wird, in einem Spiel mit einem noch höheren Maß an Konflikt zu kooperieren, wenn sie einer Gesellschaft angehören, in der das Gleichgewicht (Z1, S1) eine allgemein akzeptierte Verhaltensnorm ist. Damit haben wir aber den sicheren Boden der Spieltheorie verlassen, weil wir argumentieren, dass die Lösung eines Spiels von Lösungen anderer Spiele abhängt, die in der Matrix des jeweils zu analysierenden Spiels gar nicht vorkommen.

Fassen wir das bisher entwickelte Argument zusammen:

(1) Individuelle Entscheidungsregeln bzw. Gewohnheiten können normativen Status erlangen.

(2) Es erscheint plausibel, grundsätzlich mit interdependenten Nutzenfunktionen zu arbeiten. Art und Zahl derjenigen, deren Nutzen als positives Argument in die Nutzenfunktion des Akteurs eingeht, ist jedoch offenbar variabel und deshalb erklärungsbedürftig.

(3) Die Entwicklung von Kooperationsnormen könnte pfadabhängig sein. Je stabiler solche Normen bei Spielen mit gegebenem Konfliktniveau sind, desto größer ist die Wahrscheinlichkeit, dass Mitglieder einer solchen Gesellschaft in der Lage sind, auch Spiele mit höherem Konfliktniveau kooperativ zu lösen.

Was wir bisher noch nicht ausreichend thematisiert haben, ist die Frage, wie man die Entstehung der Sanktionskomponente bei internen Institutionen vom Typ 2 erklären kann; also das schlechte Gewissen oder die psychischen Kosten, die entstehen können, auch wenn man praktisch sicher ist, von niemandem beobachtet zu werden.

7.3.3.4 Zur Sanktionskomponente

DENNIS MUELLER (1986) argumentiert, dass Akteure, die unter Sanktionsandrohung dazu erzogen wurden zu kooperieren, häufig auch dann weiter kooperieren werden, wenn die Sanktionsandrohung entfällt. Dieser Gedanke kann nützlich sein zur Erklärung der Transmission von internen Institutionen vom Typ 2. MUELLER schlägt vor, die in der Ökonomik genutzte Verhaltensannahme des „rationalen Egoismus" zu modifizieren und stattdessen von einem **„adaptiven Egoismus"** auszugehen. MUELLER Adaptiver
Egoismus spricht sich damit für die Berücksichtigung von Erkenntnissen aus der Psychologie aus. Es käme jedoch einer Preisgabe des ökonomischen Ansatzes gleich, wenn man behauptete, in der Kindheit anerzogenes normkonformes Verhalten würde um jeden Preis beibehalten. Grundannahme der Ökonomik ist ja, dass man fast jede Wahlhandlung durch entsprechende Anreize herbeiführen kann. Es liegt deshalb nahe, ein **zweistufiges Verhaltensmodell** einzuführen. Im ersten Schritt wird das jeweilige Entscheidungsproblem klassifiziert. Sind die Kosten der Normeinhaltung Ein zweistufiges
Verhaltensmodell eher gering, dann besteht eine hohe Chance, dass sich das Individuum normkonform verhält. Das heißt also, dass die vom *rational choice*-Ansatz häufig unterstellte Einzelfallmaximierung nicht zum Tragen kommt. *Je höher die Kosten der Normeinhaltung, desto höher die Wahrscheinlichkeit, dass das Entscheidungsproblem einem rationalen Kosten-Nutzen-Kalkül unterzogen wird.* Das Problem besteht jetzt offensichtlich darin, Regelmäßigkeiten im Übergang vom einen zum anderen Entscheidungsverfahren zu identifizieren (siehe auch KLIEMT 1991, 199).

LINDENBERG (1992) entwickelt einen Ansatz, in dem das Entscheidungsverhalten der Akteure ebenfalls davon abhängt, wie sie die jeweilige Entscheidungssituation einordnen. LINDENBERG geht davon aus, dass universell von der **Existenz dreier instrumenteller Ziele** ausgegangen werden kann:
(1) Gewinn,
(2) Normkonformität und
(3) Verlustvermeidung.

Abhängig davon, wie der Akteur die Entscheidungssituation jeweils strukturiert bzw. *framed*, tritt eines dieser Ziele in den Vordergrund. Die Situationen, in denen das instrumentelle Ziel Normkonformität den Zielen Gewinn und Verlustvermeidung vorgezogen wird, sind dann Situationen, in denen Akteure sich mitunter auch an Regeln halten, ohne bei einem Verstoß mit einer Sanktionierung durch andere rechnen zu müssen. Zu fragen ist hier natürlich, ob systematische Aussagen darüber möglich sind, welches der drei Ziele in welchen Entscheidungssituationen jeweils in den Vordergrund tritt. Nur dann kann man den Ansatz ja nutzen, um bestimmte Verhaltensweisen zu prognostizieren.

7.3.3.5 Ausblick

Viele Versuche, die Entstehung interner Institutionen zu erklären, setzen die Existenz bestimmter erklärender Variablen voraus, etwa die Existenz geteilter Werte. Natürlich liegt es nahe, den jeweils nächsten Schritt zu gehen und zu fragen, ob man (wiederum unter Rückgriff auf ökonomisches Instrumentarium) auch in der Lage ist, deren Entstehung zu erklären. In den letzten Jahren sind jedoch mehr und mehr Wissenschaftler zu der Auffassung gelangt, dass der ökonomische Ansatz hierfür nicht hinreichend sei und dass Erkenntnisse aus anderen Disziplinen wie etwa der Kognitionswissenschaft hinzugezogen werden sollten. Wir haben oben gesehen, dass eine Voraussetzung für geteilte Werte und Normen ist, dass die beteiligten Akteure dieselbe Situation überhaupt ähnlich wahrnehmen. Vertreter der Kognitionswissenschaft beschäftigen sich primär mit dieser Frage, weshalb die Hoffnung besteht, dass man von ihnen in dieser Hinsicht etwas lernen kann.

7.4   Interdependenzen zwischen internen und externen Institutionen

Bisher wurde skizziert, wie eine ökonomische Erklärung der Entstehung von Normen aussehen könnte. Die Möglichkeit, dass die Entwicklung von Normen auch von den jeweils gültigen externen Institutionen beeinflusst werden könnte, ist bisher noch nicht thematisiert worden. Für eine Bearbeitung dieser Frage wäre zu klären, ob und inwieweit die jeweils gültigen externen Institutionen normkonformes Verhalten – also Verhalten, das mit internen Institutionen kompatibel ist – verteuern. *Sollte normkonformes Verhalten mit hohen Kosten belegt werden, so wäre damit zu rechnen, dass es über die Zeit erodieren würde.* Dies könnte dann der Fall sein, wenn normkonformes Verhalten einen Verstoß gegen Gesetze, also externe Institutionen, darstellt. So galt es lange Zeit als angemessen, sich zu duellieren, um bestimmte Konflikte zu „lösen". Eine Anzahl interner Institutionen informierte die Beteiligten, unter welchen Bedingungen ein Duell angemessen sei, welche Verhaltensweisen von ihnen erwartet würden etc. Regierungen können solche Institutionen zum Verschwinden bringen, indem sie Männer, die sich duelliert haben, sofort aus dem Staatsdienst entlassen bzw. sie gar nicht erst einstellen.

Andererseits dürften Gesetze, die den Normen großer Teile der Bevölkerung diametral entgegengesetzt sind, mit hohen Durchsetzungskosten verbunden sein. Dies kann mitunter sogar zur Notwendigkeit führen, einzelne externe Institutionen den internen Institutionen anzupassen.

Dass externe Institutionen einen Wandel interner Institutionen bewirken können, soll anhand einer empirischen Studie von MIEGEL, GRÜNEWALD und GRÜSKE (1991) gezeigt werden. In der Studie geht es um die Frage, wie man Unterschiede der wirtschaftlichen Entwicklung in verschiedenen Teilen Deutschlands erklären kann. Die Autoren untersuchen darin sehr detailliert das, was sie „wirtschafts- und arbeitskulturelle" Unterschiede nennen, worunter sie Einstellungen in Bezug auf wirtschaftlich relevante Aspekte des Zusammenlebens sowie in Bezug auf den Arbeitsplatz verstehen. Hier interessiert ein Teilaspekt der Studie, nämlich die Beobachtung, dass die unterschiedliche *Ausgestaltung des Erbrechts* (einer externen Institution) *zu unterschiedlichen Einstellungen* – und damit also (in unserer Terminologie) zu unterschiedlichen internen Institutionen – *geführt* haben könnte. Grob gesprochen gab es in Deutschland zwei Formen landwirtschaftlichen Erbrechts, einerseits das Anerbenrecht und andererseits das Recht der Realteilung (ebd., 100-2).

Beim **Anerbenrecht** erbte jeweils nur ein Nachkomme den gesamten Hof. Die anderen Nachkommen wurden so abgefunden, dass der Bestand des Hofes nicht gefährdet wurde. Das führte häufig dazu, dass die Nicht-Hoferben als Arbeitskräfte auf dem Hof blieben. Dieses institutionelle Arrangement hatte zwei Konsequenzen: Die Durchschnittsgröße der Höfe blieb recht groß und die Bevölkerungszahl wuchs kaum an, weil die Nicht-Erben häufig keine Möglichkeiten hatten, eine eigene Familie zu gründen und Kinder zu ernähren.

Wie der Name bereits nahe legt, wurden Höfe unter dem **Recht der Realteilung** zu gleichen Teilen an alle erbberechtigten Nach-

Beispiel Erbrecht

kommen übertragen. Das hatte vollkommen andere Konsequenzen: Die Erträge aus den einzelnen Höfen wurden immer
geringer, so dass immer weniger Familien allein davon leben
konnten. Die Bevölkerungszahl wuchs, weil die meisten Erben
eine eigene Familie gründeten. Beides zusammen bewirkte, dass
es starke Anreize gab, sich nach Einkunftsquellen außerhalb der
Landwirtschaft umzusehen, also Handwerks- oder Gewerbebe-
triebe zu gründen. Andererseits bewirkte dieses institutionelle
Arrangement auch, dass die Zahl der Immobilieneigentümer
ständig zunahm. MIEGEL *et al.* (1991, 101) folgern daraus, dass dies
die Wertvorstellungen vieler Menschen nachhaltig beeinflusste,
weil sie frühzeitig Erfahrungen mit den Chancen und Risiken
produktiv nutzbaren Privateigentums sammelten. Die Autoren
schreiben weiter (ebd., 101f.): „Aus dieser Verbindung dürfte
wahrscheinlich eine Grunddisposition entstanden sein, die die
Menschen in Realteilungsgebieten ... befähigte, kapitalistisch-in-
dustrielle Verhaltensmuster rasch zu verinnerlichen. Deshalb
dürfte die Schlußfolgerung gerechtfertigt sein, daß das *Recht der
Realteilung für die industriell wirtschaftliche Entwicklung einer Region
förderlich war*, Denk- und Anschauungsweisen in der starken
Gruppe also durch das hier weit verbreitete Recht der Realteilung
erwerbswirtschaftlicher beeinflußt wurden als in der schwachen
Gruppe, in der das Anerbenrecht dominierte."

Häufig wird auch argumentiert, dass der extensive Wohlfahrts-
staat zu einer Lockerung von Solidaritätsnormen geführt habe.
Wenn der Staat diejenigen versorgt, die nicht in der Lage sind, ein
eigenes Einkommen zu erwirtschaften, dann ist es weniger nützlich, Mitglied eines freiwilligen Netzwerks zu sein. Auf lange Sicht
würden wir also erwarten, dass die Mitgliedszahlen zurückgehen
und die Netzwerke sich möglicherweise irgendwann ganz auflö-
sen. Dies kann als rationale Antwort auf geänderte Umstände
interpretiert werden.

7.5 Offene Fragen

Dass externe Institutionen die Entwicklung interner Institutionen
beeinflussen können, wurde im Wesentlichen anhand eines Beispiels gezeigt. Beispiele können eine präzise Theorie jedoch nicht
ersetzen. Über eine solche Theorie verfügen wir bisher jedoch
noch nicht. Ihre Entwicklung dürfte auch nicht ganz einfach sein,
denn Wissenschaftler sind es gewohnt, sauber zwischen abhän-
gigen und unabhängigen Variablen zu trennen. Hier jedoch

scheint die Möglichkeit einer wechselseitigen Einwirkung vorzu-liegen. Interne Institutionen können die Entwicklung externer Institutionen beeinflussen, gleichzeitig können externe Institutionen wiederum Rückwirkungen auf interne Institutionen haben. Wir haben es unzweifelhaft mit komplexen Beziehungen zu tun, die einer weiteren Analyse bedürfen.

Bis zu einer vollwertigen „ökonomischen Theorie zu Entstehung und Wandel interner Institutionen" ist es noch ein langer Weg. In diesem Kapitel haben wir wiederum versucht, einige Bausteine zu nennen, die auf dem Weg zu einer solchen Theorie möglicherweise nützlich sein könnten.

Auch wenn wir noch lange nicht über eine vollwertige Theorie zur Erklärung des Wandels interner Institutionen verfügen, erscheint es dennoch möglich, einige wirtschaftspolitische Schlussfolgerungen auch auf Basis des eingeschränkten verfügbaren Wissens zu ziehen. Dazu gehört die Einsicht, dass die Entwicklung interner Institutionen überwiegend spontan erfolgt und bewusste Änderungen mittels wirtschaftspolitischer Eingriffe häufig nicht möglich sind. Andererseits haben wir gerade gesehen, dass bestimmte externe Institutionen prognostizierbare Konsequenzen für bestimmte interne Institutionen haben. Sind die internen Institutionen für die in einer Gesellschaft abgewickelten Interaktionen relevant, so wäre ihr Wandel bei einer Änderung der externen Institutionen idealerweise in Rechnung zu stellen. Weiter haben wir immer wieder darauf hingewiesen, dass Inkompatibilitäten zwischen internen und externen Institutionen zu einer Erhöhung von Transaktionskosten führen. Daraus kann der wirtschaftspolitische *Rat* abgeleitet werden, *dass (von der Politik veränderbare) externe Institutionen nicht vollständig inkompatibel mit internen Institutionen sein sollten.*

Der Frage, welche Konsequenzen sich aus den Einsichten der NIÖ für die Theorie der Wirtschaftspolitik ergeben, wenden wir uns im vierten Teil dieses Buches noch ausführlich zu.

Fragen

1. Welche weiteren Beispiele für wert- bzw. zweckrationales Verhalten fallen Ihnen ein?

2. Überlegen Sie sich – in Anlehnung an das Raucherbeispiel aus Abschnitt zwei – welche Externalitäten die Beteiligten an folgender Situation konstruieren könnten: Ein stark erkälteter Fahrgast setzt sich in einen vollbesetzten Großraumwagen der Bahn neben einen anderen Reisenden, der pausenlos lautstark telefoniert.

3. Welche Beispiele für die Entstehung von Normen über faktische Verhaltensregelmäßigkeiten kommen Ihnen in den Sinn?

4. Überlegen Sie sich, welche Determinanten, die für die Entstehung von internen Institutionen möglicherweise wichtig sind, im Rahmen der evolutorischen Spieltheorie unberücksichtigt bleiben müssen.

5. Warum ist ein Hinweis auf Repetition und Reputation nicht hinreichend, um die (erstmalige) Entstehung von Normen zu erklären?

6. Machen Sie sich den in Abschnitt 7.3.3 skizzierten Erklärungsversuch zur Entstehung von Normen anhand eines selbst gewählten Beispiels klar!

Literatur

Eine kritische Darstellung des *homo sociologicus* findet sich in DAHRENDORF (1967). Deutschsprachige Einführungen in die evolutorische Spieltheorie sind Mangelware. Die vorliegenden Monographien sind teilweise recht anspruchsvoll, z.B. AMANN (1999). Für einen ersten Kontakt mit der evolutorischen Spieltheorie könnten aber die Einführungen, die in den Zeitschriften für Studenten von Zeit zu Zeit veröffentlicht werden, interessant sein. Ein Blick in VILKS / CLAUSING (1999) oder STEVEN / OTTERPOHL (2000) könnte sich lohnen.

JACK KNIGHT hat sich in verschiedenen Veröffentlichungen mit Entstehung und Wandel interner Institutionen beschäftigt. Hier sei nur die Monographie *„Institutions and Social Conflict"* (1992) genannt. In diesem Buch wird die Relevanz von Macht bei der Entstehung von Institutionen besonders betont.

Der Zusammenhang zwischen internen Institutionen und demokratischer Regierungsform wird thematisiert in VOIGT (2002).

ALSTON und SCHAPIRO (1984) analysieren Ursachen und Konsequenzen des Erbrechts für die Staaten der USA, wo der Norden eher Realteilung und der Süden eher das Recht des Erstgeborenen (Primogenitur) hatte. Dies war ihres Erachtens ökonomisch effizient, weil die optimale Farmgröße in den Südstaaten viel höher war als im Norden. BERTOCCHI (2006) argumentiert, dass ein Wechsel von Primogenitur zur Realteilung dann wahrscheinlicher wird, wenn die Industrialisierung eines Landes Fahrt aufnimmt und Kapital den Boden als wichtigsten Produktionsfaktor ersetzt.

Teil IV:

Wirtschaftspolitische Konsequenzen

Zur Notwendigkeit einer normativen 8 Theorie

In den ersten drei Teilen dieses Lehrbuchs haben wir uns mit positiven Fragen beschäftigt: In Teil II (den Kapiteln zwei bis fünf) mit der Frage, welche Konsequenzen unterschiedliche Institutionen auf wirtschaftlich relevante Variablen haben, in Teil III (den Kapiteln sechs und sieben) mit der Frage, wie man Entstehung und Wandel von Institutionen unter Rückgriff auf ökonomisches Instrumentarium erklären kann. Im vierten und letzten Teil dieser Einführung in die Institutionenökonomik stehen normative Fragen im Vordergrund. Welche Institutionen sollen wir implementieren? Welche Institutionen können wir – mit Hilfe welcher Verfahren – legitimieren? Dabei stehen die Kapitel acht und neun in einem engen Zusammenhang zueinander. Im nächsten Kapitel geht es um die Frage, welche Konsequenzen aus der Neuen Institutionenökonomik für die Wirtschaftspolitik bzw. die Theorie der Wirtschaftspolitik folgen. Um wirtschaftspolitische Ratschläge erteilen zu können, wird eine normative Basis benötigt. Dieses Kapitel beschäftigt sich mit der Notwendigkeit und den Möglichkeiten einer solchen normativen Basis.

In den ersten drei Teilen haben wir gesehen, dass Institutionen wohlstandsfördernde Wirkungen haben können. Private Eigentumsrechte und die garantierte Möglichkeit, diese freiwillig zu tauschen, können immense Wohlfahrtsgewinne auslösen. Aber wir beobachten, dass es eine Vielzahl von Institutionen gibt, welche die Privatautonomie bzw. die Vertragsfreiheit einschränken. Welche Argumente gibt es für diese Einschränkungen? Bedarf es möglicherweise einer Einschränkung der Privatautonomie (bzw. Vertragsfreiheit), um den Bestand der Privatautonomie (bzw. Vertragsfreiheit) auf Dauer zu sichern? Haben wir gute Argumente dafür, Sklavenverträge zu verbieten, die schließlich auch als Einschränkung der Vertragsfreiheit interpretiert werden können? Weniger extrem könnte nach den Argumenten gefragt werden, die für Einschränkungen des Verfügungsrechts über Privateigentum sprechen, z.B. in Form von Produktionsauflagen oder der Kontrolle von Fusionen.

In diesem Kapitel gehen wir wie folgt vor: Im nächsten Abschnitt wird zunächst abgegrenzt, was wir unter normativer Theorie verstehen wollen. Abschnitt drei ist der Präsentation eines Arguments gewidmet, das uns helfen kann zu ermitteln, ob eine bestimmte Institution (bzw. ein gesamtes institutionelles Arrangement) als legitimiert gelten kann oder nicht. Im vierten Abschnitt werden einige Anforderungen an eine normative Theorie diskutiert, die sich aus den Annahmen bzw. Einsichten der Neuen Institutionenökonomik ergeben und die insofern von der etablierten normativen Theorie abweichen.

8.2 Was heißt und zu welchem Ende treibt betreibt man normative Theorie?[1]

Anfang des 20. Jahrhunderts hat MAX WEBER in verschiedenen Aufsätzen argumentiert, dass Werturteile keinen wissenschaftlichen Status erlangen können. Das Postulat der wissenschaftlichen Wertfreiheit bzw. **Werturteilsfreiheit** ist seitdem mit seinem Namen verbunden. Im Archiv für Sozialwissenschaft und Sozialpolitik schrieb er (1904, 151; Hervorhebung im Original): „Eine empirische Wissenschaft vermag niemanden zu lehren, was er *soll*, sondern nur, was er *kann* und – unter Umständen – was er *will*." Bevor wir uns mit der Notwendigkeit einer normativen Theorie beschäftigen, sollen kurz die Argumente vorgetragen werden, die normativer Theorie den Status der Wissenschaftlichkeit absprechen.

Werturteile sind nicht wahrheitsfähig — Werturteile sind Aussagen darüber, wie etwas sein soll – und nicht darüber, wie etwas ist. Während Ist-Aussagen – sofern man sich zuvor auf bestimmte Begriffe verständigt hat – empirisch überprüfbar sind, ist genau das bei Sollens-Aussagen nicht der Fall. Wird als Ziel von Wissenschaft die Suche nach Wahrheit genannt und werden Aussagen als wahr bezeichnet, wenn sie mit der Realität übereinstimmen (dieser Wahrheitsbegriff geht auf den Philosophen ALFRED TARSKI [1902 – 1983] zurück und wird auch „**Korrespondenztheorie der Wahrheit**" genannt), dann können *Sollens-Aussagen* nicht zum Bereich der Wissenschaft gerechnet werden, weil sie *nicht wahrheitsfähig* sind. Sie können allenfalls dazu dienen, die Sollens-Vorstellungen ihrer Träger bekannter zu machen.

---

[1]   Diese Absatzüberschrift mag ein wenig antiquiert wirken. Sie ist eine Anspielung auf den Titel der Antrittsvorlesung FRIEDRICH SCHILLERS („Was heißt und zu welchem Ende studiert man Universalgeschichte?"), die er 1789 in Jena hielt.

Warum also ist in der Kapitelüberschrift von der „Notwendig-keit" einer normativen Theorie die Rede? Kurz und knapp geant-wortet: Wenn Vertreter der Ökonomik sich nicht damit zufrieden geben, nomologische Hypothesen vom Typ „immer und überall wenn x, dann y" zu identifizieren, also die Welt zu erklären, so wie sie ist, sondern daran interessiert sind, Vorschläge zu unter-breiten, wie sie „effizienter" oder „besser" gestaltet werden kann, dann benötigen sie einen Referenzrahmen, einen Maßstab, an dem sie den derzeitigen Zustand der Welt messen können. Um Soll-Ist-Abweichungen identifizieren und dann Vorschläge unter-breiten zu können, wie die Abweichungen zu reduzieren seien, benötigt man eben Vorstellungen vom Sein-Sollen.

Zu fragen ist jetzt, wie man zu solchen Aussagen gelangt. Nun ist es sicherlich vorstellbar, dass bestimmte Werte mit grundle-genderen oder übergeordneten Werten begründet werden kön-nen. Ein Beispiel dafür könnte so lauten: „Der Bund soll die neu-en Länder finanziell weiter unterstützen, weil das ein Gebot der Gerechtigkeit ist." Hier wird eine Sollens-Aussage mit einer all-gemeineren Norm begründet, von der man offenbar glaubt, dass sie allgemein zustimmungsfähig sei. Mit dem Gedanken der all-gemeinen Zustimmungsfähigkeit beschäftigen wir uns im nächs-ten Abschnitt noch ausführlich. Zunächst sei darauf hingewiesen, dass wir hier in die **Letztbegründungsproblematik** geraten, die Philosophen seit Jahrtausenden bekannt ist. Unter Philosophen ist sie als „**Agrippas Trilemma**" bekannt. HANS ALBERT hat es unter Ökonomen unter dem Stichwort „**Münchhausen-Trilemma**" be-kannt gemacht. Der Ausdruck Trilemma deutet an, dass es sich um ein nicht lösbares Problem handelt. Beim Versuch, Normen bzw. Werte mit jeweils vorgelagerten Normen bzw. Werten zu begründen, habe man die Wahl zwischen drei nicht-befriedi-genden Optionen: Man könne sich in einen **logischen Zirkel** be-geben (also grundlegendere Werte an irgendeiner Stelle des Be-gründungsversuchs mit weniger grundlegenden Werten ‚begründen'), in einen **infiniten Regress** (also *ad infinitum* auf eine jeweils vorgelagerte Norm verweisen) oder aber das Verfahren unter **Rekurs auf ein Dogma** abbrechen. Man hat also die Wahl zwischen drei unbefriedigenden Möglichkeiten.

Im nächsten Abschnitt werden wir einen Versuch kennenler-nen, normative Institutionenökonomik so wenig unbefriedigend wie möglich zu betreiben. Zuvor sei jedoch noch auf zwei Ge-fahren normativer Theoriebildung hingewiesen, aber auch auf die Möglichkeiten, normative Theorien positiv „abzuarbeiten." Zu-nächst zu den Gefahren:

Letztbegründungs-problematik

Gefahren normativer Theoriebildung

(1) Viele Denker unterliegen der Gefahr des **naturalistischen Trugschlusses**. Darunter wird der Versuch verstanden, fälschlich vom „Sein" auf das „Sollen" zu schließen. Weil etwas so *ist*, muss es dieser Auffassung zufolge auch gute Gründe dafür geben, dass es so sein *soll*. Diese Position ist sehr deutlich bereits von DAVID HUME kritisiert worden.

(2) Bisweilen unterliegen Ökonomen auch dem **instrumentalistischen Trugschluss**. Demnach werden Sollens-Aussagen nicht von Wissenschaftlern abgeleitet, sondern kommen z.B. als Vorgaben von der Politik. Ökonomen hätten lediglich die Aufgabe, die Mittel zu identifizieren, mit deren Einsatz die jeweils vorgegebenen Ziele bestmöglich zu erreichen seien. Diese Auffassung ist bereits in den 30er Jahren des 20. Jahrhunderts von GUNNAR MYRDAL kritisiert worden. Sie impliziert, dass Mittel selbst wertfrei seien. Wenn Mittel aber einen Eigenwert haben, dann ist die skizzierte Aufgabenteilung nicht vollziehbar.

Jetzt zu den Möglichkeiten, normative Theorien „positiv" abzuarbeiten. STREIT (1991, 2000) weist darauf hin, dass sehr wohl zwischen wertenden Aussagen und Aussagen über Werte unterschieden werden kann. Das heißt, dass Wertungen beschrieben und auf ihre Beziehungen zueinander überprüft werden können. Wertungen, die als wissenschaftliche Aussagen ‚getarnt' daherkommen, können offengelegt werden. Dies wird häufig auch Ideologiekritik genannt.

8.3 Zwei konkurrierende normative Konzepte

8.3.1 Der wohlfahrtstheoretische Ansatz

In der Ökonomik hat sich vor etwa 100 Jahren die bis heute dominierende normative Theorie herausgebildet, die sogenannte **Wohlfahrtstheorie**. Wohlfahrtsökonomen sind an der *Maximierung einer sozialen Wohlfahrtsfunktion unter Nebenbedingungen* interessiert, das heißt an einer **optimalen Allokation**. Unter Allokation verstehen Ökonomen die Zuweisung von Gütern und Faktoren auf Personen oder Produktionsprozesse. Wenn der Markt bei der Hervorbringung optimaler Allokation „versagt", dann votieren sie häufig für staatliche Eingriffe, die dazu führen sollen, dass diese optimale Allokation zumindest näherungsweise erreicht wird. Aufgrund des eindeutigen Fokus' auf optimale Allokation könnte man diesen Ansatz auch **Allokationsansatz** nennen. Der Allokationsansatz beruht auf einer Anzahl von Annahmen, von denen die wichtigsten zu sein scheinen, (a) dass ein sozialer Maximand benennbar ist, (b) dass Repräsentanten des Staates über Wissen verfügen, das dem Wissen überlegen ist, über das Marktakteure verfügen und (c) dass Repräsentanten des Staates über Anreize verfügen, ihr überlegenes Wissen zur Maximierung einer sozialen Wohlfahrtsfunktion tatsächlich zu nutzen. Die Nützlichkeit all dieser Annahmen ist regelmäßig von Vertretern ganz verschiedener Forschungsprogramme bezweifelt worden. Die Kritik soll hier nicht im Einzelnen wiederholt werden. Wir beschränken uns auf die knappe Schilderung von drei Kritikpunkten, die HAROLD DEMSETZ bereits 1969 an der leichtfertigen Verbindung zwischen dem Befund „**Marktversagen**" und der Forderung nach staatlicher Ersatzvornahme veröffentlicht hat.

Das wohlfahrtsökonomische Ideal beruht auf Annahmen, die niemals auch nur annäherungsweise erfüllt sein werden. Wird die ideale Modellwelt mit der Realität verglichen, so schneidet die Realität regelmäßig sehr schlecht ab. Der Versuch, eine niemals zu realisierende Modellwelt dennoch zu realisieren, wird seit DEMSETZ (1969) auch **Nirvana-Ansatz** genannt. Dieser Ansatz geht meistens mit mindestens einem von **drei Trugschlüssen** einher (geschildert in Anlehnung an STREIT 1991, 22):

(1) *Der Staat kann perfekt handeln.* In der Realität ist nicht nur das Wissen der Marktteilnehmer beschränkt, sondern auch das der Vertreter des Staates (Politiker und Bürokraten). Auch sie verfolgen ihre eigenen Ziele. Reale Marktprozesse mit idealisiertem Staatshandeln zu vergleichen ist deshalb falsch.

(2) *Reallokation ist kostenlos möglich.* Von Vertretern des Staates vorgenommene Korrekturen der Allokation, so wie sie sich als Ergebnis marktlicher Prozesse ergeben hat, sind selbstverständlich nicht kostenlos zu haben. Dabei fallen nicht nur direkte Kosten an (die Einbußen bei denjenigen, denen der Staat etwas wegnimmt, aber auch die Bürokratiekosten selbst), sondern auch indirekte Kosten, die Folgen geänderter Handlungen der privaten Wirtschaftssubjekte sind, die sich wiederum als Folgen geänderter Anreize durch staatliche Reallokation ergeben.

(3) *Modellkonformes Verhalten.* Hiermit ist die Erwartung verbunden, dass Akteure sich so verhalten, wie die entsprechenden Modelle es nahelegen. Oft beobachtet man aber, dass sie sich anders verhalten, z.B. wenn sie risikoavers – und nicht risikoneutral – agieren.

Annahmen des Allokationsansatzes

GEORGE STIGLER hat das Vorgehen einiger Wohlfahrtsökonomen einmal anhand einer Geschichte ironisch beschrieben. Es gleiche dem Verhalten von Juroren, die bei einem Klavierwettbewerb nur den ersten, schlecht spielenden Pianisten anhören und daraufhin sofort – ohne ihn überhaupt gehört zu haben – den konkurrierenden zweiten Pianisten zum Sieger küren. Einige Vertreter der NIÖ sind hingegen überzeugt davon, dass Versuche, eine optimale Allokation auf der Ergebnisebene herbeiführen zu wollen, grundsätzlich verfehlt sind. Für sie ist die Wirtschaft nicht ein organisches Ganzes, das man in einer irgendwie bedeutungsvollen Art und Weise maximieren könne. Stattdessen sind sie an der Frage interessiert, wie die Interaktionen einer Vielzahl von Akteuren so koordiniert werden können, dass Ordnung – und Wohlstand – resultiert. Innerhalb dieses Ansatzes wird Koordination dadurch hervorgebracht, dass gefragt wird, welches Set von Institutionen am besten in der Lage ist, den Akteuren die Bildung von Erwartungen zu ermöglichen, ohne dass diese Bestandteile eines gemeinsamen zentralen Plans wären, die Akteure also eine Vielzahl verschiedener individueller Ziele verfolgen. Dieser Ansatz könnte deshalb auch **Koordinationsansatz** genannt werden. Seine Vertreter stellen mithin auf eine andere Analyse-Ebene ab als die Vertreter des Allokationsansatzes. Während Vertreter des Koordinationsansatzes an Institutionen interessiert sind, die Tausch erleichtern (oder auch erschweren), sind die Vertreter des Allokationsansatzes an der Einschätzung konkreter Ergebnisse verschiedener Allokationsmechanismen interessiert.

Der Koordinationsansatz

Wir haben bereits im ersten Kapitel darauf hingewiesen, dass Vertreter der NIÖ sich noch nicht einig darüber sind, ob die NIÖ im Wesentlichen innerhalb des Allokationsansatzes verbleibt und lediglich Fragen thematisiert, die von dessen Vertretern bisher nicht gestellt wurden, oder ob die NIÖ auch auf einem grundlegend anderen normativen Ansatz beruht. Der wohlfahrtsökonomische Allokationsansatz ist hunderte von Malen beschrieben worden. Wir verzichten deshalb hier auf eine umfassende Beschreibung und beschreiben stattdessen den von einigen Institutionenökonomen bevorzugten Koordinationsansatz etwas umfassender.

8.3.2 Hypothetischer Konsens – eine Heuristik zur Ableitung von Sollens-Aussagen

Zunächst ein Wort zur Überschrift: eine Heuristik ist eine methodische Anleitung, Neues zu finden. In diesem Abschnitt geht es also um die Frage, ob die Argumentationsfigur des hypothetischen Konsens, die wir gleich beschreiben werden, ein Weg ist, wie wir Sollens-Aussagen ableiten können.

JAMES M. BUCHANAN ist als Konstitutionenökonom bekannt geworden, das heißt als ein Wissenschaftler, der sich unter Rückgriff auf das ökonomische Instrumentarium mit den grundlegenden Regelsystemen – Verfassungen – beschäftigt. Konstitutionen bestehen aus Institutionen, insofern kann die Konstitutionenökonomik als ein Teilgebiet der NIÖ interpretiert werden. BUCHANANS zentrales Anliegen ist es, die Entstehung von Institutionen zu erklären und Normen für eine Bewertung bestehender Rechtssysteme zu entwickeln (BUCHANAN 1975, 54 und 50f.). Nach eigenem Bekunden versucht er, die logische Struktur sozialer Interaktionen soweit wie möglich aus der vom Eigeninteresse bestimmten Nutzenmaximierung der Individuen und ohne Rückgriff auf externe Normen abzuleiten (ebd., 80).

Wir haben im letzten Abschnitt gesehen, dass das Letztbegründungsproblem prinzipiell unlösbar ist. Auch BUCHANAN kommt folglich nicht ohne das Setzen von Werten aus. Das zentrale Werturteil seiner normativen Theorie ist, dass die Ziele und Werte keines einzigen Menschen *a priori* wichtiger sein sollen als die irgendeines anderen Menschen. Diese Position wird auch als **normativer Individualismus** bezeichnet. Sie kennen den methodologischen Individualismus als zentrale Annahme der Ökonomik, nach der ausschließlich Individuen handeln und nicht Organisationen, Systeme oder andere Entitäten. Der normative Individualismus ist die Auffassung, dass *ausschließlich Individuen Quelle von Werten* bzw. Werturteilen sind. Diese Position impliziert also, dass es keine externen Quellen für Normen wie z.B. göttliche Befehle oder Naturrecht gibt. Sobald wir die Möglichkeit zulassen, dass Individuen unterschiedliche Werte haben bzw. Ziele verfolgen, haben wir Schwierigkeiten bei der Anwendung des Allokationsansatzes, wie wir ihn gerade kennen gelernt haben.

Normativer Individualismus

Aus dem zugrundeliegenden Werturteil kann jedoch eine **Verfahrensnorm** abgeleitet werden. BUCHANAN hat diese Überlegung von KNUT WICKSELL (1896) übernommen, einem schwedischen Ökonomen, der große Teile seines Werks auf Deutsch verfasste. Tauschverträge über private Güter werden als vorteilhaft bewertet, wenn die beteiligten Tauschpartner dem Vertrag freiwillig zustimmen. Er gilt als „effizient", „gut" oder „vorteilhaft", weil sich die daran Beteiligten einen Vorteil davon versprechen, sonst würden sie ja keinen Vertrag abschließen. Häufig werden die Tauschaktivitäten mit nur jeweils zwei Beteiligten gedacht, dem Käufer und

Ableitung einer Verfahrensnorm

dem Verkäufer. BUCHANAN folgt nun WICKSELL, der dasselbe Beurteilungskriterium für Entscheidungen gefordert hatte, deren Auswirkungen mehr als zwei Beteiligte betreffen – im Zweifel eine ganze Gesellschaft. Regeln, an die sich später alle Gesellschaftsmitglieder halten sollen, können nur dann als vorteilhaft für alle Gesellschaftsmitglieder bewertet werden, wenn es gute Gründe dafür gibt, anzunehmen, dass jedes einzelne Mitglied ihnen zugestimmt haben könnte. Regeln gelten dann als legitimiert, wenn kein rationales Individuum etwas gegen ihre Einführung haben könnte. Das Pareto-Kriterium wird hier also auf ganze Gesellschaften angewendet. Es handelt sich um die *Nutzung des Pareto-Kriteriums für ganze Gesellschaften.*

Das Erreichen von Einstimmigkeit kann jedoch mit erheblichen Kosten verbunden sein. Ein rationales Individuum wird somit nicht darauf bestehen, dass alle Kollektiventscheidungen einstimmig gefällt werden, sondern nur die grundlegenden. Dies dürften vor allem Entscheidungen über die Regeln sein, welche die Regierenden später bei ihren konkreten Entscheidungen zu berücksichtigen haben, also die Verfassungsregeln.

Der hier skizzierte normative Ansatz hält also am Pareto-Kriterium fest, das ja auch für die Wohlfahrtsökonomik grundlegend ist, interpretiert es allerdings ganz anders:

(1) Es sind nicht konkrete Ergebnisse, die mit Hilfe des Kriteriums bewertet werden, sondern Regeln bzw. Institutionen, deren Nutzung dann bestimmte Ergebnisse herbeiführen. Sind die Regeln, die ein bestimmtes Ergebnis herbeigeführt haben, als legitimiert anzusehen, dann gibt es keine Gründe mehr, die Ergebnisse als „ungerecht" o.ä. zu bewerten (ganz ähnlich auch HAYEK 1976).

(2) Zudem wird von „Pareto-Optimalität" auf „Pareto-Superiorität" umgestellt. Ein Optimum ist konzeptionell nicht mehr verbesserbar. Wird eine Regel dagegen als pareto-superior identifiziert, so ist das letzten Endes nichts Anderes als die Anwendung der Komparativen Institutionen Analyse. Wird zu einem bestimmten Zeitpunkt davon ausgegangen, dass eine allgemeine Zustimmung zu einer anderen als der derzeit gültigen Regel vorliegt, dann ist der *status quo* mit einer Alternative verglichen worden. Ist der Alternativvorschlag geeignet, einstimmigen Konsens zu generieren, so kann er als superior im Vergleich zur bisher gültigen Institution interpretiert werden. Das bedeutet jedoch keineswegs, dass es nicht eine noch bessere dritte Regel geben könne.

(3) Ob ein bestimmter Zustand pareto-optimal ist, kann innerhalb der Wohlfahrtsökonomie von einem einzelnen Wissenschaft-

Marginalia:

Einstimmigkeit verursacht Kosten

Alternative Interpretation des Pareto-Kriteriums

ler ermittelt werden. Das bedeutet, dass man Wissenschaftlern so etwas wie Allwissenheit zuschreibt, kennen sie doch offenbar alle Präferenzen aller relevanten Akteure. BUCHANAN findet diese Position „vollständig inakzeptabel" (1959, 126). Um herauszufinden, welche vom Wissenschaftler als pareto-superior unterstellten Politiken auch von den Betroffenen als pareto-superior perzipiert werden, sei eine tatsächliche Zustimmung der Betroffenen erforderlich.

BUCHANANS normativer Ansatz macht also keine Aussagen darüber, welche Institutionen eine Gesellschaft implementieren soll. Aber er beschreibt ein Verfahren, mit dessen Hilfe ermittelt werden kann, ob es Institutionen gibt, denen Individuen unter bestimmten – noch genauer zu spezifizierenden Umständen – zustimmen können bzw. zugestimmt haben könnten. Ist dies der Fall, dann sind diese Institutionen legitimiert und sie sollten dann auch implementiert werden. Als Heuristik erscheint dieses Verfahren zunächst überzeugend. Es setzt beim Individuum an und muss nicht auf externe Quellen für Werte bzw. Werturteile rekurrieren. Einige Schwachpunkte dieser Heuristik sollen im folgenden Abschnitt dennoch genannt werden.

Einige kritische Einwände gegen den Konsenstest 8.3.3

Bereits 1959 hatte BUCHANAN drei Schwierigkeiten genannt, die der tatsächlichen Durchführung des Konsens-Tests entgegenstehen könnten (ebd., 134ff.). Zur Umgehung dieses Problems hat BUCHANAN verschiedentlich dafür plädiert, einen **hypothetischen Konsens** an die Stelle des faktischen Konsenses treten zu lassen. Ein Beispiel für einen hypothetischen Konsens ist sein Argument in Bezug auf eine Geschwindigkeitsbegrenzung: „.... es scheint eindeutig möglich, dass eine allgemeine Zustimmung zur Verhängung einiger Beschränkungen hätte entstehen können ..." (1978, 35). Die von BUCHANAN vermutete allgemeine Zustimmung wird von ihm nur anhand rationaler Gründe, die für eine solche Begrenzung sprächen, vermutet. Eine nur hypothetisch mögliche Zustimmung zu tatsächlich existierenden Institutionen setzt der *Beliebigkeit der Bewertung* des jeweils hypothetisch Vermutenden allerdings kaum Grenzen. Dies zeigt auch eine andere Formulierung, in der BUCHANAN tatsächliche Übereinstimmung (*agreement*) abgrenzt von konzeptioneller Übereinstimmung (*conceptual agreement*). Man müsse sich fragen, ob die Ergebnisse, die wir beob-

Hypothetischer versus faktischer Konsens

achten können oder beobachten könnten, durch ein Regelsystem hervorgebracht sein könnten, welchem in einer konzeptionalisierten Regelverabschiedungs- bzw. Verfassungsphase hätte zugestimmt werden können (z.B. BUCHANAN 1977, 129f.). Die Einführung externer Beobachter, die darüber entscheiden, ob bestimmte politische Ergebnisse das Resultat eines Entscheidungsprozesses sein könnten, der auf Regeln beruht, auf die man sich in einem Verfassungsprozess hätte einigen können, unterscheidet sich letztlich nicht von der Einführung exogener Beurteilungskriterien, die von BUCHANAN ja abgelehnt werden. Wenn verschiedene externe Beobachter unterschiedliche Ansichten darüber äußern, welcher Regel eine Bevölkerung zugestimmt haben könnte, zeigt sich die Fragilität der „konzeptionellen Übereinstimmung". Der Versuch, Kollektivgutentscheidungen über das formale Verfahrenskriterium hinaus beurteilen bzw. legitimieren zu können, bleibt somit unbefriedigend.

Die Möglichkeit eines hypothetischen Konsenses hängt auch ab von den Annahmen über die den Akteuren jeweils zur Verfügung stehenden Informationen. Kennen sie ihre eigene sozioökonomische Position genau, so werden sie auf dieser Basis ihre Position in die Zukunft extrapolieren. Regeländerungen, von denen sie erwarten, dass sie mit einer schlechteren Nutzenposition einhergehen, würden von ihnen nicht befürwortet, der Konsenstest wäre also gescheitert. Um dies zu verhindern, hat

Schleier des Nichtwissens nach Rawls JOHN RAWLS (1971) den sogenannten **Schleier des Nichtwissens** eingeführt. Es wird gefragt, ob Individuen einer Regeländerung zustimmen könnten (bzw. würden), wenn sie bestimmte Informationen, über die sie tatsächlich verfügen, nicht hätten. So wird unterstellt, sie wüssten nicht, ob sie arm oder reich, jung oder alt, stark oder schwach usw. seien. Dieser Gedanke soll sicherstellen, dass nur Regeln als legitimiert gelten können, die keine gesellschaftliche Gruppe benachteiligen (bzw. spiegelbildlich bevorzugen). Die wirtschaftspolitischen Konsequenzen dieser Legitimationsübung sind indessen unklar. Stellen Sie sich vor, ein derzeit gültiges institutionelles Arrangement sei nicht legitimierbar (weil bestimmte Gruppen ihm niemals zugestimmt hätten), während ein Vorschlag zur Verbesserung des Arrangements einen hypothetischen Konsens hinter sich hat. Solange es allerdings nicht möglich ist, den Reformvorschlag mit entsprechenden politischen – real existierenden – Mehrheiten auszustatten, würde es dann beim nicht-legitimierten *status quo* bleiben.

Anforderungen an normative Theorie aus institutionen-ökonomischer Sicht   8.4

Als zentrale Annahmen der NIÖ haben wir immer wieder (i) die beschränkte Rationalität der Akteure sowie (ii) positive Transaktionskosten genannt. Diese beiden Annahmen sollten sich folglich auch in einer normativen Theorie wiederfinden. In diesem Abschnitt werden zwei Möglichkeiten vorgestellt, wie man diese Annahmen explizit berücksichtigen kann. Das Unschöne an den beiden Ansätzen ist, dass sie zu ganz unterschiedlichen Aussagen kommen. Daran sehen wir, dass die Berücksichtigung der zwei zentralen Annahmen offenbar noch nicht hinreichend ist, um allgemein zustimmungsfähige Aussagen abzuleiten.

Der Ansatz von Williamson   8.4.1

OLIVER WILLIAMSON hält am Konzept der „Effizienz" fest, definiert es allerdings ganz anders als in der konventionellen Theorie üblich. Er schreibt (1996, 195): „Ein Ergebnis, für das keine machbare überlegene Alternative beschrieben *und mit Nettonutzen umgesetzt* werden kann, wird als effizient bezeichnet" (Hervorhebung durch stv). Sie erinnern sich: DEMSETZ (1969) wirft den Wohlfahrtsökonomen vor, perfektes Staatshandeln mit nicht-perfekten Marktergebnissen zu vergleichen. Daraus zieht WILLIAMSON in seiner modifizierten Definition von Effizienz die Konsequenz: Es sei nur sinnvoll, realisierte bzw. realisierbare Alternativen miteinander zu vergleichen. Eine institutionelle Änderung könne nur dann als vorteilhaft bewertet werden, wenn die Kosten ihrer Implementierung beim Vergleich mit dem gegenwärtigen *status quo* (der ja nicht erst herbeigeführt werden muss) berücksichtigt würden. *Wenn die jeweils relevanten Transaktionskosten so hoch sind, dass es keine bessere implementierbare Politik gibt, dann nennt er die derzeit betriebene Politik „effizient".* Bei der Deduktion theoretischer Optima bleiben politisch gültige Restriktionen häufig unbeachtet, so dass Zustände, für die keine implementierbaren Verbesserungen angegeben werden können, zu Unrecht als ineffizient bezeichnet werden.

Effizienz nach Williamnson

Der Ansatz von HAYEK   8.4.2

HAYEK hat Zeit seines Lebens betont, dass wir unter „**konstitutionellem Nichtwissen**" litten und vor einer „**Anmaßung von Wis-**

Konstitutionelles Nichtwissen und Anmaßung von Wissen

sen" gewarnt. Mit dem ersten Begriff hat er gemeint, dass unser Nichtwissen auch durch noch so umfassende Forschungsanstrengungen nicht abbaubar sei. Mit dem zweiten, dass Menschen häufig versucht haben, Gesellschaftsordnungen zu schaffen, die auf Wissen beruhen, das sie nicht hatten und eben auch gar nicht haben können, weil ein Großteil unseres Nichtwissens eben konstitutionell sei. Auch in HAYEKS Werk spielen die Annahmen beschränkter Rationalität und positiver Transaktionskosten eine zentrale Rolle, wenngleich sie von ihm selten mit diesen Begriffen bezeichnet werden.

Wenn Nichtwissen oder – wie STREIT (1991, 82) etwas optimistischer formuliert –**Wissensmangel** konstitutionell sind, dann ist die Frage, wie wir damit möglichst intelligent umgehen können. HAYEKS Antwort darauf ist nicht neu und folglich auch nicht sonderlich originell. In Anlehnung an KANT (1797) fordert er, dass Regeln – Institutionen – bestimmte Eigenschaften haben sollten, die KANT – und HAYEK – unter dem Stichwort „**Universalisierbarkeit"** zusammenfassen. Damit ist gemeint, dass sie

Universalisierbarkeit

(i)   *allgemein* sein sollen, das heißt anwendbar auf eine nichtvorhersehbare Vielzahl von Personen und Fällen,

(ii) *abstrakt* bzw. negativ formuliert sein sollen, das heißt nicht konkrete Handlungen vorschreiben, sondern lediglich eine Anzahl von Verhaltensweisen verbieten sollten,

(iii) *bestimmt* bzw. gewiss sein sollen, das heißt betroffene Personen wissen können, ob eine bestimmte Handlung verboten oder erlaubt ist und

(iv) *rechtfertigbar* sein sollen, das heißt Ergebnis eines rationalen Diskurses sein könnten (siehe z.B. KERSTING 1994, Kapitel sechs).

Konsequenzen universalisierbarer Regeln

Universalisierbare Regeln haben laut HAYEK mindestens zwei wünschenswerte Konsequenzen. Auf der einen Seite reduzieren sie Unsicherheit bzw. erhöhen Erwartungssicherheit; eine Eigenschaft, die wir von Institutionen ja wünschen. Dies wird vor allem durch die Eigenschaft der Bestimmtheit bzw. Gewissheit gesichert.[2] Auf der anderen Seite lassen sie Neuerungen aufgrund der

---

[2] Dennoch dürfte die Beobachtung einer der Verfasser der *Federalist Papers*, jener Aufsatzsammlung, deren Autoren für die Annahme der neuen US-Verfassung von 1787 warben, bis heute zutreffen. ALEXANDER HAMILTON (1788/1994, 212): „Alle neuen Gesetze werden, auch wenn sie mit der größten technischen Fachkenntnis formuliert und so breit und reiflich wie möglich diskutiert wurden, doch als mehr oder weniger unklar und vieldeutig angesehen, bis ihre Bedeutung durch eine Reihe spezieller Anwendungen und Urteile genau fest-

Abstraktheitseigenschaft jedoch zu. Dies ist eine für offene und dynamische Wirtschaften sehr wichtige Eigenschaft. Die Nutzung universalisierbarer Regeln bedeutet, auf korrigierende Eingriffe weitestgehend zu verzichten, da sie eben nicht universalisierbar sind. HAYEK (1963) ist sich im Klaren darüber, dass die Nutzung universalisierbarer Regeln in einigen Fällen dazu führt, dass wir auf die Nutzung von Wissen verzichten, über das wir tatsächlich verfügen. Er bewertet die aus universalisierbaren Regeln folgende Rechtssicherheit aber offenbar höher.

Konsequenzen aus den beiden Ansätzen   8.4.3

Sowohl WILLIAMSON als auch HAYEK betonen also unser beschränktes Wissen bzw. unsere beschränkte Rationalität, ziehen daraus jedoch unterschiedliche Schlüsse. WILLIAMSON kann etwa so interpretiert werden: weil wir die besten Regeln nicht kennen, haben wir ein Interesse daran, Regeln ändern zu können, sobald sich unser Kenntnisstand über deren Wirkungsweise erhöht hat. Dies würde dafür sprechen, Regeln hinreichend offen zu definieren, so dass neues Wissen über eine modifizierte Rechtsprechung einfließen kann, eine Modifikation der Regeln selbst aber nicht erforderlich ist. Falls eine Regelmodifikation dennoch erforderlich ist, sollten die Regeländerungskosten nicht allzu hoch sein, um die Nutzung des neugewonnen Regelwissens nicht zu verzögern.

HAYEK betont dagegen, dass die Rationalität aller Akteure beschränkt ist. Dies gilt nicht nur für die Juristen, die abstrakt bzw. offen formuliertes Recht zu interpretieren haben, sondern auch für die Gesetzgeber, die neues Wissen durch Gesetzesänderungen in institutionelle Formen gießen sollen. Weil das Komplexitätsniveau aller Entscheider beschränkt ist, spricht viel dafür, Regeln so einfach wie möglich zu formulieren.

HAYEK: Beschränkte Rationalität aller Akteure

WILLIAMSON würde dem vermutlich entgegen halten, dass es töricht sein könne, bewusst auf Wissen zu verzichten, über das wir im Einzelfall verfügen. Seine Empfehlungen scheinen von der Hoffnung geprägt, dass unser Wissen über die Funktionsweise von Institutionen erweiterbar ist, also nicht durch einen konstitutionellen Wissensmangel gekennzeichnet ist. Zu fragen ist aller-

---

gestellt und ermittelt worden ist." Aus dieser Beobachtung lässt sich in Verbindung mit dem Wunsch nach Erwartungssicherheit die Empfehlung ableiten, Regeln bzw. Institutionen möglichst selten zu ändern.

dings, woher wir jeweils wissen können, dass wir etwas Neues wissen. Die Erfahrungen mit der praktischen Wirtschaftspolitik zeigen, dass scheinbar sichere Erkenntnisse sich nach kurzer Zeit als unzutreffend herausstellen können.

Definition

Globalsteuerung: Versuch, durch staatliche Politik Konjunktur-zyklen zu glätten. Geht private Nachfrage zurück, soll der Staat zusätzlich nachfragen, um Arbeitsplätze zu sichern. In Deutsch-land durch das Stabilitäts- und Wachstumsgesetz von 1967 gesetz-lich verankert

Die auf KEYNES zurückgehende antizyklische, nachfrageorientierte **Globalsteuerung** etwa wird von der überwiegenden Mehrheit der Ökonomen inzwischen nicht mehr befürwortet.[3]

HAYEK und WILLIAMSON treffen unterschiedliche Annahmen dar-über, was überhaupt gewusst werden kann. Ihre divergierenden Folgerungen in Bezug auf den Umgang mit unserem Nichtwissen sind aber möglicherweise auch die Konsequenz unterschiedlicher Gewichtungen von Teilzielen: während WILLIAMSON die Hoffnung hat, neues Wissen möglichst schnell in die jeweils gültigen Insti-tutionen einfließen zu lassen, ist HAYEK primär an der Erwar-tungs- bzw. Rechtssicherheit der Akteure gelegen. Ob es möglich ist, den skizzierten *tradeoff* mit einem (meta-)theoretischen Argu-ment zu lösen, soll hier nicht mehr thematisiert werden.

8.5 Offene Fragen

In diesem Kapitel haben wir einige Probleme wiederholt, die Ver-treter der NIÖ bei der Nutzung des wohlfahrtsökonomischen In-strumentariums haben. Als Alternative haben wir einen Ansatz präsentiert, der vor allem mit dem Namen JAMES BUCHANAN ver-bunden wird. Dass auch dieser Ansatz zahlreiche Probleme und Mängel aufweist, sollte deutlich geworden sein. Deshalb wurden in einem weiteren Schritt die Vorstellungen zweier Wissenschaft-ler präsentiert, in denen sowohl beschränkte Rationalität als auch positive Transaktionskosten eine zentrale Rolle spielen. Die Kon-sequenzen, die von WILLIAMSON und HAYEK aus diesen Annahmen gezogen werden, sind jedoch keineswegs identisch. Im nächsten

---

[3]   Siehe auch den Kasten am Ende von Abschnitt 9.5.

Kapitel beschäftigen wir uns mit der Frage, welche wirtschaftspolitischen Empfehlungen Vertreter der NIÖ bereits heute geben können.

Fragen

1. Machen Sie sich die Bedeutung des naturalistischen bzw. des instrumentalistischen Trugschlusses anhand je eines selbst gewählten Beispiels klar.

2. Versuchen Sie, die Heuristik des hypothetischen Konsenses zu nutzen, um Verfassungsregeln für einen Politikbereich (wie etwa die Rentenpolitik) zu legitimieren.

Literatur

Schnelle und zuverlässige Auskunft zu wissenschaftstheoretischen Grundfragen erhält man aus dem von HELMUT SEIFFERT und GERARD RADNITZKY (1992) herausgegebenen Handlexikon zur Wissenschaftstheorie.

Ein gut lesbares einführendes Lehrbuch zur Wohlfahrtsökonomik ist HENNER KLEINEWEFERS (2008).

Eine fundierte Kritik des wohlfahrtsökonomischen Ansatzes findet sich im ersten Kapitel des Lehrbuchs von STREIT (1991).

Der Ansatz BUCHANANS wird umfassender beschrieben und kritisiert in VOIGT (1994).

9 Konsequenzen für die Theorie der Wirtschaftspolitik

9.1 Einleitung

Im letzten Kapitel haben wir uns mit der Frage beschäftigt, wie Sollens-Aussagen in Bezug auf Institutionen abgeleitet werden können. In diesem Kapitel geht es um die Frage, ob die Neue Institutionenökonomik Konsequenzen für die Theorie der Wirtschaftspolitik hat bzw. haben sollte. Die Theorie der Wirtschaftspolitik beschäftigt sich traditionell mit der Beschreibung und Identifikation wirtschaftspolitischer Ziele, der Identifikation von Mitteln zu deren Erreichung sowie der Identifikation der Träger wirtschaftspolitischer Maßnahmen.

Seit Jahren heißt es immer wieder, die Theorie der Wirtschaftspolitik befinde sich in einer „Krise". Häufig scheint dieser Bewertung die Beobachtung vorauszugehen, dass viele der in guter Absicht von Wirtschaftswissenschaftlern verfassten Ratschläge an Politiker in den Schubladen von Referenten verstauben und folglich keinen Effekt auf die tatsächlich betriebene Wirtschaftspolitik haben. Die Qualität einer Theorie würde dann bemessen nach ihrer Implementationsrate. Um die „Krise" zu meistern, wäre dann zu fragen, ob die Implementationsrate durch eine adäquate Theoriemodifikation erhöht werden könnte.

Wie Sie inzwischen ja wissen, gehen Vertreter der Neuen Institutionenökonomik davon aus, dass es sinnvoll ist, die beschränkte Rationalität des Menschen ebenso wie positive Transaktionskosten auch explizit in ökonomischen Modellen zu berücksichtigen. Wir wollen in diesem Kapitel fragen, welche Konsequenzen die explizite Berücksichtigung dieser Annahmen für die wirtschaftspolitischen Vorschläge hat, die Ökonomen an Politiker richten. Anders formuliert: Inwiefern ändert sich ein „optimaler Instrumenteneinsatz", wenn explizit in Rechnung gestellt wird, dass Akteure lediglich beschränkt rational sind und dass Transaktionskosten positiv sind?

Im nächsten Abschnitt gehen wir ganz traditionell vor. Wir tun so, als ob wir es mit benevolenten Politikern zu tun hätten, die daran interessiert sind, eine irgendwie ermittelte Wohlfahrtsfunktion zu maximieren, das heißt wir schielen noch nicht auf die Implementationswahrscheinlichkeit der Vorschläge. In Abschnitt drei wird ein spezifischer Aspekt etwas eingehender analysiert: Es wird nach den Möglichkeiten gefragt, externe Institutionen zur Aktivierung latent vorhandener bzw. funktionsfähiger interner Institutionen zu nutzen. Im vierten Abschnitt werden die Annahmen der traditionellen Theorie der Wirtschaftspolitik präziser beschrieben und es wird erläutert, warum sich die Theorie der Wirtschaftspolitik in einer Krise befindet, wenn Erfolg an der Implementationsrate festgemacht wird. Im fünften Abschnitt wird ein weiteres Dilemma präsentiert, das wir das Dilemma des Determinismus nennen wollen. Dort wird zu fragen sein, welcher Raum für eine normative Theorie der Wirtschaftspolitik überhaupt noch verbleibt, wenn wir davon ausgehen – so wie wir es im dritten Teil dieser Einführung getan haben – dass Entstehung und Änderung von Institutionen selbst unter Rückgriff auf ökonomisches Instrumentarium erklärt werden können – und damit determiniert sind, so dass also gar kein Raum mehr für ihre Gestaltung bleibt.

Wirtschaftspolitische Ratschläge: Der traditionelle – naive – Ansatz 9.2

In diesem Abschnitt stellen wir einige Konsequenzen vor, die sich aus der NIÖ für die praktische Wirtschaftspolitik ergeben könnten. Die Ratschläge selbst sind durchaus ernst gemeint und selbst auch nicht naiv. Allerdings werden hier die Anreize, die Politiker davon abhalten könnten, sie sogleich umzusetzen, noch nicht berücksichtigt. Naiv wäre es folglich, von Politikern die unverzügliche Umsetzung der Vorschläge zu erwarten. Dennoch hat dieser naive – etwas zurückhaltender könnten wir auch sagen, dieser traditionelle – Ansatz seine Berechtigung. Er zeigt uns, welche Maßnahmen Politiker implementierten, wenn sie unter adäquaten Restriktionen agieren würden. Dieser Ansatz kann deshalb auch als Ausgangspunkt genutzt werden, um über andere – bessere – Restriktionen nachzudenken, mit denen das Politikerverhalten kanalisiert werden kann. Dies ist eine typisch konstitutionenökonomische Fragestellung, die hier jedoch nicht vertieft wird.

 Die hier genannten wirtschaftspolitischen Empfehlungen ergeben sich aus den vorangehenden Kapiteln. Sie werden deshalb nicht noch einmal ausführlich hergeleitet:

Wirtschaftspolitische Empfehlungen

Empfehlung #1: Allein die Verbesserung des physischen Kapitals und des Humankapitals anzustreben, ist unzureichend. Das Setzen von

Institutionen, die Wachstum erleichtern, ist mindestens genauso wichtig.

Dieser Vorschlag stellt eine Erweiterung der traditionellen bzw. der neuen Wachstumstheorie dar, in der Institutionen ja weitgehend vernachlässigt werden. Langfristig ist Wachstum allerdings ausschließlich über eine Verbesserung der totalen Faktorproduktivität möglich. In Kapitel fünf haben wir gesehen, dass die totale Faktorproduktivität zentral von der Qualität der gültigen Institutionen determiniert wird. Nach der Erforschung von Bewässerungssystemen u.a. im Nepal hat OSTROM (1996, 229) dieselbe Empfehlung in folgenden Worten zusammengefasst: „Geberorganisationen müssen ihre Anstrengungen stärker auf eine Verbesserung der produktiven Fähigkeiten eines großen Teils der lokalen Bevölkerung richten, statt einfach nur am Austausch einfacher Infrastrukturen durch moderne und technisch aufwendige Infrastrukturen interessiert zu sein."

Die Funktion von Institutionen besteht darin, Akteure zu befähigen, Erwartungen zu bilden, die eine gute Chance darauf haben, sich als richtig zu erweisen. Jede Art des institutionellen Wandels, auch der mit den allerbesten Intentionen herbeigeführte, läuft Gefahr, Unsicherheit zu erhöhen. Umgekehrt gilt, dass es leichter wird, zutreffende Erwartungen zu bilden, je länger bestimmte Institutionen unverändert gültig sind. Institutionen haben dann Kapitalgutcharakter, weil sie mit zunehmendem Alter wertvoller werden (siehe BUCHANAN 1975, Kap. sieben). Die daraus folgende Politikempfehlung lautet:

Empfehlung #2: Die Veränderung von Institutionen sollte die Ausnahme und nicht die Regel sein. Wenn institutioneller Wandel Nettogewinne verspricht, dann sollte er so transparent wie möglich erfolgen, um den Akteuren die Bildung von Erwartungen zu ermöglichen, die eine gute Aussicht haben, bestätigt zu werden.

Transparenz ist auf allen Stufen des Gesetzgebungsprozesses wünschenswert, weil sie Unsicherheit reduziert: Das beginnt bei den Beratungen zu Gesetzentwürfen, die von öffentlichen Anhörungen begleitet werden können, setzt sich fort bei der umgehenden Veröffentlichung verabschiedeter Gesetze (die in vielen Ländern noch immer nicht selbstverständlich ist) und geht bis zur Transparenz bei der Umsetzung der Gesetze. Viele Staaten verfügen inzwischen über Informationsfreiheitsgesetze, deren Zweck es ist, Bürgern ein Recht auf Informationen über die Umsetzung von Gesetzen zu geben. Werden diese Gesetze tatsächlich umgesetzt, so können auch sie die Transparenz erhöhen.

Wenn es Ziel der Wirtschaftspolitik ist, Pro-Kopf-Einkommen zu erhöhen und die externen und internen Institutionen eine entscheidende Variable für dessen Entwicklung sind, dann ist die Forderung nach der Implementierung von wachstumsfördernden Institutionen sicherlich keine überraschende Empfehlung. Offensichtlich ist die Umsetzung dieses Vorschlags jedoch mit großen Schwierigkeiten behaftet, ansonsten wäre es schwer zu erklären, warum so viele dysfunktionale Institutionen existieren. Institutionen, die lediglich formale Gültigkeit haben, aber den Interaktionspartnern nicht dabei helfen, stabile Erwartungen zu bilden, sind wenig hilfreich. Es sollte mithin Ziel der Wirtschaftspolitik sein, auf eine Konvergenz von *de facto* und *de jure* Institutionen hinzuarbeiten. Die Regierung hat jedoch Probleme, sich glaubhaft an die Durchsetzung der von ihr selbst gesetzten Regeln zu binden (das **Dilemma des starken Staates**, das Ihnen bereits bekannt ist). Warum sollten private Bürger der Regierung glauben, wenn sie sichere Eigentumsrechte verspricht, aber über die Kompetenz verfügt, Eigentum zu enteignen? Es ist vorgeschlagen worden, Eigentumsrechte sicherer zu machen, indem sie Bestandteil der Verfassung (im juristischen Sinn) eines Landes werden (GWARTNEY/ HOLCOMBE 1997). Aber warum sollte ein Versprechen glaubwürdiger sein, nur weil es in einem schriftlich fixierten Dokument mit einem anderen Namen auftaucht? Es ist gezeigt worden, dass die in einer Verfassung enthaltenen Bestimmungen letzten Endes selbst-durchsetzend sein müssen (HARDIN 1989, ORDESHOOK 1992). Es kann auch gezeigt werden, dass die Wahrscheinlichkeit, dass konstitutionelle Vorkehrungen tatsächlich durchgesetzt werden, positiv korreliert ist mit dem Ausmaß, in dem diese Vorkehrungen mit den in einer Gesellschaft gültigen internen Institutionen kompatibel sind (VOIGT 1999). Das heißt:

Empfehlung #3: Regierungen sollten nur institutionellen Wandel implementieren, auf den sie sich glaubhaft verpflichten können.
LEVY und SPILLER (1994, 210) beschäftigen sich mit diesem Problem und schlagen vor, dass in einigen Fällen, in denen Regierungen eines Landes nicht über Möglichkeiten verfügen, sich glaubhaft zu binden, internationale Garantien eine gangbare Alternative sein könnten. Ob die Weltbank – oder andere internationale Organisationen – geeignet sind, diese Rolle zu übernehmen, ist fallweise zu prüfen.

Institutionelle Veränderungen, welche die *de jure – de facto* Divergenz vergrößern, erhöhen die Transaktionskosten und sind somit kontraproduktiv. KEEFER und SHIRLEY (1998) weisen darauf

Institutioneller Wandel und Wachstum

Institutioneller Wandel und Divergenzen

hin, dass Politiken, mit denen Veränderungen externer Institutionen erreicht werden sollten, sich in der Vergangenheit oft als nicht zielführend erwiesen haben. Sie fragen, ob eine Alternative darin bestehen könnte, sich auf die Induzierung von Wandel bei internen Institutionen zu konzentrieren. Die Autoren fügen jedoch hinzu, dass adäquate interne Institutionen allein nicht hinreichend seien, um nachhaltiges Wachstum zu induzieren. In vielen Fällen ist es sogar wahrscheinlich, dass Versuche, die internen Institutionen radikal zu ändern, scheitern dürften. Wird dies dennoch versucht, indem z.B. externe Institutionen eingeführt werden, welche die Nutzung bestimmter interner Institutionen unter Strafe stellen, dann werden die insgesamt anfallenden Durchsetzungskosten steigen. Sollten die privaten Akteure ihre Interaktionen weiterhin gemäß der – jetzt verbotenen – internen Institutionen strukturieren, so müssen sie dabei dann vorsichtiger als bisher sein; dies entspricht also einer Erhöhung der Transaktionskosten. Wenn die Durchsetzbarkeit externer Institutionen höher ist, falls sie mit den jeweils gültigen internen Institutionen kompatibel sind, folgt unmittelbar eine weitere wirtschaftspolitische Empfehlung:

Empfehlung #4: Bei der Reform externer Institutionen sollten die jeweils gültigen internen Institutionen explizit berücksichtigt werden. Die externen Institutionen sollten im Großen und Ganzen kompatibel sein mit den internen Institutionen einer Gesellschaft.
Diese Einsicht ist von verschiedenen Autoren auf verschiedene Arten formuliert worden. So schreibt z.B. NORTH (1990a, 140): „Wenn es einen radikalen Wandel der formalen Regeln gibt, der sie inkonsistent mit den existierenden informellen Beschränkungen macht, dann gibt es eine unbewältigte Spannung zwischen ihnen, die langfristig zu politischer Instabilität führen wird."

Dies scheint nahe zu legen, dass Regierungen gar nicht erst versuchen sollten, an den internen Institutionen einer Gesellschaft „herumzudoktern". Diese Implikation könnte jedoch voreilig gezogen sein. Als eine Konsequenz ihrer Arbeiten über Bewässerungssysteme schlägt OSTROM (1996, 226) vor, dass Landwirte, deren Bewässerungssystem nicht gut funktioniert, die Chance bekommen sollten, Kommunen zu besuchen, in denen es gut funktioniert, um von diesen Kommunen lernen zu können. Als eine allgemeine Politikempfehlung formuliert, könnte das heißen:

Empfehlung #5: Es sollte versucht werden, das bisher ungenutzte produktive Potenzial interner Institutionen zu identifizieren und privaten Akteuren bei dessen Aneignung als Katalysator zu helfen.

Wir kommen jetzt zu einer Empfehlung, die nicht mehr ganz so naiv ist, weil sie polit-ökonomische Aspekte berücksichtigt. Der Vollständigkeit halber entwickeln wir sie dennoch in diesem Abschnitt. Nehmen wir an, eine Regierung wolle die Wachstumsraten erhöhen und strebe gleichzeitig ihre Wiederwahl an. Wir haben es dann mit einer Frage von politischer Nachhaltigkeit zu tun. Die Popularität einer Regierung hängt auch von der Reihenfolge ab, in der sie institutionellen Wandel durchführt. In Bezug auf Neuseeland ist bemerkt worden (EDWARDS 1992), dass die Reihenfolge der dort durchgeführten Reformen suboptimal gewesen sei, weil eine frühzeitigere Reform des Arbeitsmarktes niedrigere Zinsen und Wechselkurse induziert hätte und dies geringere Anpassungskosten bedeutet hätte. In solchen wohlfahrtsökonomischen Bewertungen wird das Wiederwahlziel von Regierungen häufig außer Acht gelassen.

Institutioneller Wandel und politische Nachhaltigkeit

Beobachter der in Neuseeland durchgeführten Reformen (EVANS/GRIMES/WILKINSON/TEECE 1996) berichten, dass die gleichzeitige Durchführung einer großen Zahl von Reformen die politische Nachhaltigkeit des gesamten Programms erhöht habe. In vielen Fällen wurden die Verluste, die einzelne Branchen durch reduzierte Subventionen oder geringere Protektion erlitten, durch Gewinne überkompensiert, die sie realisieren konnten, weil die Zurücknahme von Subventionen und Protektion in einer großen Zahl anderer Branchen ihnen entsprechende Gewinne brachten. Branchen, in denen eine umfassende Deregulierung frühzeitig stattfand, haben dann häufig ähnliche Deregulierungsmaßnahmen auch für andere Branchen gefordert. Als Politikempfehlung formuliert:

Empfehlung #6: Beim Versuch, institutionellen Wandel via Deregulierung zu realisieren ist es sinnvoll, umfassende Pakete simultan zu implementieren, um Akteuren, die aus der Deregulierung in ihrer eigenen Branche verlieren, die Chance zu geben, sich aufgrund von Deregulierung in anderen Sektoren besser stellen zu können.

Schließlich soll gefragt werden, ob aus der Beobachtung, dass institutioneller Wandel ein pfadabhängiger Prozess ist, politische Empfehlungen abgeleitet werden können. Mit Hilfe des Konzepts der Pfadabhängigkeit kann man plausibel machen, warum ganz unterschiedliche Ergebnismuster das Ergebnis einer Entwicklung sein können, die von scheinbar sehr ähnlichen Anfangsbedin-

Institutioneller Wandel als pfadabhängiger Prozess

gungen gestartet sind, aber eben nicht vollständig identisch waren. Bis jetzt sind wir nicht in der Lage, dass Konzept zur Genese von Prognosen zu nutzen. Das heißt, dass Pfadabhängigkeit hauptsächlich als Hinweis darauf dienen könnte, dass Entscheidungen von scheinbar nebensächlicher Bedeutung sich als höchst folgenreich herausstellen können. Es scheint eher fraglich, ob konkretere Ratschläge aus dem Konzept deduziert werden können. SCHIAVO-CAMPO (1994, 10) bemerkt, dass die nicht vorhersehbaren langfristigen Konsequenzen, die sich aus der Implementation von Ratschlägen ausländischer Berater ergeben, von den Bevölkerungen der beratenen Länder getragen werden müssen. Daraus leitet er folgende Empfehlung für ausländische Berater ab: „Folglich ist *moral hazard* in allen Formen der Intervention von außen – wie gut gemeint auch immer – besonders relevant."

Institutioneller Wandel und Staatsversagen

Eine der Grundeinsichten der NIÖ ist, dass es keine perfekten bzw. kostenfrei funktionierenden Allokations- bzw. Koordinationsverfahren gibt. Bevor man sich als Wirtschaftspolitiker dazu entschließt, ein anhand abstrakter Kriterien ermitteltes Marktversagen mit Hilfe staatlichen Handelns zu korrigieren, sollte auch die Möglichkeit von Staatsversagen berücksichtigt worden sein. Daraus ergibt sich die letzte Empfehlung: Das kann auch formuliert werden als

Empfehlung #7: Es sollten nur realisierbare mit anderen realisierbaren Handlungsoptionen verglichen werden. Die Implementationskosten neuer Institutionen sind dabei explizit zu berücksichtigen.

9.3   Aktivierung interner Institutionen durch staatliches Handeln?

In der gesamten Einführung wurde die Relevanz interner Institutionen stark betont. Einige der naiven Ratschläge an wirtschaftspolitische Entscheidungsträger haben sich mit dem Verhältnis interner und externer Institutionen beschäftigt; sie zielten vor allem auf deren Kompatibilität ab. In diesem Abschnitt wollen wir unsere Überlegungen zum Potenzial, interne Institutionen für das Erreichen wirtschaftspolitischer Ziele zu nutzen, ein wenig vertiefen, indem wir uns mit der Frage beschäftigen, ob der Staat in bestimmten Situationen als Katalysator dienen kann. Stellen Sie sich vor, dass es zwar interne Institutionen gäbe, dass sie jedoch ohne entsprechendes staatliches Handeln kaum Wirkung entfalten, weil die Zahl der Akteure zum Beispiel sehr hoch ist und eine Verhaltenskoordination ohne staatlichen Eingriff deshalb unwahrscheinlich erscheint. Untersucht werden soll, ob staatliches Handeln – vielleicht auch nur die Ankündigung staatlichen Handelns – die Aktivierung latent vorhandener interner Institutionen auslösen kann.

Nehmen wir an, Umweltverschmutzung werde von praktisch allen Bürgern eines Landes als ein gravierendes Problem wahrgenommen und prinzipiell seien alle Bürger bereit, die Umwelt durch entsprechendes Handeln weniger zu belasten. *Moral suasion* – also der Versuch wirtschaftspolitischer Entscheidungsträger, die Bürger durch moralischen Druck zu einem geänderten Verhalten zu bewegen – dürfte hier dennoch allenfalls marginale Wirkung haben. Selbst wenn wir annehmen, dass prinzipiell alle Bürger bereit wären, Kosten für einen besseren Schutz der Umwelt zu akzeptieren, so ist doch kaum zu erwarten, dass sie ohne jeden weiteren Anreiz von außen beginnen, ihre Umweltbelastungen individuell zu reduzieren. Das ist für sie mit Kosten verbunden, aber da man individuell ja nur einer von Millionen von Umweltverschmutzern ist, dürfte die Wirkung des geänderten Verhaltens auf die Umweltqualität jeweils praktisch gleich null sein. Die Aktivierung interner Institutionen erfordert also andere Formen staatlichen Handelns.

Moralischer Druck zweifelhaftes Instrument

Die Umwelt weniger zu verschmutzen als bisher, kommt der Produktion eines Kollektivguts gleich: Von einer saubereren Umwelt profitieren alle und niemand kann von ihrer Nutzung ausgeschlossen werden. ROBERT SUGDEN (1986, 137) hat gezeigt, dass die freiwillige Produktion von öffentlichen Gütern häufig scheitert, weil es enorm schwierig ist, spontan eine einfache und transparente Regel hervorzubringen, die den Akteuren ihren individuellen Beitrag für die Produktion des öffentlichen Gutes zuweist. Was also benötigt wird, ist eine Regel, die den einzelnen Verschmutzern ihr neues Verschmutzungsniveau jeweils mitteilt. Damit hätte man den ersten Schritt zur Überwindung des sozialen Dilemmas bereits getan.

Staat kann Bürgern helfen, ihr Verhalten zu koordinieren

Ein konkretes Beispiel: Selbstverpflichtungserklärungen

Wir möchten jetzt ein Beispiel dafür geben, wie interne Institutionen durch entsprechendes staatliches Handeln aktiviert werden können, nämlich Selbstverpflichtungserklärungen (SVEs). Unter SVEs sollen hier Erklärungen einer Gruppe von Umweltverschmutzern (zumeist von Verbänden) verstanden werden, innerhalb einer bestimmten Frist ein bestimmtes umweltpolitisches Ziel erreichen zu wollen. SVEs werden häufig durch Ankündigungen der Regierung, bestimmte Verordnungen erlassen zu wollen, induziert. Dass Verbände SVEs einer direkten Regulierung vorziehen zeigt, dass sie sich davon geringere Kosten als von einer Regulierung erhoffen. Häufig ist mit SVEs ein Tauschgeschäft verbunden, bei dem die Regierungen für die Gültigkeitsdauer der SVE versprechen, auf den Einsatz anderer Regulierungsinstrumente zu verzichten. Bekannte Beispiele für SVEs in Deutschland sind die Erklärung zur Reduktion von CO_2, die Rücknahmegarantie der Automobilindustrie für Altautos als auch die Erklärung einiger Automobilhersteller, ein Drei-Liter-Auto entwickeln und produzieren zu wollen.

Probleme mit Selbstverpflichtungserklärungen   Spieltheoretisch würde man die Vereinbarungen zwischen Verbänden und Regierung als *Cheap Talk* bezeichnen, der keinerlei Verhaltensänderung bewirken dürfte.

Definition

Cheap Talk: In der Spieltheorie die Möglichkeit, Verhaltensabsichten kostenlos zu kommunizieren. Da das Gefangenen-Dilemma ein Gleichgewicht in dominanten Strategien hat, müßte die Kommunikation ohne Konsequenzen für das Ergebnis des Spiels bleiben.

Hier seien nur einige Probleme genannt: Geht man davon aus, dass weder Regierung noch Verbände vollständig über die Präferenzen des jeweils Anderen informiert sind, dann haben beide Seiten ein Interesse daran, die jeweils andere Seite über ihre Präferenzfunktion und ihre Konfliktpunkte zu täuschen. Die Regierung könnte das Verhandlungsspiel mit einem überhöhten Regulierungsziel eröffnen, der Verband würde die Zahl der vernichteten Arbeitsplätze im Falle einer Durchsetzung dieses Ziels in die Höhe rechnen usf. Falls es zu einer Einigung kommen sollte, hätten beide Seiten *starke Anreize zu ex post-Opportunismus*: Die Regierung könnte gegen ihr Versprechen verstoßen, im Falle einer Einigung keine anderen Regulierungsinstrumente einzusetzen, die Verbandsfirmen schließlich hätten Anreize, die formulierten Umweltziele nicht zu halten.

Sich selbst durchsetzende Vereinbarungen   Sich selbst durchsetzende Vereinbarungen sind Vereinbarungen, bei denen die Beteiligten *ex post* Anreize haben, sich an die *ex ante* eingegangenen Verpflichtungen tatsächlich zu halten. Ganz offensichtlich handelt es sich bei SVEs nicht um solche Vereinbarungen: Beide Spieler haben Probleme, sich glaubhaft an ihre innerhalb der SVEs gegebenen Zusagen zu binden. Die politischen Transaktionskosten von SVEs erscheinen deshalb sehr hoch zu sein. Für Kritiker der SVEs endet die Geschichte hier: Weil keine Sanktionen drohen, hat keiner der Beteiligten irgendeinen Anreiz, sein Verhalten zu ändern.

Für institutionenökonomisch vorgebildete Beobachter endet die Geschichte hier noch nicht: Sie werden fragen, ob SVEs durch die Aktivierung interner Institutionen Verhaltensänderungen bei den Verbandsmitgliedern induzieren können. Nehmen wir also an, die auf Verbandsebene zugesagten Reduktionen werden auf die einzelnen Mitgliedsfirmen heruntergebrochen – ihnen also quasi „zugewiesen". Wenn die Mitgliedsfirmen die Beitragsregel als gerecht empfinden und sie als verbindlich ansehen, dann mag das allein bestimmte Verhaltensänderungen induzieren, auch wenn im Falle einer Nichteinhaltung keine juristischen Folgen zu erwarten sind. Ein Verstoß gegen die Regel *pacta sunt servanda* (Verträge sind einzuhalten) kann bei den Beteiligten (psychische) Kosten hervorrufen, wenn sie entsprechend sozialisiert worden sind. In der Ihnen inzwischen bekannten Terminologie formuliert: Interne Institutionen vom Typ 2 könnten verhaltenskanalisierend wirken. Die Sanktion für den Fall, dass sich eine Mitgliedsfirma nicht an die zugesagten Reduktionen der Umweltemissionen hält, bestünde also darin, dass man gegen ethische Regeln verstoßen hat und dass dies mit einem niedrigeren Nutzenniveau verbunden sein kann.

Andererseits könnten viele an sich Beitragswillige ihren Beitrag davon abhängig machen, dass zumindest die meisten Anderen ihren Beitrag ebenfalls in der als gerecht empfundenen Höhe leisten.[4] Genau diese Funktion scheint das regelmäßige *Monitoring* von SVEs zu erfüllen: In regelmäßigen Abständen können sich die Beitragszahler davon überzeugen, dass sie nicht zu ausgebeuteten Dusseln[5] geworden sind, sondern sich an der funktionierenden privaten Bereitstellung eines öffentlichen Gutes beteiligen. Wenn man mit FREY (1997) argumentiert, dass freiwillige Zustimmung intrinsische Motivation verhaltenswirksam werden lassen kann, während staatliches Misstrauen zu *crowding out* und Ausweichreaktionen führt, dann mag es durchaus sinnvoll sein, das *Monitoring* gerade nicht durch – misstrauische – Beamte vor-

Aktivierung interner Institutionen als Lösung?

4   Von SUGDEN (1986) wird dies als „Reziprozitätsprinzip" bezeichnet. WEIMANN (1994) spricht von einer experimentell gut bestätigten, stark ausgeprägten Ausbeutungsaversion.

5   Dussel (*Sucker*) werden Akteure im Gefangenendilemma genannt, die noch kooperieren, während andere defektieren und sich somit auf Kosten der Dussel besser stellen.

Überwachung durch unabhängige Dritte

nehmen zu lassen, sondern durch unabhängige Dritte. Bei der SVE der deutschen Industrie zur Reduktion von CO_2-Ausstößen hat man das Rheinisch-Westfälische Institut für Wirtschaftsforschung (RWI) mit dem *Monitoring* beauftragt. Hier könnte man sogar von einem zweistufigen *Monitoring* sprechen: Eine einzelne Mitgliedsfirma kann sich anhand der von ihrem Verband vorgelegten Zahlen davon überzeugen, dass sie verbandsintern an der funktionierenden privaten Bereitstellung eines öffentlichen Gutes beteiligt ist. Die vom RWI gesammelten und dokumentierten Erfolgsbilanzen sämtlicher an der SVE beteiligter Verbände geben dann Auskunft darüber, inwieweit das soziale Dilemma nicht nur innerhalb eines Verbandes, sondern auch zwischen den Verbänden, überwunden werden konnte.

Befürworter von SVEs argumentieren häufig, dass eine Nichteinhaltung der vereinbarten Umweltziele in einer umweltbewussten Öffentlichkeit zu Imageverlusten führen könne und die Firmen deshalb einen Anreiz hätten, die öffentlich deklarierten Ziele

Weitere Anreize durch Typ-3-Institutionen

zu erreichen. Der **Reputationsmechanismus** kann als Bestandteil einer Institution interpretiert werden, bei der ein Regelbruch informell durch Dritte sanktioniert wird, indem dem Regelbrecher soziale Anerkennung entzogen wird oder sich Akteure weigern, weiter mit einem wenig reputierten Akteur zu interagieren.

Der Hinweis auf eine umweltbewusste Öffentlichkeit scheint aus zwei Gründen jedoch voreilig bzw. unpräzise zu sein. Zunächst einmal muss natürlich eine kritische Öffentlichkeit unterstellt werden, in der die Einhaltung der SVEs über einen längeren Zeitraum verfolgt wird. Aber gehen wir einmal davon aus, es gäbe eine solche Öffentlichkeit. Reputation wäre dann relevant, wenn die Verpflichtungsbrecher gezielt mit Kosten belegt werden können, die sie vermeiden könnten, wenn sie sich an die SVE halten würden. An der CO_2-SVE haben sich z.B. die Feuerfest-Industrie innerhalb des Bundesverbandes Steine und Erden, der Kaliverein und der Bundesverband der Glasindustrie und Mineralfaserindustrie beteiligt. Individuelle Konsumenten dürften jedoch Schwierigkeiten haben, solche Verbände durch *Exit* oder Ähnliches zu sanktionieren.

Reputationsentzug

Selbst wenn ein solcher **Reputationsentzug** möglich wäre, könnte er jedoch die Falschen treffen, denn es ist ja nicht auszuschließen, dass es nur einige Trittbrettfahrer innerhalb eines Verbandes sind, die dafür verantwortlich sind, dass das freiwillig vereinbarte Ziel nicht eingehalten wird. Damit sind wir aber wieder beim verbandsinternen Gefangenendilemma angelangt. *Kosten durch den Entzug von Reputation* müssten den Freifahrern vor allem von anderen Verbandsmitgliedern auferlegt werden. Dies erscheint auch wesentlich einfacher zu sein, weil die Interaktionshäufigkeit von Verbandsmitgliedern untereinander hoch sein dürfte. Mit anderen Worten: Die Mitglieder spielen ein wiederholtes Spiel. Ob der interne Sanktionsmechanismus Reputation funktioniert – und die Einhaltung von SVEs somit wahrscheinlicher macht – hängt u.a. ab von der Zahl der Verbandsmitglieder, der Genauigkeit, mit der sie die umweltrelevanten Handlungen der Anderen bewerten können und von den Gegenwartspräferenzen der einzelnen Mitglieder.

Weiter ist es zumindest denkbar, dass ein Verband gegen einzelne defektierende Mitgliedsfirmen auch formelle Sanktionen verhängt, also interne Institutionen vom Typ 4 zum Zug kommen. Dies dürfte immer dann relevant werden, wenn die Regeleinhaltung allein durch informelle Sanktionierung nicht gesichert werden kann. Spätestens hier wird die Prinzipal-Agent-Beziehung zwischen Mitgliedsfirmen und Verbandsspitze relevant.

Auch Typ-4-Institutionen können relevant werden

Wir sehen also, dass *eine latent vorhandene Bereitschaft, sich freiwillig an der Produktion eines öffentlichen Gutes zu beteiligen, durch Vertreter des Staates aktiviert werden kann, indem sie (a) bei Nichtaktivierung mit einer externen Institution* (hier: Ordnungs- bzw. Regulierungsauflagen) *drohen und (b) den Akteuren bei der Überwindung der relevanten sozialen Dilemmata behilflich sind.* Bevor Vertreter des Staates versuchen, entsprechend zu handeln, wäre jedoch jeweils zu prüfen, ob die notwendigen Bedingungen vorliegen bzw. zumindest geschaffen werden können. Für SVEs ist es zum Beispiel von entscheidender Bedeutung, dass ein hoher Prozentsatz des jeweiligen Schadstoffs von einer überschaubaren Zahl von Verschmutzern ausgestoßen wird und dass diese sich in ausreichend kleine Gruppen unterteilen lassen, in denen eine Zuweisungsregel greifen kann. Als Bedingung für die Katalysator-Funktion des Staates dürfte allgemein gelten, dass (a) entsprechende Institutionen vom Typ 2 bei weiten Teilen der jeweils Betroffenen vorliegen und dass (b) Sanktionsmechanismen bei Typ 3-Institutionen geschaffen bzw. aktiviert werden können.

Zur Krise der Theorie der Wirtschaftspolitik   9.4

Jahrzehntelang wurde die Theorie der Wirtschaftspolitik durch einen Ansatz geprägt, der heute als „**technokratisch-elitär**" bezeichnet wird (FREY und KIRCHGÄSSNER 1994, 341). Seine Vertreter unterstellen die Existenz einer sozialen Wohlfahrtsfunktion. Die

Technokratisch-elitäre Theorie der Wirtschaftspolitik

Regierung hat die Aufgabe, die Wohlfahrtsfunktion unter den gültigen Nebenbedingungen zu maximieren. Innerhalb dieses Ansatzes haben die wirtschaftspolitischen Berater die Aufgabe, den zur Maximierung der Wohlfahrtsfunktion optimalen Instrumenteneinsatz zu ermitteln.

Soziale Wohlfahrtsfunktion?

Am technokratisch-elitären Ansatz der Theorie der Wirtschaftspolitik wird seit Jahrzehnten Kritik geübt. Ein erster Kritikpunkt bezieht sich auf die Identifizierbarkeit einer sozialen Wohlfahrtsfunktion. Der Nobelpreisträger KENNETH ARROW hat bereits 1951 gezeigt, dass eine geringe Zahl von vernünftigen Annahmen dazu führen kann, dass eine konsistente Aggregation individueller Präferenzen gar nicht möglich ist, eine *soziale Wohlfahrtsfunktion* also gar *nicht* sinnvoll *konstruiert werden kann.* Dies wird inzwischen auch als „Arrow Paradoxon" oder „(Un-)Möglichkeitstheorem" bezeichnet.

Aber selbst wenn man eine solche Funktion angeben könnte, wäre zu fragen, welche Anreize Politiker haben sollten, danach zu streben, sie tatsächlich zu maximieren. Wir haben immer wieder darauf hingewiesen, dass es sinnvoll erscheint, auch in Bezug auf Politiker davon auszugehen, dass sie zunächst ihren eigenen Nutzen maximieren.

Auch Wissenschaftler sind Nutzenmaximierer

Wir können unsere Argumentation noch einen Schritt weitertreiben: Bisher sind wir implizit davon ausgegangen, dass Ökonomen einen Anreiz haben, Politiker über den Instrumenteneinsatz zu informieren, der zur Maximierung einer sozialen Wohlfahrtsfunktion führt. Diese Annahme kann aber ebenfalls kritisiert werden. Das Aggregationsproblem wird ja nicht dadurch gelöst, dass Wissenschaftler – und nicht Politiker – sich an der Aggregation versuchen. Weiter kann auch hier gefragt werden, ob Wissenschaftler ihren eigenen Nutzen dadurch maximieren, dass sie Vorschläge zur Maximierung einer sozialen Wohlfahrtsfunktion machen. Es könnte allerdings argumentiert werden, dass Wissenschaftler einen Großteil ihres Nutzens aus dem Ansehen ziehen, das sie unter ihren Kollegen genießen. Solange Vorschläge, die der Förderung eines irgendwie abgegrenzten Gemeinwohls förderlich sind, mit einer hohen Reputation unter Fachkollegen einhergehen, ist zumindest nicht auszuschließen, dass Wissenschaftler durch solche Vorschläge ihr eigenes Nutzenniveau steigern können.[6]

---

[6] Auch das Politikerverhalten wird natürlich nicht vollständig durch die Nachfrageseite – vor allem also die Wähler – determiniert. Politiker sind häufig von der Richtigkeit ganz bestimmter politischer Maßnahmen überzeugt. Zu fragen

Die traditionellen Verhaltensannahmen der Theorie der Wirtschaftspolitik finden Sie in Tabelle 9.1 zusammengefasst. Mit **Allmächtigkeit** (häufig auch Omnipotenz genannt) wird unterstellt, dass Politiker in der Lage seien, die Welt so zu verändern, dass sie den Annahmen entspricht, die in ökonomischen Modellen gemacht werden. Das bedeutet nichts Anderes, als dass die optimalen Allokationsergebnisse erreichbar sind, solange die Politiker nur die richtigen Maßnahmen ergreifen. Allmächtigkeit unterstellt zudem, dass Widerstand gegen diese Maßnahmen irrelevant ist; dies betrifft nicht nur Widerstand von konkurrierenden Politikern, sondern auch Widerstand durch die Verwaltung, die die Maßnahmen ja umsetzen muss.

Allmächtigkeit

Die Annahme der **Allwissenheit** besagt, dass Politiker über umfassendes Wissen verfügen. Sie kennen die Präferenzen der Bürger, sie kennen die gültigen ökonomischen Gesetze und sind deshalb in Kombination mit ihrer Allmächtigkeit in der Lage, durch einen adäquaten ökonomischen Instrumenteneinsatz die soziale Wohlfahrt zu optimieren.

Allwissenheit

Die Annahme der **Benevolenz** schließlich besagt, dass Politiker danach streben, eine irgendwie ermittelte soziale Wohlfahrtsfunktion tatsächlich zu maximieren (und nicht zuerst ihren eigenen Nutzen).

Benevolenz

Die Tabelle nennt einige Theorieansätze, die in den letzten Jahrzehnten entstanden sind und deren Vertreter die jeweiligen Annahmen teilweise – oder auch vollständig – modifiziert haben. Vertreter der **Theorie des Zweitbesten** weisen daraufhin, dass der Versuch, einige der verletzten Modellannahmen zu heilen, nicht notwendigerweise zu einer Verbesserung der jeweils erzielten Allokation führt, sondern mitunter zu weiteren Verschlechterungen führen kann. Vertreter der **Informationsökonomik** beschäftigen sich mit den Konsequenzen der Tatsache, dass die Erlangung und Nutzung von Information keineswegs kostenlos zu haben ist. Vertreter der **ökonomischen Theorie der Politik** schließlich halten die Annahme, dass Politiker anders handeln sollen als andere Akteure (nämlich nicht am eigenen Nutzen, sondern am Gemeinnutzen orientiert), für systematisch verfehlt. An dieser Stelle sei ausdrücklich darauf hingewiesen, dass sich die genannten Theoriebausteine nicht auf die Modifikation lediglich einer Verhaltensannahme reduzieren lassen, dass diese Theoriebausteine ihren jeweiligen Fokus aber durchaus hier haben.

---

ist allerdings, inwieweit sie bereit sind, von ihren Überzeugungen abzuweichen, um die nächsten Wahlen nicht zu verlieren.

Tabelle 9.1: Relevanz von Annahmenmodifikationen für die Theorie der Wirtschaftspolitik

Annahmen			
Allmächtigkeit	Allwissenheit	Benevolenz	Relevante Theoriebestandteile
+	+	+	Traditionelle Wohlfahrtsökonomik
−	+	+	Theorie des Zweitbesten
+	−	+	Informationsökonomik
+	+	−	Ökonomische Theorie der Politik
−	−	−	Neue Institutionenökonomik

Sie werden bemerken, dass zwei der zentralen Annahmen der NIÖ hier nicht explizit genannt werden, nämlich beschränkte Rationalität sowie positive Transaktionskosten. Wir wollen uns deshalb jetzt kurz mit den Interdependenzen zwischen diesen beiden Konzepten aus der NIÖ und den traditionellen Annahmen der Theorie der Wirtschaftspolitik beschäftigen.

Transaktionskosten und Allwissenheit Die Annahme der Allwissenheit kann auch beschrieben werden als die Annahme, dass die jeweils betrachteten Akteure – hier die Regierung – über vollständige Information verfügen. Werden Transaktionskosten in Rechnung gestellt, so kommt das der Aufgabe der Allwissenheitsannahme gleich. Allerdings ziehen Vertreter der Informationsökonomik und der NIÖ häufig unterschiedliche Konsequenzen aus der Aufgabe dieser Annahme. Während die Informationsökonomen nach Möglichkeiten suchen, Nutzen auch bei unvollständiger Information im Einzelfall zu maximieren, sind Institutionenökonomen daran interessiert, Institutionen zu setzen, die einen im Durchschnitt und auf Dauer intelligenten Umgang mit unserem Nichtwissen ermöglichen.

Politische Transaktionskosten Politische Transaktionskosten als die Kosten der Anbahnung, Durchführung und Sicherung politischer Tauschgeschäfte sind in einer Welt mit einem allmächtigen Diktator irrelevant. Institutionenökonomen haben sich in den vergangenen Jahren aber intensiv mit politischen Transaktionskosten beschäftigt. Damit haben auch sie sich von dieser wohlfahrtsökonomischen Annahme entfernt. Drittens schließlich gehen auch Institutionenökonomen davon aus, dass Verhalten von Politikern am besten zu modellieren sei wie das Verhalten aller anderen Akteure auch, nämlich als eigennutzmaximierend.

Wird die Krise der Theorie der Wirtschaftspolitik damit begründet, dass sie auf wenig zweckmäßigen Annahmen beruhe, so ist zu fragen, ob man mit modifizierten Annahmen zumindest den Erklärungswert der Ökonomik steigern kann. Dass sich die Implementationsrate gut gemeinter Ratschläge dadurch erhöhen ließe, erscheint jedoch – zumindest *prima facie* – zweifelhaft. Hier läuft man möglicherweise geradewegs in ein Dilemma, das im nächsten Abschnitt diskutiert werden soll.

Das Dilemma des Determinismus   9.5

Im Laufe dieser Einführung haben wir immer wieder auf die ökonomische Theorie der Politik zurückgegriffen. Diese Theorie bricht mit einer zentralen Annahme der traditionellen Wohlfahrtsökonomik: Bisher waren Politiker als benevolente Diktatoren gedacht worden, die nur an der Maximierung einer irgendwie ermittelten sozialen Wohlfahrtsfunktion interessiert waren. In der ökonomischen Theorie der Politik werden Politiker modelliert wie alle anderen Akteure auch, nämlich als individuelle Nutzenmaximierer. Wenn wir dann noch davon ausgehen, dass Politiker in der Lage sind, die Konsequenzen des Einsatzes unterschiedlicher Instrumente auf ihre jeweilige Popularität abschätzen zu können, dann bleibt nicht mehr viel Platz für wirtschaftspolitische Beratung. Politiker werden immer die Handlungen ergreifen, von denen sie glauben, dass sie ihre Wiederwahlchancen nicht gefährden. Unter diesen Annahmen ist politisches Handeln weitgehend determiniert. Den Politikern zu sagen, dass sie anders handeln sollten, ist unter diesen Annahmen etwa so sinnvoll wie einem Fluss zu sagen, er solle mal in die entgegensetzte Richtung fließen, weil das viele Touristen anziehen würde.

Ökonomische Theorie der Politik

Implizit argumentieren wir hier, dass Interessen – und nicht Ideen – das Handeln von Politikern determinieren. Falls Ideen nicht mit den Interessen der jeweils relevanten Akteure kompatibel sind, haben sie wenig Chancen, Eingang in die institutionelle Struktur eines Landes zu finden. Das schließt allerdings nicht aus, dass es Wissenschaftlern gelingt, Vorschläge für institutionelle Änderungen zu formulieren, die mit den Interessen der jeweils relevanten Akteure kompatibel sind. Man kann sich das etwa so vorstellen: Bei einem bestimmten Interaktionsproblem nehmen die Beteiligten bisher ausschließlich das Konfliktelement wahr. Nehmen wir an, dass sie davon ausgehen, ein Nullsummenspiel zu spielen. Gelingt es einem Wissenschaftler jetzt, ihnen zu zei-

Interessen – nicht Ideen – determinieren das Handeln von Politikern

gen, dass das Spiel ein bisher unbeachtetes Kooperationselement enthält und dass sich alle Akteure durch entsprechendes Handeln besser stellen könnten, dann ist es ihm gelungen, bisher unerkannte Tauschpotenziale zu identifizieren.

Politikberatung als
Aufdecken
unentdeckter
Tauschpotenziale?

BUCHANAN hat in einem Aufsatz (1994) ganz ähnlich argumentiert und seine Vorstellung unter Nutzung des Gefangenendilemmas illustriert. Gehen wir davon aus, dass im *Status Quo* das (NASH-)Gleichgewicht (D, D) realisiert ist. Solange die beteiligten Akteure hoffen, sich einseitig auf Kosten des Anderen besser zu stellen [also (K, D) oder (D, K) zu erreichen], ist ihnen die für beide Beteiligten superiore Lösung (K, K) versperrt. Laut BUCHANAN kommt es jetzt darauf an, ihnen die Hoffnung auf die Lösung abseits der Hauptdiagonale zu nehmen („*Get them off the off-diagonals!*"). Erst dann ist der Weg offen für die Lösung (K, K). Weil beide beteiligten Akteure sich im Vergleich zum *status quo* besser stellen, darf ein Politiker, der diese Verbesserung herbeiführt, damit rechnen, seine Popularität zu steigern – und wiedergewählt zu werden.

Matrix 9.1: Kooperationsgewinne durch Reduktion möglicher Lösungen

		Spaltenwähler	
		Kooperieren (K)	Defektieren (D)
Zeilenwähler	Kooperieren (K)	3, 3	1, 4
	Defektieren (D)	4, 1	2, 2

Beide Ansätze sind logisch überzeugend. Dass sie empirisch besonders relevant wären, darf hingegen getrost bezweifelt werden. Wissenschaftler, die Politikern dabei behilflich sind, solche Lösungen zu identifizieren, wären natürlich extrem gefragte Politikberater, weil sie ja Wahlsiege sichern helfen. Uns sind solche hochbegehrten Berater allerdings nicht bekannt.

Politikberatung als
Werben für
Modelle unter
unvollständiger
Information?

THRAINN EGGERTSSON (1997) entkommt dem Dilemma durch die *Betonung unvollständiger Information.* Eine Welt unvollständiger Information sei nicht vollständig determiniert. Unterschiedliche und sich wandelnde Politikmodelle würden nicht nur Raum für neue Politikrichtungen lassen, sondern es könne sich auch als lohnend erweisen, in Politikmodelle zu investieren und Andere von ihrer Richtigkeit zu überzeugen. EGGERTSSON geht damit explizit davon aus, dass sowohl das Wissen von Politikern als auch von wissenschaftlichen Politikberatern beschränkt ist. Das heißt auch, dass es konkurrierende Hypothesen gibt, die sich quasi im Wettbewerb miteinander befinden. Für Wissenschaftler, die an Wirtschaftspolitik interessiert sind, kann es sich deshalb lohnen, Überzeugungsarbeit für die eigenen Hypothesen zu leisten: Sollten sich bisher akzeptierte Hypothesen – und die auf ihrer Grundlage ergriffenen politischen Maßnahmen – nämlich als falsch bzw. unbefriedigend erweisen, haben Politiker Anreize, sich nach Alternativen umzuschauen.

Der Gedanke EGGERTSSONS kann vielleicht mit den verschiedenen wirtschaftspolitischen Moden veranschaulicht werden, die man seit dem Zweiten Weltkrieg beobachten konnte: Zunächst hatte eine keynesianisch orientierte Wirtschaftspolitik eindeutig die Überhand vor allen konkurrierenden Ansätzen, in den 1970er Jahren wendete sich das Blatt zugunsten der Monetaristen. Derzeit beobachten wir pragmatischere Ansätze, die versuchen, der einfachen Dichotomie zwischen Keynesianern und Monetaristen zu entkommen.

Keynesianismus vs. Monetarismus

JOHN MAYNARD KEYNES (1883 – 1946) behauptete, dass es so etwas geben könnte wie ein Gleichgewicht bei Unterbeschäftigung; Vollbeschäftigung also nicht das einzig mögliche Gleichgewicht sei. KEYNES hielt die Hoffnungen auf eine weitgehende Selbststabilisierung des Systems für unberechtigt und plädierte stattdessen für weitgehende diskretionäre Eingriffe des Staates. Insbesondere in den 1960er Jahren wurden seine Vorschläge weltweit befolgt, in der Bundesrepublik Deutschland mit dem Versuch, eine an der Nachfrage orientierte Globalsteuerung zu implementieren. Eine solche Politik führte regelmäßig zu hohen Inflationsraten und den damit verbundenen Nutzeneinbußen. Als Gegenposition setzte sich seit den 1970er Jahren immer mehr der Monetarismus durch, deren Vertreter (insbesondere MILTON FRIEDMAN) einen weitgehenden Verzicht auf fiskalische Maßnahmen fordern und vorschlagen, dass die Geldmenge nach einer bestimmten Regel wachsen solle, um Preisniveaustabilität zu erreichen.

Eine Theorie der Wirtschaftspolitik, die an der Implementation ihrer Ratschläge interessiert ist, wird bisweilen auch als **„Kunstlehre"** bezeichnet. Pragmatisch orientierte Wissenschaftler würden die Umstände, unter denen sie bestimmte institutionelle

Änderungen vorschlagen, explizit berücksichtigen. So wird z.B. häufig argumentiert, dass die *Realisierungschancen von Reformvorschlägen in Krisenzeiten überdurchschnittlich hoch seien*. Geht es den Betroffenen sehr schlecht, sind sie möglicherweise bereit, auch umfassenderen institutionellen Änderungen zuzustimmen, weil sie die Hoffnung haben, dass diese zu einer Verbesserung ihrer Situation führen könnten.

Dilemma des Determinismus

In diesem Abschnitt haben wir gesehen, dass die Annahme eigennutzmaximierenden Politikerverhaltens uns zunächst in ein Dilemma führt, das wir hier als Dilemma des Determinismus bezeichnet haben. Wird die Annahme unvollständigen Wissens (bzw. beschränkter Rationalität) jedoch ernst genommen, so gibt es auch in einer solchen Welt noch Platz für Ökonomen, die sich mit möglichen Ratschlägen an die Politiker bzw. die Öffentlichkeit wenden.

9.6 Wirtschaftspolitische Reformen in der Praxis: Das Beispiel Neuseeland

Nachdem wir in den letzten Abschnitten die Hürden, aber auch die Möglichkeiten wirtschaftspolitischer Reformen vorwiegend theoretisch kennen gelernt haben, wollen wir in diesem Abschnitt ein Beispiel eines umfassenden wirtschaftspolitischen Reformprogramms etwas ausführlicher vorstellen, nämlich das in Neuseeland in den 1980er und 1990er Jahren umgesetzte Programm.

9.6.1 Die Ausgangsposition Neuseelands

Neuseeland wurde 1840 von Großbritannien annektiert. Als agrarisch geprägtes Land exportierte es vor allem Fleisch, Wolle und Milchprodukte nach Großbritannien und erzielte damit über Jahrzehnte hinweg einen außerordentlich hohen Lebensstandard. Seit den 1930er Jahren wurden in Neuseeland umfassende soziale Sicherungssysteme aufgebaut. Der Niedergang Neuseelands begann spätestens 1973 mit dem EG-Beitritt des Vereinigten Königreiches. Seit diesem Zeitpunkt wurde die Möglichkeit, neuseeländische Agrarprodukte auf den Europäischen Agrarmarkt zu exportieren, immer weiter beschränkt. Die Möglichkeit neuseeländischer Produzenten, auf andere Exportmärkte zu wechseln, wurde durch die protektionistischen Agrarpolitiken anderer Länder genauso eingeschränkt wie durch die subventionierten Agrarexporte der EG-Produzenten.

Auf die beiden Ölkrisen 1974 und 1979 reagierten die neuseeländischen Regierungen mit einer **Importsubstitutionspolitik**, also einer Politik, die darauf abzielt, bisher importierte Produkte in Zukunft im Inland zu produzieren. Eine solche Politik wurde auch von vielen lateinamerikanischen Ländern versucht und hat sich stets als wenig zweckmäßig erwiesen, weil mit ihr ganz bewusst auf die Ausnutzung spezifischer lokaler Kostenvorteile verzichtet wird. In Neuseeland versuchten die Regierungen insbesondere, die heimische Energieproduktion anzukurbeln, um von der Einfuhr ausländischen Erdöls unabhängiger zu werden. Die heimischen Produzenten wurden vor ausländischen Wettbewerbern sowohl durch hohe Zölle als auch durch hohe nicht-tarifäre Handelshemmnisse geschützt. Dies verminderte ihre Wettbewerbsfähigkeit weiter. In den 1970er und 1980er Jahren blieb sowohl das Wachstum der Produktivität als auch des Brutto-Inlandsprodukts hinter den durchschnittlichen Wachstumsraten der OECD-Länder zurück. Während Neuseelands Pro-Kopf-Einkommen 1950 26% über dem Durchschnitt aller OECD-Länder lag, war es bis 1990 auf 27% unter diesen Durchschnitt gefallen (BOLLARD 1994).

Importsubstitutionspolitik

Übersicht über die wichtigsten Reformen 9.6.2

1984 ging die Labour-Partei als Sieger aus den Parlamentswahlen hervor. Der bisherige konservative Premierminister ROBERT MULDOON wurde durch DAVID LANGE abgelöst. Sofort nach der Wahl der Labour-Regierung kam es zu umfassenden Reformen, die vor allem vom Wirtschafts- und Finanzminister ROGER DOUGLAS initiiert wurden. 1987 wurde Labour wiedergewählt. Das Reformtempo nahm im Vergleich zur ersten Labour-Legislaturperiode jetzt deutlich ab. 1990 kam es zum Machtwechsel. Von der konservativen Regierung wurden die umfassenden Reformen jedoch kontinuierlich fortgeführt. Die konservative Regierung wurde im März 1994 wiedergewählt. Ähnlich wie bei der Labour-Regierung kam es auch in ihrer zweiten Legislaturperiode zu einer deutlichen Verlangsamung des Reformtempos.

Neuseeland hat über einen Zeitraum von mehr als zehn Jahren hinweg eine Vielzahl von Reformen verabschiedet und durchgesetzt. Sie können hier naturgemäß nicht im Einzelnen beschrieben werden (Überblicke finden sich z.B. in BOLLARD 1994 oder

EVANS/GRIMES/WILKINSON/TEECE 1996). Stattdessen lediglich ein Überblick im Telegrammstil:

- *Deregulierung des Finanzsektors*; die Regierung hat Kontrollen der Zinshöhe genauso aufgehoben wie Kapitalverkehrskontrollen und Mindestreservesätze.

- *Klare Prioritäten in der Geldpolitik*; 1989 wurde die Bank von Neuseeland unabhängig, ihr einziges Ziel ist die Einhaltung der Preisniveaustabilität. Die Zentralbankiers sind für die Einhaltung der Preisniveaustabilität verantwortlich. Verfehlen sie ihr Ziel, müssen sie mit ihrer Entlassung rechnen.

- *Fiskalpolitik*; es war von vornherein das Ziel der Regierung, Überschüsse zu erzielen, um sie zur Schuldentilgung nutzen zu können. Dies ist in der Zwischenzeit tatsächlich gelungen. Durch eine Verbreiterung der Steuerbasis gelang es, den Spitzensteuersatz von 66 auf 33 Prozent zu halbieren. Die indirekten Steuern wurden durch die Einführung einer Mehrwertsteuer vereinheitlicht. Auf der Ausgabenseite kam es zu einer drastischen Kürzung der Subventionszahlungen.

- *Der öffentliche Dienst*; einige Abteilungen wurde in staatseigene Betriebe umgewandelt, die später verkauft wurden. Die Beschäftigung im öffentlichen Dienst wurde reduziert. Die Vorstände der staatseigenen Betriebe erhielten leistungsabhängige Verträge. Da die Betriebe dem Wettbewerbsrecht genauso unterliegen wie private Unternehmen und auch bei der Vergabe von öffentlichen Aufträgen nicht bevorzugt berücksichtigt werden, unterliegen sie weitgehend dem Wettbewerb.

- *Arbeitsmarktderegulierung*; Flächentarifverträge wurden zugunsten von Betriebsverträgen aufgehoben. Damit waren die Gewerkschaften über Nacht praktisch entmachtet. Ihre Mitgliederzahlen sind innerhalb von dreieinhalb Jahren um 38 Prozent gefallen. Die Zahl der Streiks hat sich signifikant reduziert.

- *Industrie und Handel*; die umfangreichen Handelsbarrieren wurden zügig reduziert. Der Anteil importierter Güter ist dadurch deutlich gestiegen. Konsumenten haben jetzt die Auswahl zwischen einer größeren Breite von Produkten, häufig zu deutlich reduzierten Preisen.

- *Landwirtschaft*; gemeinsam mit der Deregulierung war die Liberalisierung der Landwirtschaft einer der ersten Schritte der Labour-Regierung 1984. Die bisher gezahlten Subventionen wurden fast vollständig abgebaut.

	1984	1985	1986	1987	1988	1989	1990	1991	1992	1993	1994	1995
Financial Market												
Remove Interest Rate Controls	xo											
Remove Foreign Exchange Controls	xo											
Float Exchange Rate		xo										
Goods Market												
Remove Price and Rent Freeze	xo											
Remove Agricultural Subsidies	xo	o	o									
Remove Export Assistance	x	o	o	o								
Remove Import Licensing	x	o	o	o	o	o						
Remove Tariffs	x	o	o	o	o	o	xo	o	o	o	o	o
Introduce Light-Handed Regulation			xo									
Monetary Policy												
Fully Fund Deficit, Bond Sales	xo											
Reserve Bank Act						x	o					
Public Sector Reform												
Trading Organizations												
Corporatizations			xo	o	o	o	o	o				
Privatizations			xo	o	o	o	o	o	o	o	o	o
Government Departments												
Private Sector Employment Conditions					xo							
Output Contracting Arrangements					xo							
Information Systems						xo	o	o				
Accrual Accounting						xo	o	o				
Taxation Reforms												
Fringe Benefit Tax	x	o										
Goods and Services Tax			xo									
Dividend Imputation						xo						
Accrual Taxation of Interest			xo	o								
Tax Avoidance Measures				xo								
Income Tax Rate Cuts			xo									
Budget Reform												
Government Expenditure Cuts	x	o	o	o	o			o	o	o		
Shift to User Pays		x	o	o	o	o	o	o				
Social Welfare Cuts								xo				
Fiscal Responsibility Act										xo		
Health												
Separate Funding and Providers								x		o	o	
Labor Market De-Regulation												
Lift Wage Freeze	x	o										
Employment Contracts Act								xo				
Local Government												
Restructure Jurisdictions						x	o					
Resource Management Act					x		o					
Political												
Change to Proportional Representation									x			

x Major Policy Announcement
o Implementation Milestone

Übersicht 9.2: Die neuseeländischen Reformen im Überblick

Zum Teil verstrich erstaunlich viel Zeit, bevor die Maßnahmen zu eindeutigen Verbesserungen der jeweiligen Indikatoren führten. Der Anteil der öffentlichen Ausgaben am Brutto-Inlandsprodukt stieg bis 1988, um erst danach zu fallen. Bis es zu einer Erhöhung der Wachstumsraten kam, vergingen sogar zehn Jahre.

9.6.3   Zur Erklärung der Reformen

Die neuseeländischen Reformen sind in zweifacher Hinsicht erstaunlich: Erstens, weil sie überhaupt durchgeführt wurden und zweitens, weil es den beteiligten Regierungen gelang, jeweils einmal wiedergewählt zu werden (einer Labour-Regierung war das vor 1987 das letzte Mal 1946 gelungen!). Im Folgenden werden vier verschiedene Faktoren unterschieden, die in ihrem Zusammenspiel die erfolgreiche Durchführung der Reformen ermöglichten: (1) die **Ideen bzw. Theorien**, auf deren Grundlage die Reformen erfolgten, (2) die **Personen**, die ihre Durchführung vorangetrieben haben, (3) die **Institutionen bzw. Organisationen**, die einer Durchführung förderlich waren bzw. ihr zumindest nicht im Wege standen, und schließlich (4) die **spezifischen Umstände**, in denen es zur Initiierung des Reformprozesses kam.

9.6.3.1 Zugrunde liegende Theorien

Die bis Mitte der 80er Jahre betriebene umfassende interventionistische Politik beruhte im Großen und Ganzen auf den herrschenden Lehren der damaligen Zeit. Einem wohlfahrtsökonomischen Ansatz, der dem Leitbild der vollständigen Konkurrenz anhing und Interventionsbedarf überall dort verortete, wo die Idealergebnisse des wohlfahrtsökonomischen Modells nicht erreicht wurden. Auch die im Gefolge der Ölkrisen in den 1970er Jahren verfolgte Importsubstitutionspolitik entsprach diesem einflussreichen Credo.

In der Zwischenzeit hatten sich jedoch jüngere Theorieansätze vor allem in der neuseeländischen *Treasury* ausgebreitet, die nicht nur das Finanz- und Wirtschaftsministerium ist, sondern auch als der zentrale Beratungsgeber in ökonomischen Fragen gilt (auf sie wird später zurückzukommen sein). BOLLARD (1994, 90f. und 94f.) beschreibt, welche neuen Theorien sich dort Mitte der 1980er Jahre durchgesetzt hatten:

- Der Marktversagensansatz wurde ersetzt durch einen **Transaktionskostenansatz**, der explizit berücksichtigt, dass Koordination durch Politik bzw. Bürokratie ebenfalls mit Kosten verbunden ist, dass es also nicht nur Marktversagen, sondern auch Bürokratie- bzw. Staatsversagen geben kann. Dies führt unmittelbar zur Nutzung der komparativen Institutionenanalyse (EVANS *et al.* 1996, 1862). Die Publikationen von RONALD COASE, HAROLD DEMSETZ und OLIVER WILLIAMSON dürften in diesem Zusammenhang eine wichtige Rolle gespielt haben.

- Die üblichen Argumente dafür, warum der Staat selbst Handelsbetriebe besitzen und betreiben sollte ("nationales Interesse") wurden verdrängt durch die **Prinzipal-Agent-Theorie**, nach der man im Falle von Staatsbetrieben in besonderem Maß mit Ineffizienzen rechnen muss, die durch Anreiz- und Überwachungsprobleme verursacht werden.
- Auch die Rationalität des staatlichen Angebots von Dienstleistungen wurde mehr und mehr in Zweifel gezogen. Angebotsorientierte Theorien, die auf die *Crowding out*-**Effekte** eines umfassenden staatlichen Sektors verwiesen, verdrängten die bisher dominanten Theorien.
- Auch der bisher gültige Regulierungsansatz wurde durch den Anfang der 1980er Jahre insbesondere von WILLIAM BAUMOL entwickelten Ansatz des **potenziellen Wettbewerbs** ausgetauscht. Danach ist die Zahl der Wettbewerber in einem Markt im Zweifel vollständig irrelevant für die in diesem Markt zu beobachtenden Ergebnisse (wie z.B. Preise und Qualitäten), solange potenzielle Wettbewerber nicht an einem Marktzutritt gehindert werden. Als die gravierendsten Marktzutrittsschranken gelten dabei regelmäßig staatliche Beschränkungen, weil sie unter Rückgriff auf das Gewaltmonopol des Staates sanktioniert werden und selbst besten privaten Anbietern keine Chance auf einen Marktzutritt lassen.

Von BOLLARD (1994, 90f.) werden darüber hinaus die Theorien von JAMES BUCHANAN und GORDON TULLOCK als relevant für die Vorstellungen von der Funktionsweise des politischen Prozesses genannt und die von ARMEN ALCHIAN für die Vorstellungen zu Eigentumsrechten.

Im Rahmen dieser Einführung in die Neue Institutionenökonomik sind die meisten der von BOLLARD genannten Theorieansätze erläutert worden, die Namen der meisten von ihm genannten Wissenschaftler dürften Ihnen inzwischen ebenfalls geläufig sein.

9.6.3.2 Beteiligte Personen

In der Vergangenheit hat sich immer wieder gezeigt, dass die erfolgreiche Verabschiedung und Durchführung umfassender Reformpakete eng mit Personen verknüpft war. So ist die Einführung der sozialen Marktwirtschaft in der Bundesrepublik bis heute untrennbar mit LUDWIG ERHARD verbunden, die Reformen der 1980er Jahre in Großbritannien und den USA mit MARGARET THATCHER und mit RONALD REAGAN. Dies gilt auch für die Reformen in Neuseeland: Für Labour war zunächst ROGER DOUGLAS für die *Treasury* verantwortlich, für die nationale Partei wurde es dann später RUTH RICHARDSON. Erstaunlicherweise wurden beide jeweils in der zweiten Legislaturperiode ihrer jeweiligen Regierung abgesetzt.

Die ökonomische Theorie modelliert Akteure unter Rückgriff auf ein sehr einfaches Verhaltensmodell. Mit diesem Verhaltensmodell kann eine Vielzahl ganz unterschiedlicher Verhaltensweisen erstaunlich zuverlässig prognostiziert werden. Das ökonomische Verhaltensmodell ist jedoch weniger geeignet, wenn es um die Erklärung – oder sogar Prognose – von Neuerungen geht. Das Verhalten von Unternehmern, die im SCHUMPETERschen Sinne **schöpferische Zerstörer** sind und durch die Neukombination von Ressourcen ganz neue Produkte schaffen, ist in das ökonomische Verhaltensmodell nur schwer integrierbar. Die gleichen Einschränkungen gelten auch für **politische Unternehmer**, die im Bereich der Politik Neukombinationen vornehmen und damit die vorgezeichneten Bahnen verlassen.

9.6.3.3 Verhaltenskanalisierende Institutionen, relevante Organisationen

Auch wenn soeben ausgeführt wurde, dass politische Unternehmer für die erfolgreiche Durchführung umfassender Reformpakete erforderlich sind, so ist es doch auch notwendig, dass sie innerhalb eines institutionellen Rahmens agieren, der ihnen die Durchführung dieser Maßnahmen ermöglicht. Nicht alle institutionellen Rahmen sind jedoch in gleichem Maße dazu geeignet. Von verschiedenen Beobachtern wird immer wieder darauf hingewiesen, dass die in Neuseeland gültigen Rahmenbedingungen den reformwilligen Politikern in besonderem Maße entgegenkamen.

Westminster-Modell

Wie das englische System, so funktioniert auch das neuseeländische System nach dem so genannten **Westminster-Modell**. Als die Reformen begannen, galt in Neuseeland noch das Mehrheitswahlrecht. Pro Wahlkreis gibt es einen Abgeordneten, der Kandidat mit den meisten Stimmen wird ins Parlament entsandt, alle anderen Stimmen bleiben unberücksichtigt. Ein solches Wahlrecht führt regelmäßig zur Entstehung eines **Zweiparteiensystems**. Die Partei mit der parlamentarischen Mehrheit stellt auch die Regierung. Das politische System Neuseelands ist ein **Einkammersystem**. Es gibt keine zweite Kammer, deren Mehrheit zur Verabschiedung von Gesetzesvorhaben benötigt würde. Da Neuseeland keine geschriebene Verfassung kennt, sind selbst sehr weit reichende Modifikationen der Gesetzeslage meist mit einfacher Mehrheit möglich.

Ein solches System gibt der jeweiligen Regierung eine große Machtfülle in die Hand. Diese kann genutzt werden, um ein hohes Maß an Interventionismus und Regulierung zu verabschieden, so wie in den Jahren vor 1984, aber auch, um Deregulierung und Öffnung voranzutreiben, so wie in der Zeit nach 1984. Inzwischen ist in Neuseeland das Verhältniswahlrecht nach deutschem Vorbild eingeführt worden. Es ist sowohl auf der linken als auch der rechten Seite des politischen Spektrums zur Entstehung von Splitterparteien gekommen. Um in Zweiparteiensystemen eine parlamentarische Mehrheit zu gewinnen, benötigt man eine relativ breite Wählerbasis und man kann bzw. muss in geringerem Umfang auf Sonderinteressen gut organisierter Lobbygruppen eingehen als in Mehrparteiensystemen. Insofern spricht die Änderung des neuseeländischen Wahlsystems dagegen, dass die Reformen in ähnlichem Tempo weitergehen werden. Da ein Verhältniswahlrecht den Handlungsspielraum einer Regierung aber in jede Politikrichtung reduziert, dürfte es in Zukunft auch (relativ) schwieriger sein, den erreichten Reformstand wieder rückgängig zu machen.

Die *Treasury* wurde oben bereits als relevante Organisation genannt. KNORR (1997, 145) weist darauf hin, dass sie mit vielen Ökonomen – anstelle von Juristen, wie in Deutschland meist üblich – besetzt sei. Dies sei insbesondere bei der Reform des öffentlichen Dienstes von Vorteil gewesen. Der umfassende Personalabbau im öffentlichen Dienst sei zudem nur möglich gewesen, weil er von den leitenden Beschäftigten begrüßt wurde (BOLLARD 1994, 91).

9.6.3.4 Glückliche Umstände

JOHN WILLIAMSON (1994) behauptet, dass es eine Reihe von Faktoren gibt, von denen es abhängt, ob neu gewählte Regierungen in der Lage sind, reformorientierte Programme umzusetzen oder nicht. Zu diesen zählt er:

(1) Die Krisenhypothese;
(2) Die Mandatshypothese;
(3) Die „Honeymoon"-Hypothese und
(4) Die schwache-und-unglaubwürdige-Opposition-Hypothese.

In der Literatur (BOLLARD 1994) heißt es, drei der vier Faktoren hätten im Falle der neuseeländischen Reformen vorgelegen. Die Bevölkerung hätte sowohl die langfristige Verschlechterung der *Terms of Trade* als auch die kurzfristige Zahlungsbilanzkrise, die erst zur Ablösung der Regierung MULDOON führte, als **Krise** wahrgenommen. Darauf, dass Krisenzeiten von Regierungen für die Umsetzung von Reformprogrammen genutzt werden können, wurde bereits in Abschnitt 9.5 verwiesen.

Die **Mandats-Hypothese** besagt, dass die Größe der parlamentarischen Mehrheit über die parlamentarische Minderheit ein Indikator für die Legitimität ist, mit der eine neue Regierung umfassende Reformen durchführt. Aus damaliger Sicht hatte Labour die Wahlen 1984 mit einem erdrutschartigen Wahlsieg gewonnen. Insofern kann man auch in Bezug auf den zweiten Faktor sagen, dass er in Neuseeland vorgelegen hat.

Die *Honeymoon*-Hypothese besagt, dass die Wählerschaft neuen Regierungen zunächst einen gewissen Zeitraum einräumt, in der negative Konsequenzen noch der Vorgängerregierung angelastet werden. Auch dies könnte in Neuseeland der Fall gewesen sein.

Schließlich präsentierte sich die unterlegene Nationalpartei 1984 tatsächlich in einem Zustand der Auflösung. Sie war lange damit beschäftigt, einen Nachfolger für MULDOON zu finden und vor allem das künftige Parteiprogramm zu formulieren. Ihre Rekonsolidierung dauerte bis 1990, als es ihr gelang, Labour von der Regierung abzulösen. Insofern war die **Opposition schwach und wenig glaubwürdig**.

Als weiterer glücklicher Umstand für die Labour-Regierung wird in der Literatur genannt, dass sie in ihrer ersten Legislaturperiode mit einer außergewöhnlich großen Zahl außenpolitischer Ereignisse konfrontiert war; sowohl die Aufmerksamkeit der Öffentlichkeit als auch die des Premierministers seien dadurch von der Radikalität der Wirtschaftsreformen abgelenkt worden (KNORR 1997, 143f.). Hierzu werden die Auseinandersetzungen im Rahmen des damaligen Verteidigungsbündnisses ANZUS (Australien, Neuseeland, Vereinigte Staaten) ebenso gerechnet wie das Versenken des Greenpeace-Schiffes *„Rainbow Warrior"* durch den französischen Geheimdienst und der Untergang eines sowjetischen Kriegsschiffes im Süden Neuseelands.

Offene Fragen   **9.6.4**

Das Beispiel Neuseeland ist ein empirischer Beleg dafür, dass wirtschaftspolitische Reformvorschläge, die unter Berücksichtigung institutionenökonomischer Bausteine erarbeitet wurden, politisch umsetzbar sind. Die relativ umfassende Schilderung des neuseeländischen Beispiels zeigt aber auch, dass darüber hinaus eine Anzahl von Umständen zusammengetroffen ist, deren Existenz keineswegs selbstverständlich ist.

Fragen

Machen Sie sich die Logik des in Abschnitt 3 entwickelten Arguments zu SVEs in der Umweltpolitik klar, in dem Sie es anhand des Gefangenendilemmas, so wie Sie es im ersten Kapitel kennen gelernt haben rekonstruieren.

Literatur

Eine kritische Bewertung der traditionellen Theorie der Wirtschaftspolitik findet sich in FREY und KIRCHGÄSSNER (1994).

Der grundlegende Aufsatz zur Informationsökonomik ist STIGLER (1961).

Das Dilemma des Determinismus wird sehr schön herausgearbeitet in O'FLAHERTY und BHAGWATI (1997).

DIXIT (1996) ist ein gut lesbarer Versuch, die möglichen Konsequenzen einer expliziten Berücksichtigung von Transaktionskosten für die Theorie der Wirtschaftspolitik auszuleuchten.

Mit den Wirkungen von Krisen auf wirtschaftspolitisches Handeln hat sich grundlegend SIEGENTHALER (1993) beschäftigt.

Das Beispiel Neuseeland ist ein Beispiel sehr umfassender Reformen. Auf Einsichten der Institutionenökonomik kann aber natürlich auch in anderen Situationen zurückgegriffen werden. So ist jede Gesetzesänderung mit der Hoffnung verbunden, Anreize für die relevanten Akteure so zu ändern, dass bessere Ergebnisse erzielt werden. Von Juristen wird dies auch als funktionale Gesetzesfolgenabschätzung bezeichnet. Da Juristen bisher nicht als empirisch arbeitende Sozialforscher aufgefallen sind, ergeben sich hier vielfältige Kooperationsmöglichkeiten zwischen Ökonomen und Juristen: Ökonomen könnten Rechtswissenschaftler dabei unterstützen, mögliche Effekte unterschiedlicher Gesetzesänderungen zu prognostizieren, aber auch dabei, die tatsächlich eingetretenen Verhaltensänderungen *ex post* zu analysieren. In einigen Jurisdiktionen ist dies als *Regulatory Impact Assessment* inzwischen fest etabliert. Zur Relevanz der (Institutionen-)Ökonomik für Juristen ist VAN AAKEN (2003) ein gut lesbares Buch. Erfahrungen mit Regulatory Impact Assessment werden in vergleichenden Studien der OECD (2004) aber auch des Europäischen Rats (2004) beschrieben

10 Ausblick

Sie haben es fast geschafft! Neun Kapitel liegen hinter Ihnen – es sei denn, Sie gehören zu den Lesern, die immer erst die Zusammenfassung durchblättern und erst dann entscheiden, ob sie das Buch überhaupt lesen. Dies ist kein Krimi und Sie können sich den Spaß tatsächlich nicht verderben, wenn Sie mit diesem Kapitel beginnen. Die Institutionenökonomik ist so spannend, dass sie selbst dann nicht langweilig wird, wenn man am Ende anfängt!

Zur Sache: Wenn Sie die letzten neun Kapitel noch mal Revue passieren lassen, dann liegen vier große Teile hinter Ihnen. Im ersten Teil (dem ersten Kapitel) haben wir die Fragen, die von Institutionenökonomen gestellt werden und die Instrumente, die von ihnen zur Beantwortung dieser Fragen genutzt werden vorgestellt. Im zweiten Teil (den Kapiteln zwei bis fünf) sind wir von der Annahme ausgegangen, dass die Institutionen gegeben seien und haben gefragt, wie unterschiedliche Institutionen auf verschiedene Erklärungsgegenstände wirken: auf einfache Tauschbeziehungen (Kapitel zwei), auf die Struktur von Firmen (Kapitel drei) und auf die Entscheidungen, die auf gesamtgesellschaftlicher Ebene getroffen werden (Kapitel vier). In Kapitel fünf schließlich haben wir uns mit der Frage beschäftigt, wie Institutionen auf Wachstum und Entwicklung ganzer Gesellschaften wirken. Im dritten Teil (den Kapiteln sechs und sieben) sind wir nicht mehr davon ausgegangen, dass Institutionen gegeben sind, sondern haben gefragt, ob wir die Entwicklung externer Institutionen (Kapitel sechs) bzw. interner Institutionen (Kapitel sieben) unter Rückgriff auf den ökonomischen Ansatz erklären können. Der vierte Teil schließlich (die Kapitel acht und neun) ist möglichen wirtschaftspolitischen Implikationen gewidmet. In Kapitel acht haben wir die Grundlagen gelegt, in dem wir zunächst die Notwendigkeit einer normativen Theorie gezeigt haben, bevor es dann im neunten Kapitel um konkrete mögliche Implikationen für die Wirtschaftspolitik ging.

In diesem Kapitel versuchen wir zunächst, die Fragen, die wir in der Einführung genannt haben, noch mal zu nennen und zu überprüfen, ob wir zumindest Anhaltspunkte für ihre Beantwortung gegeben haben.

Wenn Sie zu den Lesern gehören, die dieses Buch von vorn nach hinten gelesen haben, dann lesen Sie doch jetzt den ersten Absatz der Einführung noch mal und versuchen Sie, die dort formulierten Fragen mit Hilfe des in der Zwischenzeit erworbenen Wissens zunächst für sich selbst zu beantworten. Wenn Sie es vorziehen, sofort weiterzulesen, entgeht Ihnen der Übungs- und Wiederholungseffekt.

Zu den einführenden Fragen und den Möglichkeiten ihrer Beantwortung: Die Frage, warum weltweit nur einige hundert Millionen Menschen ein sehr hohes Pro-Kopf-Einkommen haben, während Milliarden unterernährt sind oder sich in der Nähe des Subsistenzeinkommens bewegen, kann u.a. mit Hilfe der ökonomischen Theorie der Eigentumsrechte beantwortet werden. Aber auch die in Kapitel fünf genannten Zusammenhänge zwischen institutioneller Qualität und Wirtschaftswachstum sind hier relevant, genauso wie die in Kapitel sechs präsentierten Theorien zur Entwicklung externer Institutionen. Nur, wenn wir verstehen, dass es auch in den weniger entwickelten Ländern eine Vielzahl von Akteuren gibt, die vom jeweils gültigen *status quo* profitieren und die befürchten, sich durch die Verabschiedung von an sich wohlstandssteigernden Institutionen schlechter zu stellen, können wir nachvollziehen, warum es so schwierig ist, Institutionen, die längst als wohlfahrtssteigernd anerkannt sind, in vielen Ländern auch umzusetzen. Wie wir immer wieder gesehen haben, ist es für die Entwicklung eines Landes nicht hinreichend, ein adäquates Set von externen Institutionen zu verabschieden; darüber hinaus sind interne Institutionen erforderlich, die den externen Institutionen zumindest nicht fundamental zuwiderlaufen.

Warum sind Milliarden unterernährt?

In der Einleitung haben wir weiter gefragt, warum der Import von – andernorts sehr erfolgreichen – Verfassungen häufig nicht zu den gewünschten Ergebnissen – z.B. Wohlstand und Stabilität – führt. Dies ist wohl am einfachsten unter Hinweis auf die notwendige Kompatibilität der externen mit den internen Institutionen zu beantworten. Sind die aus dem Ausland importierten Verfassungen nicht kompatibel mit den Sitten und Traditionen – den internen Institutionen – einer Gesellschaft, dann dürfte eine importierte Verfassung häufig schnell zu einem Papiertiger verkommen. Ein weiterer Grund könnte darin liegen, dass die Auflagenpolitik von Währungsfonds und Weltbank zu einem *Windowdressing* verleitet; das heißt *de jure* werden Gesetze verabschiedet, deren tatsächliche Umsetzung niemand im Inland jemals ernstlich in Erwägung gezogen hat.

Warum sind gute Institutionen so schwierig zu übertragen?

Zur Beantwortung der Frage, ob es einen Zusammenhang zwischen individuellen Freiheitsrechten und Pro-Kopf-Einkommen gibt, haben wir im fünften Kapitel einige Studien vorgestellt, die allesamt darauf hindeuten, dass es sich hier nicht nur um eine Korrelation, sondern in der Tat um einen kausalen Zusammenhang handelt.

Zusammenhang zwischen Freiheitsrechten und Einkommen?

Die Frage schließlich, ob es bei der Reform ehemals sozialistischer Gesellschaften nur einen Königsweg gibt, nämlich möglichst umfassend und schnell zu privatisieren, haben wir in dem hinter Ihnen liegenden Buch nicht explizit thematisiert. Sie wissen vielleicht, dass es zu Beginn der Transformationsprozesse einen heftigen Streit zwischen den Anhängern eines *Big Bang* auf einen Seite und denen eines gradualistischen Übergangs auf der anderen Seite gegeben hat. Wenn es richtig ist, dass die tatsächliche Umsetzung von externen Institutionen an ihrer weitgehenden Übereinstimmung mit internen Institutionen hängt, dann ist folglich zu fragen, inwieweit die in einer Gesellschaft gültigen internen Institutionen kompatibel sind mit Rechtsstaat, Demokratie und Marktwirtschaft, also den Zielen, die häufig für die Transformationsprozesse genannt werden. Zu berücksichtigen sind aber andererseits auch die polit-ökonomischen Prozesse, also die Interessen der Akteure, die Einfluss nehmen können auf die Gesetzgebung eines Landes. Zu beiden Themenkreisen finden Sie Einiges in den Kapiteln vier und sechs.

Aber dieses Kapitel ist mit „Ausblick" überschrieben und bisher sind Sie nur an ein paar Mosaiksteinchen erinnert worden, die Sie im Verlauf der Lektüre dieses Buches kennen gelernt haben. Wir wollen deshalb jetzt daran gehen, einige Bereiche zu nennen, in denen Bedarf an Weiterentwicklung, aber auch Potential zur Weiterentwicklung besteht. Falls Sie die hier behandelten Fragen spannend finden, trauen Sie sich und denken Sie darüber nach, ob Sie nicht versuchen wollen, der NIÖ das eine oder andere Mosaiksteinchen hinzuzufügen!

Zunächst einige ungeklärte Aspekte, die Ihnen aus den letzten Kapiteln bekannt vorkommen. Interne und externe Institutionen haben hier eine ziemlich identische Behandlung erfahren. In der Forschung ist das allerdings noch nicht üblich. Die Zahl der Studien, die sich überwiegend auf externe Institutionen konzentrieren, ist noch viel höher als die der Studien, welche die beiden Institutionenarten gleichwertig gewichten oder den internen Institutionen gar überwiegende Aufmerksamkeit schenken.

Im letzten Teil dürfte zudem deutlich geworden sein, dass die normative Basis der NIÖ noch etwas wacklig ist. Einen bekannten und etablierten Ansatz – wenn auch mit guten Gründen – abzulehnen, ist ja an sich noch keine Alternative. Das in Kapitel acht vorgestellte Alternativkonzept ist jedoch mit vielen Problemen behaftet. Sobald versucht wird, es wirtschaftspolitisch anzuwenden, ist zudem unklar, wie das am sinnvollsten getan werden kann.

Vor inzwischen mehr als zwei Jahrzehnten schrieb MATTHEWS (1986, 917): „Aber ich habe den Eindruck, dass Theorieelemente in der ökonomischen Institutionentheorie die Überhand über empirische Studien gewinnen." Breit angelegte Theorieentwürfe gehen leichter von der Hand als empirische Studien, bei denen die Datenerhebung häufig ein sehr mühsames Geschäft ist. Dennoch ist diese Beobachtung inzwischen so nicht mehr richtig. In den letzten anderthalb Jahrzehnten ist eine Vielzahl empirischer Studien zur NIÖ erschienen – naturgemäß konnte in diesem Buch nur ein sehr kleiner Teil davon überhaupt erwähnt werden.

Im Rest dieses kurzen Schlusskapitels sollen nur noch zwei Bereiche angesprochen werden, die bisher kaum thematisiert wurden, die aber in der Zukunft vermutlich eine größere Rolle spielen dürften. Einerseits die Rolle der Kognition für die Relevanz von Institutionen, also ein eher abstrakter Aspekt, und andererseits die Rolle der Globalisierung für die Relevanz von Institutionen; dies ist ein eher konkreter Aspekt. Lassen Sie uns mit der Kognition beginnen.

Die kognitive Verankerung von Institutionen 10.1

Weltbilder sind entscheidend dafür, wie wir die Welt sehen. Zu fragen ist also, wie sie entstehen, sich ausbreiten usw. Ein notwendiger Bestandteil davon ist die menschliche Kognition. Aufgrund von kognitiven Beschränkungen hinsichtlich der Informationsaufnahme und -verarbeitung erfolgt die Aufnahme von Informationen zwangsläufig selektiv. Wahrnehmungen und Erfahrungen, die kulturell tradiert sind oder auf direktem experimentellem Lernen beruhen, führen zur Herausbildung neuronaler Verknüpfungen. Die hierbei entstehende Struktur von Klassifikationen wird nun ihrerseits genutzt, um Informationen zu selektieren. Damit gilt aber auch für den kognitiven Bereich eine Pfadabhängigkeit dergestalt, dass vorangegangene Wahrnehmungen und Erfahrungen mit darüber bestimmen, welche Informationen zukünftig ausgewählt werden[7]. Für den institutionellen Bereich sind diese Ausführungen in mehrfacher Hinsicht relevant:

(1.) Unsere Überlegungen machen deutlich, wie wichtig Kommunikation und kultureller Hintergrund sein können. Wenn die

Die Rolle der Weltbilder

Die Relevanz von Kommunikation und Kultur

---

[7] HAYEK hat bereits 1952 mit der *Sensory Order* versucht, diesen Zusammenhang für die ökonomische Analyse nutzbar zu machen.

Interpretation neuer Wahrnehmungen davon abhängig ist, welches interne Modell der Akteur von seiner Umwelt hat, so ist zu vermuten, dass es ohne Kommunikation zwischen verschiedenen, getrennt voneinander lebenden Gruppen nur zufällig zu konvergierenden internen Modellen zwischen Mitgliedern unterschiedlicher Gruppen kommt. Gibt es zur Lösung wiederholter Interaktionsprobleme eine Vielzahl institutioneller Arrangements, so erscheint es aufgrund der Pfadabhängigkeit im kognitiven Bereich wahrscheinlich, dass auch die Institutionen zwischen den verschiedenen Gruppen divergieren (ähnlich DENZAU und NORTH 1994, 14f.). Damit wird an dieser Stelle deutlich, in welcher Beziehung Wahrnehmung und institutioneller Wandel stehen. Grob gesprochen lässt die Pfadabhängigkeit der Wahrnehmung konvergierende interne Modelle entstehen, die dann Regeleigenschaften annehmen, wenn sie zu Verhaltensregelmäßigkeiten auf der Ebene der betrachteten Gruppe führen. Gleichzeitig können Institutionen über den Ausschluss von Handlungsmöglichkeiten wiederum den Bereich menschlicher Wahrnehmung verändern, wenn sie kulturell tradiert werden. Für Institutionen vom Typ 2 und Typ 3 ist dies offensichtlich.

(2.) Eng mit dem vorangehenden Punkt verknüpft ist folgendes: Pfadabhängigkeiten des Lernens können Konflikten vorbeugen, wenn sie ein ähnliches kulturelles Vorverständnis schaffen, durch dessen Filter Handlungsalternativen wahrgenommen werden. Dies reduziert die Menge aufzunehmender und zu verarbeitender Informationen. Für Interaktionsbeziehungen und daraus möglicherweise erwachsende Konflikte ist diese Reduktion insofern von Bedeutung, als die Akteure nur noch eine Teilmenge aller theoretisch möglichen Handlungsalternativen wahrnehmen und zwischen diesen eine Entscheidung fällen. Folglich ist die Gefahr von Konflikten geringer, als das Modell eines vollständig informierten Nutzenmaximierers suggerieren mag. Ein gemeinsam geteiltes kulturelles Vorverständnis kann sich aber auch als Nachteil herausstellen, wenn es um die Frage institutionellen Wandels geht. Gemeinsame Ansichten und Überzeugungen, wie die Welt zu interpretieren ist, lassen sich nur schwer von heute auf morgen ändern, da sie in einem von Pfadabhängigkeiten geprägten Lernprozess erworben wurden. Modifikationen sind zwar möglich, doch solange die bisherigen Denkschemata – gemessen am Anspruchsniveau – zu „befriedigenden" Ergebnissen führen, besteht kein Anreiz zur Suche nach neuen Verhaltens-

Geteiltes Vorverständnis kann Konfliktpotential reduzieren

möglichkeiten. Die Pfadabhängigkeit von Wahrnehmung offenbart damit ein gesellschaftliches Problem im Spannungsfeld zwischen Stabilität und Flexibilität, das bei Versuchen der Steuerung sozialer Prozesse beachtet werden muss.

(3.) Schließlich hat die Beschränkung menschlicher Wahrnehmung unterschiedliche Auswirkungen, je nachdem, welche Institutionen betrachtet werden. Kulturell tradiert werden wohl gerade gesellschaftliche Regeln der Sitte, der Moral, des Anstands (ähnlich SIEGENTHALER 1993, 26ff.), die wir unter die internen Institutionen vom Typ 2 und 3 gefasst haben, die aber dennoch über die Auslegung von Gesetzen in den Bereich externer Institutionen hineinwirken. Auch dies ist wiederum ein Argument dafür, warum interne Institutionen in der Regel über ein größeres Beharrungsvermögen verfügen dürften als externe Institutionen. Was dies für die Steuerbarkeit sozialer Prozesse bedeutet, ist in diesem Buch bereits verschiedentlich thematisiert worden.

Kognition und interne Institutionen

Institutionen jenseits des Nationalstaats 10.2

In der Ökonomik – und die NIÖ ist da bisher keine Ausnahme – wird der souverän gedachte Nationalstaat, dessen Regierung über das exklusive Monopol legitimer Gewaltanwendung in den Grenzen eines bestimmten Territoriums verfügt, häufig als exogen gegeben unterstellt. Die Theorie der Wirtschaftspolitik hat als traditionellen Adressaten die Vertreter von Regierungen, die sich territorial definieren. Die verschiedenen statistischen Methoden zur Messung unseres Wohlstands setzen am Nationalstaat an. Aber die Herrschaft des Konzepts vom souveränen Nationalstaat macht nicht am Staat halt: Auch Unternehmen werden häufig dem einen oder anderen Nationalstaat zugerechnet. Gern sind wir auch bereit, Gesellschaften nationalstaatlich abzugrenzen; da wird dann von der französischen, der italienischen usw. Gesellschaft geredet.

Der Soziologe ULRICH BECK (1998) spricht von Nationalstaat und Nationalgesellschaft und weist darauf hin, dass Gesellschaften Staaten (definitorisch) bislang untergeordnet werden (ebd., 48): „Gesellschaften sind Staatsgesellschaften, Gesellschaftsordnung meint Staatsordnung." Der Historiker ANTHONY SMITH (1983) hat diese Denkkategorien mit dem Begriff „methodischer Nationalismus" beschrieben. Dabei ist der Sieg des souverän gedachten und territorial begrenzten Nationalstaatskonzepts in der Ökonomik eher unwahrscheinlich gewesen. Zwar ist das berühmteste Buch ADAM SMITHS mit „Wohlstand der Nationen" überschrieben, dennoch ist die zentrale Handlungseinheit der *National*ökonomie (oder gar *Volks*wirtschaftslehre) das Individuum. Gerade im Lichte der Entwicklung der Disziplin erscheint es schwer verständlich, wie sich das Konzept des Nationalstaats so unhinterfragt durchsetzen konnte. Während ADAM SMITHS Individuen noch über Bindungen zu anderen Individuen verfügten, wurde der Handelnde in der Ökonomik ja zunehmend als atomistisch agierender Akteur modelliert.

Der Begriff „Globalisierung" ist seit einigen Jahren ein Modewort. Ob es im Zusammenhang mit der Globalisierung tatsächlich zu einer tief greifenden Änderung im Verhältnis zwischen nationalstaatlichen Regierungen, transnationalen Unternehmen und internationalen Nichtregierungsorganisationen gekommen ist, kann hier nicht untersucht werden. Aber ganz offenkundig sind seit wenigen Jahrzehnten immer mehr internationale und supranationale Organisationen entstanden, die nicht vollkommen bedeutungslos sind. Die grundlegenden Regeln der EU sind ein in dieser Form bisher unbekanntes institutionelles Arrangement jenseits des Nationalstaats. Aber auch andere internationale Organisationen haben in den letzten Jahren mehr und mehr dazu beigetragen, dass es zu einer Institutionalisierung im hier verstandenen Sinn gekommen ist. Statt vieler sei hier nur die Welthandelsorganisation WTO genannt, welche die Handelspolitiken der nationalstaatlichen Regierungen unter bestimmte Regeln stellt, deren Verstoß mit einer Sanktionsdrohung verbunden ist. Es handelt sich also um Institutionen, so wie wir sie in diesem Buch definiert haben.

Viele offene Fragen   Hier gibt es eine Vielzahl von neuen Fragen, mit denen Institutionenökonomen sich bisher erstaunlich wenig beschäftigt haben:

- Wie kann man erklären, dass nationalstaatliche Politiker bereit sind, Teile ihrer Kompetenzen an internationale Organisationen abzutreten, denn auf den ersten Blick bedeutet weniger Kompetenz ja auch weniger Macht? Ein Antwortelement kennen Sie bereits: nationalstaatliche Politiker könnten dazu bereit sein, wenn es ihnen hilft, das Dilemma des starken Staates dadurch zumindest ansatzweise in den Griff zu bekommen.
- Wie kann man erklären, dass es – zumindest im Bereich der internationalen Handelsordnung – ein relativ hohes Maß an Stabilität gibt? Schließlich heißt es auf nationalstaatlicher Ebene ja immer, dass Stabilität nur durch das Gewaltmonopol des

Staates gesichert werden könne. Die internationale Ebene ist nun aber gerade durch die Abwesenheit eines Superstaates oder einer Weltregierung gekennzeichnet.

- Wie kann man erklären, dass private Unternehmen im grenz-überschreitenden Handel im Falle von Streitigkeiten häufig nicht auf ordentliche – staatliche – Gerichte zurückgreifen, sondern auf ihre eigene Gerichtsbarkeit, nämlich die so genannte Schiedsgerichtsbarkeit, die – Sie erinnern sich – eine interne Institution vom Typ 4 ist.
- Welche institutionellen Arrangements werden neben den Nationalstaat treten bzw. ihn irgendwann vielleicht ganz ersetzen? Mit welchen Institutionenverhältnissen ist hier zu rechnen? Werden sie sich eher ergänzen oder in einem wettbewerblichen Verhältnis zueinander stehen usw.?
- Welche Rückwirkungen hat der stärker ausgeprägte internationale Zusammenhang auf die Ausgestaltung nationalstaatlicher Institutionen? Ist z.B. ein Trend in Richtung Demokratisierung bisher nicht-demokratischer Staaten zu erwarten?
- Welche Relevanz haben unterschiedliche Unternehmenskulturen bei der Fusion von Unternehmen aus unterschiedlichen Ländern? Können sie ein Grund sein, warum sich die erhofften Synergie-Effekte nicht einstellen? Denken Sie an den Fall Daimler-Chrysler! Das Konzept der Unternehmenskulturen kann aber natürlich auch angewandt werden auf internationale Organisationen; die dort Beschäftigten kommen ja aus unterschiedlichen Gesellschaften mit unterschiedlichen internen Institutionen und das kann Konsequenzen haben auf die Art und Weise, in der sie miteinander kommunizieren.

Sie merken, dass die mit der Globalisierung verbundene Entwicklung von Organisationen und institutionellen Arrangements eine Vielzahl von Fragen aufwirft, von denen wir einige wenige hier nur angedeutet haben. Diese Fragen werden in den nächsten Jahren sicher auch von Institutionenökonomen verstärkt thematisiert werden.

Literatur

Einige Aspekte, die aus institutionenökonomischer Sicht im Transformationsprozess relevant sind, werden angesprochen von ENGERER und VOIGT (2002). Zur Frage „*Big Bang* vs. Gradualismus" hat STIGLITZ (1999) sehr deutliche Worte gefunden, die jedoch von der Weisheit der Rückschau profitiert haben dürften!

Der von STREIT, KIWIT und MUMMERT (2000) herausgegebene Sammelband enthält einige Beiträge, die sich mit der Schnittstelle zwischen Wahrnehmung, Rationalität und Institutionen beschäftigen.

In *Choosing Not to Choose* diskutieren VOIGT und SALZBERGER (2002) eine Vielzahl von möglichen Nutzen−, aber auch Kostenkomponenten, die dazu beitragen können, dass Politiker bereit sind, Kompetenzen zu delegieren.

Literaturhinweise

Aaken, A. v. (2003); *Rational Choice in der Rechtswissenschaft: Zum Stellenwert der ökonomischen Theorie im Recht*. Baden-Baden, Nomos.

Aaken, A. v. (2004); Vom Nutzen der ökonomischen Theorie für das öffentliche Recht: Methode und Anwendungsmöglichkeiten, in: M. Bungenberg et al. (Hrsg.); *Recht und Ökonomik*. München: Beck, 1-31.

Acemoglu, D. (2003); Why not a political Coase theorem? Social conflict, commitement, and politics. *Journal of Comparative Economics*, 31:620-652.

Acemoglu, D. und J. Robinson (2005); *Economic Origins of Dictatorship and Democracy: Economic and Political Origins*. Cambridge, Mass.: Cambridge University Press.

Akerlof, G. (1970); The Market for Lemons – Quality Uncertainty and the Market Mechanism. *Quarterly Journal of Economics*, 84:488-500.

Akerlof, G. (1980); A Theory of Social Custom, of Which Unemployment May be One Consequence. *Quarterly Journal of Economics*, 94:749-775.

Alchian, A. (1950); Uncertainty, Evolution, and Economic Theory. *The Journal of Political Economy*, 58:211-21.

Alchian, A. (1984); Specificity, Specialization, and Coalitions. *Journal of Institutional and Theoretical Economics*, 140, 34-9.

Alchian, A. und H. Demsetz (1972); Production, Information Costs, and Economic Organization. *American Economic Review*, 72:777-795.

Alchian, A. und S. Woodward (1988); The Firm is Dead; Long Live the Firm: A Review of Oliver E. Williamson's ‚The Economic Institutions of Capitalism'. *Journal of Economic Literature*, 26:65-79.

Alesina, A., S. Osler, N. Roubini und P. Swagel (1996); Political instability and economic growth. *Journal of Economic Growth*, 2:189-213.

Alesina, A. und E. Spolaore (2005); *The Size of Nations*. Cambridge, Mass.: MIT Press.

Alessi, L. de (1980); The Economics of Property Rights: A Review of the Evidence. *Research in Law and Economics*, 2:1-47.

Alston, L und M. Schapiro (1984); Inheritance Laws Across Colonies: Causes and Consequences. *The Journal of Economic History*, 44(2):277-287.

Amann, E. (1999); *Evolutionäre Spieltheorie.* Heidelberg: Physica.

Aoki, M. (1998); The Subjective Game Form and Institutional Evolution as Punctuated Equilibrium, Distinguished Lecture at the Paris Conference of the International Society for New Institutional Economics. September 17-19, 1998.

Arrow, K. (1951/1963); *Social Choice and Individual Value.* New Haven: Yale University Press[2].

Arthur, B. (1989); Competing Technologies and Lock-in by Historical Small Events. *Economic Journal,* 99:116-31.

Axelrod, R. (1984); *The Evolution of Cooperation.* New York: Basic Books.

Axelrod, R. (1970); *Conflict of Interest.* Chicago: Markham.

Axelrod, R. (1986); An Evolutionary Approach to Norms. *American Political Science Review,* 80(4):1095-1111.

Barro, R. (1991); Economic Growth in a Cross-Section of Countries. *Quarterly Journal of Economics,* 106(2):407-443

Barro, R. und D. Gordon (1983); Rules, discretion, and reputation in a model of monetary policy. *Journal of Monetary Economics,* 12(1):101-21.

Barzel, Y. (1987); The Entrepreneur's Reward for Self-Policing. *Economic Inquiry,* 25(1):103-16.

Barzel, Y. (1997); Parliament as a Wealth-Maximizing Institution: The Right to the Residual and the Right to Vote. *International Review of Law and Economics,* 17:455-74.

Beck, U. (1998); *Was ist Globalisierung?,* Frankfurt: Suhrkamp, 4. Auflage.

Becker, G. (1976); *The Economic Approach to Human Behavior.* Chicago: University of Chicago Press [auf Deutsch *Der ökonomische Ansatz zur Erklärung menschlichen Verhaltens.* Tübingen: Mohr, 2. Auflage 1993].

Becker, G. (1983); A Theory of Competition Among Pressure Groups for Political Influence. *Quarterly Journal of Economics,* 98(3):371-400.

Benham, A. und L. Benham (1998); Measuring the Costs of Exchange. Paper presented at the second annual conference of the International Society for the New Institutional Economics, Paris, September 1998.

Bernholz, P. und F. Breyer (1994); *Grundlagen der Politischen Ökonomie. Band 2: Ökonomische Theorie der Politik,* Tübingen: Mohr Siebeck, 3. Auflage.

Bernstein, L. (1992); Opting Out of the Legal System: Extralegal Contractual Relations in the Diamond Industry. *Journal of Legal Studies,* 21(1):115-57.

Bertocchi, G. (2006); The law of primogeniture and the transition from landed aristocracy to industrial democracy. *Journal of Economic Growth*, 11:43-70.

Binmore, K. (1994); *Game Theory and the Social Contract – Vol. 1: Playing Fair.* Cambridge, Mass.: MIT Press.

Block, W. (Hrsg.), (1991); *Economic Freedom: Toward a Theory of Measurement.* Vancouver: The Fraser Institute.

Bollard, A. (1994); New Zealand, in: Williamson, J. (Hrsg.); *The political economy of policy reform.* Washington: Institute for International Economics, 73-110.

Boyd, R. und P. Richerson (1994); The Evolution of Norms: An Anthropological View. *Journal of Institutional and Theoretical Economics*, 150(1):72-87.

Brennan, G. und A. Hamlin (2000); *Democratic Devices and Desires.* Cambridge, Mass.: Cambridge University Press.

Brewer, M. und R. Kramer (1986); Choice behavior in social dilemmas: Effects of social identity, group size and decision framing. *Journal of Personality and Social Psychology*, 3:543-9.

Brunetti, A., G. Kisunko und B. Weder (1998); Credibility of Rules and Economic Growth. *The World Bank Economic Review*, 12(3):353-84.

Buchanan, J. (1959); Positive Economics, Welfare Economics, and Political Economy. *Journal of Law and Economics*, 2:124-38.

Buchanan, J. (1975); *The Limits of Liberty – Between Anarchy and Leviathan.* Chicago: University of Chicago Press [auf Deutsch *Die Grenzen der Freiheit: zwischen Anarchie und Leviathan.* Tübingen: Mohr 1984].

Buchanan, J. (1977); *Freedom in Constitutional Contract – Perspectives of a Political Economist.* College Station/London: Texas A&M University Press.

Buchanan, J. (1993); How Can Constitutions Be Designed so that Politicians who Seek to Serve Public Interest Can Survive and Prosper? *Constitutional Political Economy*, 4(1):1-6.

Buchanan, J. und R. Congleton (1998); *Politics by principle, not interest – Toward nondiscriminatory democracy.* Cambridge, Mass: Cambridge University Press.

Buchanan, J. und G. Tullock, (1962); *The Calculus of Consent – Logical Foundations of Constitutional Democracy.* Ann Arbor: University of Michigan Press.

Buchanan, J. (1978); A Contractarian Perspective on Anarchy, in: J. Roland Pennock und John W. Chapman (Hrsg.); *Anarchism.* New York, S. 29-42

Bundesministerium der Justiz (1992); Das Verwaltungsplanspiel als Testverfahren im Entscheidungsprozeß, in: *Handbuch zur*

Vorbereitung von Rechts- und Verwaltungsvorschriften. 69-91, Bonn.

Camerer, C. und R. Thaler (1995); Anomalies: Ultimatums, Dictators and Manners. *Journal of Economic Perspectives*, 9(2):209-19.

Cameron, L. (1999); Raising the Stakes in the Ultimatum Game: Experimental Evidence from Indonesia. *Economic Inquiry*, 37(1):47-59.

Carlsson, F. und S. Lundström (2002); Economic freedom and growth: Decomposing the effects. *Public Choice*, 112:335-44.

Chong, A und C. Calderón (2000); Causality and Feedback Between Institutional Measures and Economic Growth. *Economics and Politics*, 12(1):69-82.

Clague, Chr., Ph. Keefer, St. Knack und M. Olson (1995); Contract-Intensive Money: Contract Enforcement, Property Rights and Economic Performance. *IRIS Working Paper*, University of Maryland.

Coase, R. (1937); The Nature of the Firm. *Economica*, 4:386-405.

Coase, R. (1960); The Problem of Social Cost. *Journal of Law and Economics*, 3:1-44.

Coase, R. (1964); The Regulated Industries – Discussion. *American Economic Review*, 54(3):194-7.

Coleman, J. (1987); Norms as Social Capital, in: G. Radnitzky und P. Bernholz (Hrsg.); *Economic Imperialism*, 133-155. New York: Paragon House.

Coleman, J. (1990); *Foundations of Social Theory*. Cambridge, Mass.: Belknap.

Colman, A. (1982); *Game Theory and Experimental Games – The Study of Strategic Interaction*. Oxford: Pergamon Press.

Dahlman, C. (1979); The Problem of Externality. *Journal of Law and Economics*, 22:141-62.

Dahrendorf, R. (1967); Homo Sociologicus: Versuch zur Geschichte, Bedeutung und Kritik der Kategorie der sozialen Rolle, in: ders.: *Pfade aus Utopia*. München: Piper, 128-194.

Darity, W. (2007); *International Encyclopedia of the Social Sciences*. London: Macmillan Library Reference

David, P. (1994); Why Are Institutions the 'Carriers of History'?: Path Dependence and the Evolution of Conventions, Organizations, and Institutions. *Structural Change and Economic Dynamics*, 5(2): 205-20.

Davis, D. und Ch. Holt (1993); *Experimental Economics*. Princeton: Princeton University Press.

Dawkins, R. (1989); *The selfish gene*. New Edition, Oxford: Oxford University Press.

Demsetz, H. (1967); Toward a Theory of Property Rights. *American Economic Review*, 57(2):347-59.

Demsetz, H. (1969); Information and Efficiency: Another Viewpoint. *Journal of Law and Economics*, 12:1-22.

Denzau, A. und D. North (1994); Shared Mental Models: Ideologies and Institutions. *Kyklos*, 47:3-31.

Dixit, A. (1996); *The Making of Economic Policy: A Transaction-Cost Politics Perspective*. Cambridge.

Dixit, A. und B. Nalebuff (1997); *Spieltheorie für Einsteiger*. Stuttgart: Schäffer Poeschel.

Dreher, A. und S. Voigt (2008); Does Membership in International Organizations Increase Governments' Credibility? Testing the Effects of Delegating Powers. *CESifo Working Paper*, March 2008.

Easton, S. und M. Walker (Hrsg.), (1992); *Rating Global Economic Freedom*. Vancouver: The Fraser Institute.

Edwards, S. (1992); *The sequencing of structural adjustment and stabilization*. San Francisco: CS Press, 1-33.

Eggertsson, Th. (1990); *Economic behavior and institutions*, Cambridge, Mass.: Cambridge University Press.

Eggertsson, Th. (1997); The Old Theory of Economic Policy and the New Institutionalism. *Jena Lectures*, Jena: Max-Planck-Institute for Research Into Economic Systems.

Ellickson, R. (1986); Of Coase and Cattle: Dispute Resolution Among Neighbors in Shasta County. *Stanford Law Review*, 38: 623-87.

Ellickson, R. (1991); *Order Without Law*. Cambridge, Mass.: Harvard University Press.

Ellickson, R. (1994); The Aim of Order Without Law. *Journal of Institutional and Theoretical Economics*, 150(1):97-100.

Elster, J. (1984); *Ulysses and the Sirens*. Rev. ed., Cambridge, Mass.: Cambridge University Press.

Elster, J. (1989a); *The cement of society – a study of social order*. Cambridge, Mass.: Cambridge University Press.

Elster, J. (1989b); Social Norms and Economic Theory. *Journal of Economic Perspectives*, 3(4):99-117.

Engerer, H. und S. Voigt (2002); Institutionen und Transformation – Mögliche Politikimplikationen der Neuen Institutionenökonomik, in: K. Zimmermann (Hrsg.); *Neue Entwicklungen in der Wirtschaftswissenschaft*. Heidelberg et al.: Physica, 149-215.

Ensminger, J. (1998); Fairness in Cross-Cultural Perspective: Evidence from Experimental Economics in a Less Developed Society, Paper presented at the second annual conference of the

International Society for the New Institutional Economics, Paris, September 1998.

Erlei, M., M. Leschke und D. Sauerland (2007); *Neue Institutionenökonomik*. Stuttgart: Schäffer Poeschel, 2. Auflage.

Europäischer Rat (2004); A Comparative Analysis of Regulatory Impact Assessment in ten EU Countries: A Report Prepared for the EU Directors of Better Regulation Group. Dublin, http://www.betterregulation.ie/attached_files/Pdfs/Report%20on%20RIA%20in%20the%20EUa.pdf.

Evans, L.; A. Grimes, B. Wilkinson und D. Teece (1996); Economic Reform in New Zealand 1984-1995: The Pursuit of Efficiency. *Journal of Economic Literature*, 34:1856-1902.

Feld, L. und S. Voigt (2003); Economic Growth and Judicial Independence: Cross Country Evidence Using a New Set of Indicators. *European Journal of Political Economy*, 19(3):497-527.

Ferguson, A. (1988/1767); *Versuch über die Geschichte der bürgerlichen Gesellschaft*. Frankfurt: Suhrkamp.

Frank, R. (1988); *Passions Within Reason*. New York: Norton.

Frey, B. und G. Kirchgässner (1994); *Demokratische Wirtschaftspolitik*. München: Vahlen².

Frey, B. und R. Eichenberger (1999); The New Democratic Federalism for Europe – Functional, Overlapping and Competing Jurisdictions. Cheltenham *et al.*: Edward Elgar.

Frey, B. (1997); A Constitution for Knaves Crowds Out Civic Virtues. *The Economic Journal*, 107:1043-1053.

Friedman, M. (1953); The Methodology of Positive Economics, in: Friedman, M.: *Essays in Positive Economics*. Chicago: University of Chicago Press.

Fritsch, M., Th. Wein und H.-J. Ewers (1996); *Marktversagen und Wirtschaftspolitik*. München: Vahlen, 2. Auflage.

Fudenberg, D. und E. Maskin (1986); The folk theorem in repeated games with discounting or with incomplete information. *Econometrica*, 54(3):533-545.

Führich, E. (2008); *Wirtschaftsprivatrecht: Basiswissen des Bürgerlichen Rechts und des Handels- und Gesellschaftsrechts für Wirtschaftswissenschaftler und Unternehmenspraxis*, München: Vahlen, 9. Auflage.

Furubotn, E. und S. Pejovich, (1972); Property Rights and Economic Theory: A Survey of Recent Literature. *Journal of Economic Literature*, 10:1137-62.

Gabisch, G. (1999); Spieltheorie – einige Grundlagen *WISU* 8-9/99:1137-42.

Gaddy, C. und B. Ickes (1998); Russia's Virtual Economy. *Foreign Affairs*, 77(5):53-67.

Galanter, M. (1981); Justice in Many Rooms: Courts, Private Ordering, and Indigenous Law. *Journal of Legal Pluralism and Unofficial Law*, 19:1-47.

Glaeser, E., R. La Porta, F. Lopez-de-Silanes und A. Shleifer (2004); Do Institutions Cause Growth? *Journal of Economic Growth*, 9(3):271-303.

Güth, W. (1995); On ultimatum bargaining experiments – A personal review. *Journal of Economic Behavior and Organisation*, 27:329-44.

Güth, W., R. Schmittberger und B. Schwarze (1982); An experimental analysis of ultimatum bargaining. *Journal of Economic Behavior and Organization*, 3(4):367-88.

Gwartney, J., R. Lawson, W. Park und Ch. Skipton (2001); *Economic Freedom of the World 2001 – Annual Report*. Vancouver: Fraser Institute.

Gwartney, J., R. Lawson und W. Block (1996); *Economic Freedom of the World: 1975-1995*. Vancouver et al.: The Fraser Institute et al.

Gwartney, J. und R. Holcombe (1997); Economic Freedom, Constitutional Structure, and Growth in Developing Countries, in: Kimenyi, M. und J. Mbaku (Hrsg.); *Institutions and Collective Choice in Developing Countries*. Avebury, 33-59.

Haan, J. de und J. E. Sturm (2000); On the Relationship between Economic Freedom and Economic Growth. *European Journal of Political Economy*, 16:215-241.

Hamilton, A., J. Madison und J. Jay (1788/1994); *Die Federalist-Artikel – Mit einer Einführung von A. und W.P. Adams*. Paderborn: Schöningh.

Hardin, R. (1989); Why a Constitution? In: Grofman, B. und D. Wittman (Hrsg.); *The Federalist Papers and the New Institutionalism*. New York: Agathon Press, 100-20.

Hargreaves Heap, Sh., M. Hollis, B. Lyons, R. Sugden, und A. Weale (1994); *The Theory of Choice – A Ctitical Guide*. Oxford: Blackwell.

Hartwig, K. H. und I. Pies (1996); Ökonomie des Drogenmarktes. *Wirtschaftswissenschaftliches Studium (WiSt)*, 25(4):169.

Hayek, F. (1963); Arten der Ordnung. *ORDO* 14:3-20.

Hayek, F. (1973); *Law, Legislation and Liberty. Vol.1: Rules and Order*. Chicago: University of Chicago Press [auf Deutsch *Recht, Gesetzgebung und Freiheit; Band 1: Regeln und Ordnung*. Landsberg a.L: Moderne Industrie, 2. Auflage 1986].

Hayek, F. (1976); *Law, Legislation and Liberty. Vol.2: The Mirage of Social Justice*. Chicago: University of Chicago Press [auf Deutsch

Recht, Gesetzgebung und Freiheit. Band 2: Die Illusion der sozialen Gerechtigkeit. Landsberg a.L: Moderne Industrie, 1981].

Heinen, E. und M. Fank (1997); *Unternehmenskultur.* München: Oldenbourg, 2. Auflage.

Heiner, R. (1983); The Origin of Predictable Behavior. *American Economic Review*, 4(73):560-595.

Henisz, W. (2000); The Institutional Environment for Economic Growth. *Economics and Politics*, 12(1):1-31.

Henrich, J. (2000); Does Culture Matter in Economic Behavior? Ultimatum Game Bargaining Among the Machiguenga of the Peruvian Amazon. *American Economic Review*, 90(4):973-79.

Henrich, J. und andere (2005); „Economic man" in cross-cultural perspective: Behavioral experiments in 15 small-scale societies. *Behavioral and Brain Sciences*, 28:795-855.

Hirschman, A. (1970); *Exit, Voice and Loyalty – Responses to Decline in Firms, Organizations, and States.* Cambridge, Mass.: Harvard University Press.

Hodgson, G. (1998); The Approach of Institutional Economics. *Journal of Economic Literature*, 36:166-92.

Hoppmann, E. (1990); Moral und Marktversagen. *ORDO* 41:3-26.

Hume, D. (1740/1990); *A Treatise of Human Nature.* Oxford: Clarendon, L.A. Selby-Bigge, 2. Auflage.

Hume, D. (1777/1987); *Essays – Moral, Political, and Literary*, ed. and with a Foreword, Notes, and Glossary by Eugene F. Miller. Indianapolis: Liberty Classics.

Jensen, M. und W. Meckling (1976); Theory of the Firm: Managerial Behavior, Agency Costs and Ownership Structure. *Journal of Financial Economics*, 3(4):305-360.

Jolls, C., Sunstein C. R. und R. H. Thaler (1998); A Behavioral Approach to Law and Economics. *Stanford Law Review*, 50:1471-1550.

Justesen, M. (2008); The effect of economic freedom on growth revisited: New evidence on causality from a panel of countries 1970–1999. *European Journal of Political Economy*, 24:642-660.

Kahneman, D., J. Knetsch und R. Thaler (1986); Fairness as a Constraint on Profit Seeking: Entitlements in the Market. *American Economic Review*, 76(4):728-741.

Kant, I. (1797); Die Metaphysik der Sitten. Wiederabgedruckt in: Ders. (1983); *Werke in zehn Bänden.* Hrsg. von Wilhelm Weischedel, Darmstadt: Wissenschaftliche Buchgesellschaft.

Keefer, Ph. und M. Shirley (1998); From the Ivory Tower to the Corridors of Power: Making Institutions Matter for Development Policy, Paper presented at the second annual conference of the International Society for the New Institutional Economics. Paris, September 1998.

Kersting, W. (1994); *Die politische Philosophie des Gesellschaftsvertrags*. Darmstadt: Wissenschaftliche Buchgesellschaft.

Kinder, D. und R. Kiewit (1981); Sociotropic politics: The american case. *British Journal of Political Science*, 11:129-61.

Kirchgässner, G. (2008); *Homo Oeconomicus: Das ökonomische Modell individuellen Verhaltens und seine Anwendungen in den Wirtschafts- und Sozialwissenschaften*. Tübingen: Mohr Siebeck.

Kirchgässner, G. und B. Frey (1990); Volksabstimmung und direkte Demokratie: Ein Beitrag zur Verfassungsdiskussion, in: H.D Klingmann und M. Kaase (Hrsg.); *Wahlen und Wähler – Analysen aus Anlaß der Bundestagswahl*. Opladen: Westdeutscher Verlag, 42-69.

Kirsch, G. (2004); *Neue Politische Ökonomie*. Stuttgart: UTB (5. Auflage).

Kirstein, R. und S. Voigt (2006); The Violent and the Weak – When Dictators Care About Social Contracts. *American Journal of Economics and Sociology*, 65(4):863-90

Kiwit, D. (1994); Zur Leistungsfähigkeit neoklassisch orientierter Transaktionskostenansätze. *ORDO*, 45:105-35.

Kiwit, D. und S. Voigt (1995); Überlegungen zum institutionellen Wandel unter Berücksichtigung des Verhältnisses interner und externer Institutionen. *ORDO*, 46:117-147.

Kiwit, D. und S. Voigt (1998); Grenzen des institutionellen Wettbewerbs. *Jahrbuch für Neue Politische Ökonomie*, 17:313-37.

Klein, P. (1999); New Institutional Economics, in: Boudewijn Bouckeart und Gerrit de Geest (Hrsg.); *Encyclopedia of Law and Economics*. Cheltenham: Edward Elgar.

Kleinewefers, H. (2008); *Einführung in die Wohlfahrtsökonomie: Theorie – Anwendung – Kritik*. Stuttgart: Kohlhammer.

Kliemt H. (1991); Der Homo oeconomicus in der Klemme – Der Beitrag der Spieltheorie zur Erzeugung und Lösung des Hobbesschen Ordnungsproblems, in: Hartmut Esser und Klaus G. Troitzsch (Hrgs.); *Modellierung sozialer Prozesse*. Bonn: Informationszentrum Sozialwissenschaften, 179-204.

Knack, S. und P. Keefer (1995); Institutions and Economic Performance: Cross-Country Tests Using Alternative Institutional Measures. *Economics and Politics*, 7(3):207-27.

Knight, F. (1922); *Risk, Uncertainty, and Profit*. New York.

Knight, J. (1992); *Institutions and Social Conflict*, Cambridge, Mass.: Cambridge University Press.

Knorr, A. (1997); Das ordnungspolitische Modell Neuseelands: ein Vorbild für Deutschland? Tübingen: Mohr Siebeck.

Korobkin, R. und Th. Ulen (2000); Law and Behavioral Science: Removing the Rationality Assumption from Law and Economics, *California Law Review*, 88:1051-1143.

Kreps, D. (1990); *A Course in Microeconomic Theory.* Princeton: Princeton University Press.

Kreps, D. (1998); Bounded Rationality, in: *The New Palgrave Dictionary of Economics and the Law*, Vol. I: 168-73.

Kreps, D., P. Milgrom, J. Roberts und R. Wilson (1982); Rational Cooperation in the Finitely Repeated Prisoners' Dilemma. *Journal of Economic Theory*, 27:245-52.

Krueger, A. (1974); The Political Economy of the Rent-Seeking Society. *American Economic Review*, 64(3):291-303.

Kydland, F. und E. Prescott (1977); Rules Rather than Discretion: The Inconsistency of the Optimal Plans. *Journal of Political Economy*, 85(3):473-91.

La Porta, R., F. Lopez-de-Silanes, A. Shleifer und R. Vishny (1997); Trust in Large Organizations. *American Economic Review – Papers and Proceedings*, 87(2):333-8.

La Porta, R., F. Lopez-de-Silanes, A. Shleifer und R. Vishny (1998); Law and Finance. *Journal of Political Economy*, 106(6):1113-55.

La Porta, R., F. Lopez-de-Silanes, A. Shleifer und R. Vishny (1999); The Quality of Government. *Journal of Law, Economics, and Organization*, 15(1):222-79.

Ledyard, J. (1995); Public Goods: A Survey of Experimental Research, in: J. Kagel und A. Roth (Hrsg.); *The handbook of experimental economics.* Princeton: Princeton University Press, 111-94.

Leipold, H. (1990); Neoliberal Ordnungstheorie and Constitutional Economics – A Comparison between Eucken and Buchanan. *Constitutional Political Economy*, 1(1):47-65.

Leipold, H. (1996); Zur Pfadabhängigkeit der institutionellen Entwicklung – Erklärungsansätze des Wandels von Ordnungen, in: D. Cassel (Hrsg.); *Entstehung und Wettbewerb von Systemen.* Berlin: Duncker & Humblot, 93-115.

Levy, B. und P. Spiller (1994); The Institutional Foundations of Regulatory Commitment: A Comparative Analysis of Telecommunications Regulation. *Journal of Law, Economics & Organization*, 10(2):201-46.

Lewis, D. (1969); *Convention: A Philosophical Study.* Cambridge, Mass.: Harvard University Press.

Liebowitz, S. und S. Margolis (1989); The Fable of the Keys. *Journal of Law and Economics*, 33:1-25.

Lindenberg, S. (1992); An Extended Theory of Institutions and Contractual Discipline. *Journal of Institutional and Theoretical Economics,* 148:125-154.

Lipset, S. M. (1959); Some Social Requisites of Democracy: Economic Development and Political Legitimacy. *American Political Science Review,* 53(1):69-105.

Littlechild, S. und J. Wiseman (1896); The political economy of restriction of choice. *Public Choice,* 51:161-172.

Macher, J. und B. Richman (2008); Transaction Cost Economics: An Assessment of Empirical Research in the Social Sciences. *Business and Politics,* 10(1) article 1.

Macneil, I. (1974); The many futures of contracts. *Southern California Law Review,* 47:691-816.

Mäki, U., B. Gustafsson und C. Knudsen (Hrsg.), (1993); *Rationality, Institutions and Economic Methodology.* London: Routledge.

Majeski, S. (1990); Comment: An Alternative Approach to the Generation and Maintenance of Norms, in: K. Coo und M. Levi (Hrgs.); *The Limits of Rationality.* Chicago: Chicago University Press, 273-281.

Massell, G. (1968); Law as an Instrument of Revolutionary Change in a Traditional Milieu: The Case of Soviet Central Asia. *Law and Society Review,* 2:179-214.

Matthews, R. C. O. (1986); The Economics of Institutions and the Sources of Growth. *Economic Journal,* 96(384):903-18.

McArthur, J. und J. Sachs (2001); Institutions and Geography – Comment on Acemoglu, Johnson, and Robinson. *NBER Working Paper,* 8114.

McGuire, M. and Olson, M. (1996); The Economics of Autocracy and Majority Rule: The Invisible Hand and the Use of Force. *Journal of Economic Literature,* 35:72-96.

Miegel, M., R. Grünewald und K.-D. Grüske (1991); *Wirtschafts- und arbeitskulturelle Unterschiede in Deutschland – Zur Wirkung außerökonomischer Faktoren auf die Beschäftigung.* Gütersloh: Verlag Bertelsmann Stiftung.

Milgrom, P. und J. Roberts (1992); *Economics, Organization, and Management.* Englewood Cliffs.

Moe, T. (1990); Political Institutions: The Neglected Side of the Story. *Journal of Law, Economics, and Organization,* 6:213-53.

Moselle, B. und B. Polak (2001); A Model of the Predatory State, *Journal of Law, Economics, and Organization,* 17(1):1-33.

Mueller, D. (1986); Rational egoism versus adaptive egoism as fundamental postulate for a descriptive theory of human behavior. *Public Choice,* 51:3-23.

Mueller, D. (Hrsg.), (1997); *Perspectives on Public Choice – A Handbook*. Cambridge, Mass.: Cambridge University Press.

Mueller, D. (1998); Redistribution and Allocative Efficiency in a Mobile World Economy. *Jahrbuch für Neue Politische Ökonomie*, 17:172-90.

Mueller, D. (2003); *Public Choice III*, Cambridge, Mass.: Cambridge University Press.

Mueller, U. (Hrsg.), (1990); *Evolution und Spieltheorie*. München: Oldenbourg.

Niskanen, W. (1997); Autocratic, Democratic, and Optimal Government. *Economic Inquiry*, 35(3):464-79.

North, D. (1981); *Structure and Change in Economic History*, New York: Norton [auf Deutsch *Theorie des institutionellen Wandels: eine neue Sicht der Wirtschaftsgeschichte*. Tübingen, 1988].

North, D. (1990a); *Institutions, Institutional Change and Economic Performance*, Cambridge, Mass.: Cambrdige University Press [auf Deutsch *Institutionen, institutioneller Wandel und Wirtschaftsleistung*. Tübingen 1992].

North, D. (1990b); A Transaction Cost Theory of Politics. *Journal of Theoretical Politics*, 2/4, 355-67.

North, D. (1993); Institutions and Credible Commitment. *Journal of Institutional and Theoretical Economics*, 149/1, 11-23.

North, D. (2005); *Understanding the Process of Economic Change*. Princeton et al.: Princeton University Press.

Ochel, W. und O. Röhn (2008); Indikatorenbasierte Länderrankings. *Perspektiven der Wirtschaftspolitik*, 9(2):226-251.

OECD (2004); Regulatory Impact Assessment (RIA) Inventory – Note by the Secretariat, Paris. Verfügbar unter http://www.oecd.org/dataoecd/22/9/35258430.pdf.

O'Flaherty, B. und J. Bhagwati (1997); Will Free Trade with Political Science Put Normative Economists Out of Work? *Economics and Politics*, 9(3):207-19.

Olson, M. (1965); *The Logic of Collective Action*, Cambridge, Mass.: Harvard University Press [auf Deutsch *Die Logik kollektiven Handelns*. Tübingen, 3. Auflage 1992].

Olson, M. (1982); *The Rise and Decline of Nations*. New Haven: Yale University Press.

Olson, M. (1996); Big Bills Left on the Sidewalk. *Journal of Economic Perspectives*, 10(2):3-24.

Oosterbeek, H., R. Sloof und G. van de Kuilen (2004); Cultural differences in ultimatum game experiments: Evidence from a meta-analysis. *Experimental Economics*, 7(2):171-188.

Ordeshook, P. (1992); Constitutional Stability. *Constitutional Political Economy*, 3(2):137-75.

Ostrom, E. (1986); An agenda for the study of institutions. *Public Choice*, 48:3-25.

Ostrom, E. (1996); Incentives, Rules of the Game, and Development, in: M. Bruno (Hrsg.); *Annual World Bank Conference on Development Economics*. Washington, D.C.: The World Bank, 207-34.

Ostrom, E. (1999); *Die Verfassung der Allmende: jenseits von Staat und Markt*. Tübingen: Mohr Siebeck.

Ostrom, E. (2000); Collective Action and the Evolution of Social Norms. *Journal of Economic Perspectives*, 14(3):137-58.

Pejovich, S. (Hrsg.) (2001); *The Economics of Property Rights II*. The International Library of Critical Writings in Economics, Cheltenham: Elgar.

Picot, A. (1992); Ronald H. Coase – Nobelpreisträger 1991: Transaktionskosten als zentraler Beitrag wirtschaftswissenschaftlicher Analyse. *WiSt*, 20(2):79-83.

Pfaff, D. und P. Zweifel (1998); Die Principal-Agent Theorie: Ein fruchtbarer Beitrag derWirtschaftstheorie zur Praxis. *WiSt*, 27(4):184-190.

Pfaffmann, E. (1997); Die vertragstheoretische Perspektive in der Neuen Institutionenökonomik – Relationale Verträge als Rahmen ökonomischer Interaktion. *WiSt*, 26(1):41-3.

Pistor, K. (2002); The Demand for Constitutional Law, in: S. Voigt und H.-J. Wagener (Hrsg.); *Constitutions, Markets and the Law*. Cheltenham et al: Elgar, 65-82.

Plott, Ch. und V. Smith (2008); *Handbook of Experimental Economics Results*. Amsterdam et al.: North Holland, Volume 1.

Polanyi, M. (1952/1998); *The Logic of Liberty*. Indianapolis: Liberty Classics.

Popper, K. R. (1959); *The Logic of Scientific Discovery*. London: Hutchinson [auf Deutsch *Die Logik der Forschung*. Tübingen 5. Auflage 1973].

Przeworski, A. und Limongi, F. (1993); Political Regimes and Economic Growth. *Journal of Economic Perspectives*, 7(3):51-69.

Putnam, R. (1993); *Making Democracy Work – Civic Traditions in Modern Italy*. Princeton: Princeton University Press.

Rawls, J. (1971); *A Theory of Justice*. Cambridge, Mass.: Belknap.

Richter, R. und E. Furubotn (2003); *Neue Institutionenökonomik*. Tübingen: Mohr Siebeck, 3. Auflage.

Rodrik, D., A. Subramanian und F. Trebbi (2004); Institutions Rule: The Primacy of Institutions Over Geography and Integration in Economic Development. *Journal of Economic Growth*, 9(2): 131-65.

Rousseau, J.-J. (1755/1998); *Abhandlung über den Ursprung und die Grundlagen der Ungleichheit unter den Menschen*, Stuttgart: Reclam.

Rutherford, M. (1994); *Institutions in economics: the old and the new institutionalism*. Cambridge, Mass.: Cambridge University Press.

Schelling, Th. (1960); *The Strategy of Conflict*. Cambridge, Mass.: Harvard University Press.

Schiavo-Campo, S. (1994); Institutional Change and the Public Sector: Towards a Strategic Framework. In: Schiavo-Campo, S. (ed.); Institutional Change and the Public Sector in Transitional Economies, World Bank Discussion Papers, No. 241, Washington, D.C., 3-18.

Schlicht, E. (1990); Rationality, Bounded or not, and Institutional Analysis. *Journal of Institutional and Theoretical Economics*, 146:703-19.

Schneider, F. und D. Enste (2007); *The Shadow Economy: An International Survey*. Cambridge, Mass.: Cambridge University Press.

Schoeck, H. (1966); *Der Neid – eine Theorie der Gesellschaft*. Freiburg et al.: Karl Alber.

Schotter, A. (1981); *The Economic Theory of Social Institutions*. Cambridge, Mass.: Cambridge University Press.

Schüller, A. (Hrsg.), (1983); *Property Rights und ökonomische Theorie*. München: Vahlen.

Schweizer, U. (1999); *Vertragstheorie*. Tübingen: Mohr Siebeck.

Seiffert, H. und G. Radnitzky (1992); *Handlexikon zur Wissenschaftstheorie*, München: dtv wissenschaft.

Shelanski, H. und P. Klein (1999); Empirical Research in Transaction Cost Economics, A Review and Assessment. In: Carroll, G.R & D.J. Teece (Hrsg.); *Firms, Markets, and Hierarchies: The Transaction Cost Economics Perspective*. New York: Oxford University Press.

Shepsle, K. (1979); Institutional Arrangements and Equilibrium in Multi-Dimensional Voting Models. *American Journal of Political Science*, 24:27-59.

Shirley, M. und L.C. Xu (1998); Information, Incentives, and Commitment: An Empirical Analysis of Contracts Between Government and State Enterprises. *Journal of Law, Economics, and Organization*, 14(2):358-78.

Shughart, W. und L. Razzolini (2001, Hrsg.); *The Elgar Companion to Public Choice*. Cheltenham: Elgar.

Siegenthaler, H. (1993); *Regelvertrauen, Prosperität und Krisen*. Tübingen: Mohr Siebeck.

Sills, D. (Hrsg.), (1968); *International Encyclopedia of the Social Sciences*. New York: Macmillan.

Simon, H. (1955); A Behavioral Model of Rational Choice. *Quarterly Journal of Economics*, 69:99-118.

Sinn, H.-W. (1997); The selection principle and market failure in systems competition. *Journal of Public Economics*, 66:247-74.

Smith, A. (1983); Nationalism and social theory. *British Journal of Sociology*, 34:19-38.

Soto, H. de (1990); *The Other Path – The Invisible Revolution in the Third World*. New York: Harper & Row.

Steven, M. und L. Otterpohl (2000); Evolutionäre versus nicht-kooperative Spieltheorie. *WiSt*, 4:201-6.

Stigler, G. (1961), The Economics of Information. *Journal of Political Economy*, 69, 213-25.

Stiglitz, Joseph E. (1999); *Whither Reform? Ten Years of the Transition*. Paper Prepared for the Annual Bank Conference on Development Economics, Washington, D.C.

Stone, A., B. Levy und R. Paredes (1996); Public Institutions and Private Transactions: A Comparative Analysis of the Legal and Regulatory Environment for Business Transactions in Brazil and Chile, in: Lee Alston, Thrainn Eggertsson und Douglass North (Hrsg.); *Empirical Studies in Institutional Change*. Cambridge, Mass.: Cambridge University Press, 95-128.

Streit, M. (1991); *Theorie der Wirtschaftspolitik*, Düsseldorf: Werner-Verlag, 4. Auflage.

Streit, M. (1995); Dimensionen des Wettbewerbs - Systemwandel aus ordnungsökonomischer Sicht. *Zeitschrift für Wirtschaftspolitik*, 44(2):113-34.

Streit, M., D. Kiwit und U. Mummert (Hrsg.) (2000); *Cognition, Rationality and Institutions*. Berlin: Springer.

Sugden, R. (1986); *The Economics of Rights, Co-operation and Welfare*. Oxford: Basil Blackwell.

Sumner, W. G. (1906/1992). Folkways, in: Bannister, Robert C. (ed.): *The essential essays of William Graham Sumner*. Indianaopolis: Liberty Press, 357-372.

Sunde, Uwe (2006); Wirtschaftliche Entwicklung und Demokratie – Ist Demokratie ein Wohlstandsmotor oder ein Wohlstandsprodukt? *Perspektiven der Wirtschaftspolitik*, 7(4), 471-499.

Sutter, D. (1995); Potholes along the Transition from Authoritarian Rule. *Journal of Conflict Resolution*, 39(1):110-28.

Tanzi, V. und L. Schuknecht (1997); Reconsidering the Fiscal Role of Government: The International Perspective. *American Economic Review*, 87(2):164-8.

Tiebout, Ch. (1956); A Pure Theory of Local Expenditures. *Journal of Political Economy*, 64:416-24.

Tocqueville, A. de (1840/1985); *Über die Demokratie in Amerika*, Stuttgart: Reclam.

Tollison, R. (1997); Rent Seeking, in: Mueller, D. (Hrsg.); *Perspectives on Public Choice – A Handbook*. Cambridge, Mass.: Cambridge University Press, 506-25.

Tullock, G. (1987); *Autocracy*. Dordrecht: Kluwer.

Twight, C. (1992); Constitutional Renegotiation: Impediments to Consensual Revision. *Constitutional Political Economy*, 3(1)89-112.

Ullmann-Margalit, E. (1977); *The Emergence of Norms*, Oxford: Oxford University Press.

Usher, D. (1989); The Dynastic Cycle and the Stationary State. *American Economic Review*, 79:1031-44.

Vanberg, V. (1988). ‚Ordnungstheorie' as Constitutional Economics – The German Conception of a ‚Social Market Economy'. *ORDO*, 39:17-31

Vanberg, V. (1982); *Markt und Organisation – Individualistische Sozialtheorie und das Problem korporativen Handelns*. Tübingen: Mohr Siebeck.

Vanberg, V. (1992); Innovation, Cultural Evolution, and Economic Growth, in: Witt, U. (Hrsg.); *Explaining Process and Change - Approaches to Evolutionary Economics*. Ann Arbor: Michigan University Press, 105-21.

Vanberg, V. (1994); *Rules & Choice in Economics*. London et al.: Routledge.

Vilks, A. und Th. Clausing (1999); Evolutionäre Spieltheorie. *WISU* 10/99:1386-1400.

Voigt, S. (1993), Values, Norms, Institutions and the Prospects for Economic Growth in Central and Eastern Europe. *Journal des Économistes et des Études Humaines*, 4(4):495-529. Wiederabgedruckt in: Svetozar Pejovich (Hrsg.); *The Economics of Property Rights II: The International Library of Critical Writings in Economics*. Cheltenham: Elgar (2001), 303-37.

Voigt, S. (1994); Die kontraktorientierte Theorie der Verfassung – Anmerkungen zum Ansatz Buchanans. *Homo Oeconomicus* XI (2), 173-209.

Voigt, S. (1999); *Explaining Constitutional Change – A Positive Economics Approach*. Cheltenham: Edward Elgar.

Voigt, S. (2001); *Verfassungswandel ökonomisch erklären: Fragen und Einsichten eines neuen und interdisziplinären Forschungsprogramms*. Colloquia Academica – Akademievorträge junger Wissenschaftler, Stuttgart, Franz Steiner Verlag, 2001.

Voigt, S. (2002); The Bonds of Democratic Politics – An Economic Perspective, in: A. Breton, G. Galeotti, P. Salmon, und R. Wintrobe (Hrsg.); *Rational Foundations of Democratic Politics*, Cambridge, Mass.: Cambridge University Press.

Voigt, S. (2008); Constitutional Political Economy – Analyzing the most basic layer of formal institutions, in: Brousseau, E. and J.-M. Glachant (Hrsg.); *Guidebook to the New Institutional Economics*, Cambridge, Mass.: CUP, chapter 17.

Voigt, S. (2009a); Does Arbitration Blossom when State Courts are Bad? *Mimeo*, Marburg: Philipps-Universität Marburg. http://papers.ssrn.com/sol3/papers.cfm?abstract_id=1325479

Voigt, S. (2009b); How (Not) to Measure Institutions. *Mimeo*, Marburg: Philipps-Universität Marburg. http://papers.ssrn.com/ sol3/papers.cfm?abstract_id=1336272

Voigt, S. (2009c); Positive Constitutional Economics II – A Survey of Recent Developments. *Mimeo*, Marburg: Philipps-Universität Marburg.

Voigt, S., M. Ebeling und L.Blume (2007); Improving Credibility by Delegating Judicial Competence – the Case of the Judicial Committee of the Privy Council. *Journal of Development Economics*, 82:348-73.

Voigt, S. und S. M. Park (2009); Die Bedeutung von Werten und Normen für langfristige wirtschaftliche Entwicklung, erscheint in: Quaisser, W. (Hrsg); *Vom Sozialismus zur Marktwirtschaft – Wandlungsprozesse, Erfolge und Pespektiven*. München: Olzog.

Voigt, S. und E. Salzberger (2001); Zur Verteilung politischer Entscheidungskompetenz – einige vorläufige Beobachtungen aus Mittel- und Osteuropa, in: Nutzinger, H.G. (Hrsg.); *Verteilungsprobleme im Transformationsprozeß*. Duncker & Humblot, 9-42.

Voigt, S. und E. Salzberger (2002); Choosing Not to Choose – When Politicians Choose to Delegate Powers. *Kyklos*, 55(2):247-68.

Walker, M. (1988); *Freedom, Democracy, and Economic Welfare*. Vancouver: Fraser Institute.

Wallis, J. und D. North (1986); Measuring the Transaction Sector in the American Economy, 1870-1970, in: Engermann, S. L. und R. E. Gallman (Hrsg.); *Long-Term Factors in American Economic Growth*. Chicago/London, 95-148.

Weber, M. (1904/1988); Die ‚Objektivität' sozialwissenschaftlicher und sozialpolitischer Erkenntnis, in: Ders. (1922/1988), *Gesammelte Aufsätze zur Wissenschaftslehre*. Tübingen: Mohr Siebeck.

Weber, M. (1920/1988); *Gesammelte Aufsätze zur Religionssoziologie.* Tübingen: Mohr Siebeck.

Weber, M. (1922/1985); *Wirtschaft und Gesellschaft.* 5th rev. ed. by J. Winckelmann; Tübingen: Mohr Siebeck.

Weimann, J. (1994); „Individual Behaviour in a Free Riding Experiment". *Journal of Public Economics,* 54:185-200.

Weingast, B. (1993); Constitutions as Governance Structures: The Political Foundations of Secure Markets. *Journal of Institutional and Theoretical Economics,* 149(1): 286-311.

Weingast, B. (1995); The Economic Role of Political Institutions: Market-Preserving Federalism and Economic Development. *Journal of Law, Economics & Organization,* 11(1):1-31.

Wicksell, K. (1896); *Finanztheoretische Untersuchungen.* Jena: Fischer.

Williamson, J. (Hrsg.) (1994); *The Political Economy of Policy Reform,* Washington, D.C.: Institute for International Economics.

Williamson, O. (1975); *Markets and Hierarchies – Analysis and Antitrust Implications.* New York: The Free Press.

Williamson, O. (1985); *The Economic Institutions of Capitalism.* New York: Free Press [auf Deutsch *Die ökonomischen Institutionen des Kapitalismus.* Tübingen 1990].

Williamson, O. (1996); The Politics and Economics of Redistribution and Efficiency, in: *The Mechanisms of Governance,* Oxford: Oxford University Press.

Wintrobe, R. (1998); *The Political Economy of Dictatorship,* Cambridge, Mass.: Cambridge University Press.

Wöhe, G. (2008); *Einführung in die Allgemeine Betriebswirtschaftslehre.* München: Vahlen, 23. Auflage.

Personenregister

Sachregister